现代出版学精品教材
Contemporary Publication Studies Series

出版法规及其应用

第3版

黄先蓉 编著

 苏州大学出版社
Soochow University Press

图书在版编目(CIP)数据

出版法规及其应用/黄先蓉编著.—3版.—苏州:
苏州大学出版社,2021.8
 ISBN 978-7-5672-3639-4

Ⅰ.①出… Ⅱ.①黄… Ⅲ.①出版法－中国－教材
Ⅳ.①D922.8

中国版本图书馆CIP数据核字(2021)第141075号

现代出版学精品教材
Contemporary Publication Advanced Textbook

总策划
吴培华

出版法规及其应用(第3版)

编 著
黄先蓉

责任编辑
周凯婷

出版发行
苏州大学出版社
(苏州市十梓街1号　邮编　215006)

印 刷
丹阳兴华印务有限公司
(丹阳市胡桥镇　邮编212313)

开本　787 mm×960 mm　1/16
印张　19　**字数**　331千
版次　2021年8月第3版　2021年8月第1次印刷
书号　ISBN 978-7-5672-3639-4
定价　49.50元

若有印装错误,本社负责调换
苏州大学出版社营销部　电话:0512-67481020
苏州大学出版社网址　http://www.sudapress.com
苏州大学出版社邮箱　sdcbs@suda.edu.cn

总　　序

　　书籍，是人类传承文明的主要载体；近代兴起了报纸和杂志，于是文明传承又多了工具和媒介，从而使得新闻与出版并称。但是两者在传承文明的过程中所起的作用各有不同。报纸、杂志的时效性强，内容多样；书籍则传世久远，影响深远。两者相济，既及时反映了即时发生的情况，又引导人们思考过去、现在和未来，于是人类的文明得以播散和流传。

　　任何国家的新闻出版事业都是为自己国家的利益服务的，绝无功利的新闻出版事业从来不存在。过去，我国的新闻出版事业只注重它的宣传作用，而忽略了它还有商品性的一面。这是计划经济导致的必然结果。改革开放以后，人们很快意识到了出版事业具有的二重性：意识形态属性和商品属性。我国的新闻出版业，一方面要发挥党和人民喉舌的作用，另一方面也要按照社会主义市场经济的规律去建设、发展、生产和流通，这两种属性是并行不悖、相辅相成的。只有按照市场经济的规律去建设、发展、生产和流通，才能更好地宣传科学的理论、正确的思想，弘扬正气，凝聚人心；也只有坚持正确的导向，乘市场经济的浪潮发展，才不至于迷乱了本性，才能为最广大人民的根本利益服务，才能在世界范围内形成自己的特色，参与国际出版业的激烈竞争。

　　无论是哪个国家的出版业，也无论是从我国出版事业的哪一方面的属性来说，要使这一事业发展壮大，人才都是关键。特别是我国的出版事业正处在由传统生产方式向现代生产方式转变的过程当中，人才的问题更加显得重要而急迫。

　　现代出版业需要怎样的人才呢？我想，这样的人才除了应该熟悉现代新闻出版的经营方式方法之外，还需要有较高的理论素养、创新的意识和能力。后者也许比前者更为重要，因为经营的方式方法可以在实践中摸索、总结，而理论修养和创新能力需要较长时间的积累和一定的悟性，需要良好的环境和条件的熏陶与培育。

　　如果以上述的标准衡量，应该承认，我国新闻出版界的人才结构和知识结构的确急需改善。同时我们应该看到，我国出版教育事业要承担起培养新型出版人才的历史重任，还有很多工作要做，还有很长的路要走。在诸多应该做的工作当中，编写并出版具有理论深度的著作和具有时代特色的教材是其中最重要的基础性建设。

出版事业和社会生活几乎是同步前进的，在"知识爆炸"的今天，出版事业的发展可谓一日千里，但也只有一日千里才能跟上时代。永远向前看，这是出版业的重要特征。因此，原有的读物显然已经不能完全满足当前的需要。现在出版的这套由我国新闻出版界一批著名专家策划并编写的"现代出版学丛书"，就是为了跟上出版业改革发展的形势，根据他们在这一领域中积累的多年经验、掌握的最新发展动态、研究的最新成果和产生的对未来的深刻思考编写而成的，供正在出版事业前沿努力奋斗的专业人员和有志于投身这一事业的年轻人学习之用。

参加策划和编写的专家，都在出版业的各个方面工作过多年，有的担任过出版社领导工作并长期从事出版理论研究，有的在出版教育领域耕耘时久，有的一直在出版部门从事实际工作。他们虽然分布在全国各地，专业也不尽相同，但是有一个共同的特点，那就是始终紧跟时代的脚步，密切关注着国际出版界的动态，苦苦思考着我国的出版业如何适应21世纪中国和世界的情况。

任何著作都不可能十全十美，因为就在作者研究、写作的时候，客观情况已经在变化了；再加上每个人占有的资料很难滴水不漏，观察的角度彼此或异，如果读者发现这套丛书还有什么不足和可议之处，我看应属正常。我们总不能等到一切都研究得完美了再来编写——实际上，永远不会有这样一天，重要的是做起来，教起来，学起来。

我衷心希望这套丛书尽快出齐，在听取读者的意见后不断修改提高，使之成为具有权威性的读物和教材；我同时希望我国的出版教育界以这套丛书的出版为新的起点，加强科学研究，逐步形成和完善具有中国特色的出版理论体系，使我国的出版事业不仅在数量和质量方面达到与我国的国际地位相应的水平，出色地承担起传承人类文明的重任，而且在理论建树和人才储备方面也能令世界刮目相看。

许嘉璐

于日读一卷书屋

第 3 版前言

苏州大学出版社的总编辑吴培华先生（后曾任清华大学出版社总编辑）在任上策划的"现代出版学丛书"自 2003 年出版第一辑后得到业界和教育界的广泛好评，根据编辑出版工作的实际需要和出版人才培养的需求，该社又连续组织出版了 3 辑，共计 4 辑 25 种。出版业的快速发展要求教材不断更新，现在，该社决定从已经出版的 25 种图书中遴选部分品种作为精品教材打造，予以大幅度的修订补充。

本书在 2005 年初版、2012 年修订版的基础上，根据近些年来我国最新出台和修订的一系列出版政策法规，包括 2020 年 5 月颁布的《民法典》、2020 年 11 月第三次修正的《著作权法》、2020 年 11 月第五次修订的《出版管理条例》、2016 年 4 月 26 日修订的《出版物市场管理规定》等，对书中提到的相关政策法规进行了全面的更新。如根据 2020 年 5 月颁布的《民法典》中有关法人、合同等的相关规定，对书中关于出版单位设立、变更、终止，以及出版合同订立的原则、种类、程序等内容进行了修订，再如根据 2020 年 11 月修正的《著作权法》中的最新内容对第三章"著作权的法律规定"及其他涉及著作权的部分进行了修订。同时，随着网络出版服务业的蓬勃发展，为规范网络出版服务秩序，《网络出版服务管理规定》等法律法规相继出台，本书也据此在相应的章节中增加了有关网络出版的各项规定，包括网络出版单位的设立、网络出版单位的出版活动、网络出版中的违法行为和违约责任等。

除了更新出版政策法规外，本书的其他部分也做出了与时俱进的调整。首先，强调了习近平新时代中国特色社会主义思想对出版工作的原则、任务等的总体指导作用，明确了新时代出版管理的职责与使命。其次，书中提到的行业数据如出版单位的总体数量、印刷出版业的营业收入等都根据全国新闻出版业的最新情况进行了修订，其所涉及的参考资料也都进行了更新。最后，在书中原有的典型案例上补充了近年来发生的一些较新的著作权侵权案例，其中包括侵犯专有出版权、复制发行非法出版物、走私淫秽出版物等多种不同类型的案例，将抽象的法律条文具体化，让读者更深刻地把握出版政策法规在具体实践中的应用。

整本书保持了一贯的体例，按照出版过程中编、印、发的流程，结合出版产业发展的相关案例，对出版活动中应遵循的各项法律法规做了详细的解析，兼顾了学术的系统性和实践的实用性，旨在使广大读者对我国出版方面的法律法规有一个初步的认识和系统的了解。

在本书的修订过程中，薛华强老师提出了很好的修改建议，我指导的研究生陈馨怡根据国家最新的出版政策法规做了大部分修订工作。

本书的写作与修订参考和引用了很多著作及论文的观点，在此，谨向这些著作及论文的作者表示衷心的感谢。

由于本人学识有限，书中难免有错讹，恳请大家批评指正。我的电子邮箱：

xrhuang@126.com。

黄先蓉

2021年7月

目 录

第一章　出版法律法规的基本概念

第一节　出版法与出版法规 / 2

第二节　出版法规与出版政策 / 7

第三节　出版法规与出版职业道德 / 15

第二章　出版工作的原则和任务

第一节　出版工作的原则 / 22

第二节　出版工作的任务 / 32

第三章　著作权的法律规定

第一节　著作权的基本内容 / 41

第二节　著作权的限制 / 54

第三节　传播者的权利 / 66

第四节　侵犯著作权的行为及其法律责任 / 76

第四章　编辑出版的法律规定及其应用

第一节　出版单位的设立、变更与终止 / 90

第二节　出版单位的管理 / 113

第三节　出版物内容的管理 / 132

第五章　出版合同的法律规定及其应用

第一节　出版合同的概念和订立原则 / 150
第二节　出版合同的种类和主要内容 / 155
第三节　图书出版合同及条款阐释 / 160
第四节　音像制品出版合同和电子出版物出版合同及其条款阐释 / 183

第六章　出版物印刷的法律规定及其应用

第一节　出版物印刷企业的设立、变更与终止 / 196
第二节　出版物印刷企业的经营管理制度 / 211
第三节　出版物印刷内容与质量管理 / 221

第七章　出版物发行的法律规定及其应用

第一节　出版物发行单位的设立 / 232
第二节　出版物发行活动的管理 / 247
第三节　书业广告的发布与管理 / 251
第四节　出版物进口管理制度 / 257

第八章　出版活动中的违法行为及其法律责任

第一节　违法行为与法律责任概述 / 266
第二节　出版、印刷、发行环节的违法行为及其法律责任 / 271

参考文献 / 292

第一章

出版法律法规的基本概念

依法治国，是习近平法治思想的重要组成部分。习近平法治思想是顺应实现中华民族伟大复兴时代要求应运而生的重大理论创新成果，是马克思主义法治理论中国化的最新成果，是习近平新时代中国特色社会主义思想的重要组成部分，是全面依法治国的根本遵循和行动指南。出版活动，无疑必须遵循这一原则，走上法治轨道。

"法"是国家制定或认可，并以国家强制力保证实施的行为规范的总和。"法律"有广义、狭义之分。广义上的"法律"一词与"法"通用，是整体或抽象意义上的概念。狭义上的"法律"一词专指国家立法机关依照法定程序制定和颁布的规范性文件，是特定或具体意义上的法律。法规，包括行政法规和地方性法规。行政法规专指国务院为领导和管理各项行政事务而依据宪法和法律制定的规范性文件，一般使用"条例"、"规定"或"办法"等名称，其内容必须与宪法、法律相一致，不得与之相抵触。地方性法规是各省、自治区、直辖市人民代表大会及其常务委员会在法定权限内制定的在本地区范围内具有法律效力的规范性文件，其内容不得与宪法、法律、全国性行政法规相抵触。

出版法律法规，是调整出版活动中各种社会关系，保证出版活动中公民、法人的合法权益及社会公共利益的法律规范的总称。本书的宗旨就是力求系统化地介绍和诠释我国现行的出版法律法规，以加强对依法进行出版活动和依法进行出版管理的理解。

第一节　出版法与出版法规

出版法与出版法规是两个既有联系又有区别的概念。严格意义上讲，出版法应是全国人民代表大会或全国人民代表大会常务委员会制定的规范性的法律条文；而出版法规则是行政机关制定的规范出版行业的行政法规。但在实际生活中，这两个概念经常被混用，因此，应明确两者的概念、特征及表现形式。

一、出版法、出版法规的概念

出版法，有广义和狭义两种含义。广义上，出版法是指由国家制定并由国家强制力保证其实施的、体现国家统治阶级意志、用于调整人们在出版活动中所产生的各种社会关系的行为规范体系的总称，包括宪法的有关规定、有关法律、有关行政法规与规章等各种法律规范性文件。狭义上，出版法则特指由全国人民代表大会或全国人民代表大会常务委员会制定的专门用于调整、规范出版活动中的各种关系的规范性文件。近些年来，我国出版界一直在呼吁出台的"出版法"，就是指狭义上的出版法。

出版法规，也有广义和狭义两种含义。广义的出版法规，是出版法律规范的简称，就其规范意义而言，与广义的出版法是同一概念，主要包括宪法的有关规定、有关法律、有关行政法规与规章等各种法律规范性文件。狭义的出版法规，是有关出版活动的法律规范性文件中的一种具体形式，包括由国务院制定与颁布的行政法规和由省、自治区、直辖市，以及省、自治区人民政府所在地的市，其他国务院批准的较大的市的人民代表大会及其常务委员会制定与颁发的地方性法规两种，其效力低于法律。本书所讲的"出版法规"一词，是指广义的出版法规，即所有出版法律规范的简称。

二、出版法规的基本特征

通常情况下，人们的行为规范有两类：社会规范和技术规范。社会规范调整人与人之间的关系，技术规范调整人与自然的关系。法律规范只是社会规范的一种，它规定了社会中人们的一般行为规则，所以规范性是法律规范具有的一个基本特征。但在阶级社会里，社会规范有很多，除了法律规范外，还有政治规范、技术规范、道德规范、宗教规范、礼仪规范、社会习惯等。法律规范是一种特殊的社会规范，它具有道德规范、宗教规范、礼仪规范、社会习惯等其他社会规范所不具有的以下三个基本特征。

第一，法律规范是由国家制定或认可的社会规范，它具有普遍约束力，具有国家意志性；其他社会规范并非经国家制定或认可，不具有国家意志性。

第二，法律规范又是由国家强制力保证实施的社会规范，具有国家强制性；其他社会规范虽然也具有一定的强制性，但并非以法庭、监狱、警察乃至国家军队等国家强制力保证其实施，所以不具有国家强制性。

第三，法律规范既规定人们的权利，也规定人们的义务，且人人必须遵守。它通过赋予社会关系参与者以一定的权利和义务来实现对社会关系的调整，以建立和维护有利于国家的社会关系和社会秩序。因此，法律规定的权利和义务具有普遍适用性。

在国家制定或认可的法律规范中，由于其调整对象、适用范围不同，法律规范有很多，如新闻法规、出版法规、金融法规、会计法规、合同法规、交通法规等。出版法规与其他法规相比，主要有如下特征：第一，出版法规是由国家制定或认可的有关出版活动的行为规范；第二，出版法规是由国家明确规定的有关出版业及其从业人员的权利与义务的规范，即国家明确规定出版业及其从业人员可以做什么、不可以做什么，使出版行业的企事业单位及其从业人员知道国家允许做什么、要求做什么、禁止做什么，等等。

三、出版法规的形式

法的形式，是指根据法的效力来源的不同而形成的法的各种表现形式。因为是根据法的效力来源的不同而形成的，所以法的形式也称为法的渊源（the sources of law），即"法源"。一般来说，法的形式不同，意味着法的效力不同。

出版法规的形式多种多样。在我国，根据立法机关和制定程序的不同、法的效力和适用范围的差别，出版法规主要有 7 种具体形式。

1. 宪法

宪法是国家的根本大法，是由全国人民代表大会经过特定立法程序制定的，具有最高的法律地位和法律效力，是制定普通法律的法律基础，是我国法律体系的基石。宪法不仅规定了国家的政治制度、经济制度、公民的基本权利和义务等根本问题，还为各种法律、法规、规章及其他规范性文件提供了立法依据。《中华人民共和国宪法》（以下简称《宪法》）对出版业所做的原则性规定，是出版法规的主要渊源和出版立法的根本依据。

2. 法律

作为法的形式之一，这里的法律是指狭义的法律，它是由国家立法机关依照法定程序制定和颁布的规范性文件。法律可分为基本法律和一般法律两大类，前者由全国人民代表大会制定，后者由全国人民代表大会常务委员会制定，其法律地位与法律效力仅次于宪法。此外，全国人民代表大会及其常务委员会所做的决议、决定，凡具有规范性者，也属于法律形式之列。

在我国，专门适用于出版业的法律《中华人民共和国出版法》（以下简称《出版法》）尚在制定中，但现行的三组法律——《中华人民共和国刑法》

(以下简称《刑法》)(1979年通过，1997年修订，1998年、1999年、2001年8月、2001年12月、2002年、2005年、2006年、2009年2月、2009年8月、2011年、2015年、2017年、2020年先后十三次修正)和《中华人民共和国刑事诉讼法》(1979年通过，1996年第一次修正，2012年第二次修正，2018年第三次修正)，《中华人民共和国民法通则》[1986年通过，2009年修订；2017年3月15日中华人民共和国第十二届全国人民代表大会第五次会议通过《中华人民共和国民法总则》，自2017年10月1日起施行，《中华人民共和国民法通则》同时废止；2020年5月28日第十三届全国人民代表大会第三次会议通过《中华人民共和国民法典》(以下简称《民法典》)，自2021年1月1日起施行，《中华人民共和国民法总则》同时废止]和《中华人民共和国民事诉讼法》(1991年通过，2007年第一次修正，2012年第二次修正，2017年第三次修正)，《中华人民共和国行政诉讼法》(1989年通过，2014年第一次修正，2017年第二次修正)、《中华人民共和国行政处罚法》(1996年通过，2009年第一次修正，2017年第二次修正，2021年修订)和《中华人民共和国行政许可法》(2003年通过，2019年修正)，等等，都含有较多的关于出版活动的规定。如现行刑法中有十多种罪名与出版活动相关，作为最高的禁止性规范，包含了对出版活动的约束和对妨碍出版活动的犯罪的制裁。《中华人民共和国著作权法》(以下简称《著作权法》)是专门调整作品创作、传播、使用过程中各种社会关系的法律规范。

3. 行政法规

这是指国家最高行政机关为领导和管理各项行政事务而依据宪法和法律制定的具有普遍约束力的行为规则。我国宪法规定，行政法规是由国家最高行政机关——国务院制定与批准的、进行国家行政管理活动的规范性文件，大部分称"条例"，如1997年1月2日国务院发布、2001年12月25日废止同时重新公布、2011年3月19日第一次修订、2013年7月18日第二次修订、2014年7月29日第三次修订、2016年2月6日第四次修订、2020年11月29日第五次修订的《出版管理条例》，2001年12月25日国务院令第341号公布、2011年3月19日第一次修订、2013年12月7日第二次修订、2016年2月6日第三次修订、2020年11月29日第四次修订的《音像制品管理条例》，等等；也有的称"规定""办法"，如国务院1990年7月29日发布、2019年3月2日修订的《法规汇编编辑出版管理规定》；还有一部分称某某法律的"实施条例"，如《中华人民共和国著作权法实施条例》(以下简称《著作权法实施条例》)

(2002年8月2日公布，2011年1月8日第一次修订，2013年1月30日第二次修订)。国务院发布的决定、命令，凡具有规范性者，也属于行政法规。

4. 行政规章

行政规章是由国务院各部、委及其他直属机构根据现行的法律与法规，在自己的职权范围内，按照法定程序制定并发布实施的规范性文件，称为规定、命令、指示、规章等。如中华人民共和国新闻出版署1997年12月30日颁布的《电子出版物管理规定》，2004年12月24日中华人民共和国新闻出版总署根据《中华人民共和国产品质量法》和国务院颁布的《出版管理条例》制定颁布的新的《图书质量管理规定》，2016年4月26日国家新闻出版广播电影电视总局、中华人民共和国商务部通过的《出版物市场管理规定》，等等。

5. 地方性法规、规章及其他规范性文件

地方性法规是由地方国家机关（省、自治区和直辖市及省、自治区人民政府所在地的市，其他国务院批准的较大的市的人民代表大会及其常委会）依照法定职权制定和发布的、施行于本辖区内的规范性文件。我国宪法规定，我国地方性法规是指省、自治区、直辖市级国家权力机关及其常设机关制定和发布的规范性文件。地方性规章是由上述各类行政区的人民政府制定的规范性文件。我国各省、自治区、直辖市都出台了一些规范出版活动的地方性法规，如《云南省出版条例》（1989年）、《上海市图书报刊市场管理条例》（1989年制定、1997年修订）、《北京市图书报刊音像市场管理条例》（1990年）、《江西省出版监督管理条例》（2005年）等。

6. 国际条约和协定

国际条约是两个或两个以上国家就政治、经济、贸易、文化、军事、法律等方面规定其相互间权利和义务的各种协议，它对缔约双方或多方都具有约束力。国际条约和协定属国际法，对签约国具有约束力。如我国已于1992年加入了《伯尔尼保护文学艺术作品公约》和《世界版权公约》。因此，凡我国参加的国际条约和协定，其中有关出版活动的规定，也应属于我国出版法规的具体表现形式。

7. 法律解释

法律解释是对法律条文的意义、内容所做的说明。法律解释的目的是使法律更有效地为国家利益服务，有权威解释和学理解释等区分。权威解释是指具有法律解释权的特定机关，根据法律规定行使解释法律的职权而做出的解释。我国法律规定，法律解释应由全国人民代表大会常务委员会做出；行政法规解

释应由国务院做出；司法解释应由最高人民法院、最高人民检察院做出，如1998年12月11日最高人民法院审判委员会通过、1998年12月23日起施行的《关于审理非法出版物刑事案件具体应用法律若干问题的解释》；部门规章解释应由制定机关做出。这些解释具有权威性，可以作为执法时的依据。学理解释一般只具有参考意义，不能作为执法时的依据。

第二节　出版法规与出版政策

在国家调整出版活动的规范性文件中，除了出版法规以外，还有出版政策（publishing policies）。在我国出版事业的发展过程中，出版政策发挥了非常重要的作用。因此，有必要在阐释出版法规的同时，阐述出版政策这一概念及出版政策和出版法规的联系与区别。

一、出版政策的概念

由于政策是国家或政党为实现一定历史时期的路线而制定的行动准则，因此，出版政策是党和国家根据需要制定的有关发展和管理出版事业的方针、原则、措施和行动准则，它是调整出版活动并借以指导、推动整个出版事业发展的行动指南，是国家对出版活动进行宏观管理的重要手段。出版政策具有指引方向和调动各方面积极性的作用。通常情况下，出版政策经过行政途径下达，对一定范围的人或机构具有一定的调节能力，其基本功能是一种指导和协调作用。当然，政府在贯彻执行这些出版政策的过程中，要注意不断总结经验，把实施出版政策后所形成的比较稳定的社会关系，及时通过国家的立法程序制定为出版法规。出版法规与出版政策既有统一性，又有区别之处，两者之间具有辩证统一的关系。

二、出版政策与出版法规的联系

1. 出版政策与出版法规有很多共同点

出版政策与出版法规的基本内容相同，都是社会主义经济基础的反映，体现工人阶级及其他劳动人民的意志和利益；政治方向相同，都是以坚持党的四项基本原则为前提；服务对象相同，都是为广大人民群众服务、为社会主义服务；社会作用相同，都对巩固人民民主专政、发展社会主义经济和建设社会主义精神文明起促进作用。

2. 出版政策是出版法规制定的依据和指导

出版政策对一切出版物的编辑、出版、印刷、发行活动进行指导，出版立法作为出版活动的重要组成部分，当然也离不开出版政策的指导。因此，出版政策是出版法规制定的依据。在出版立法过程中，无论是立法动议的提出，还是法律草案的起草，都应当考虑党和国家出版政策的总体精神。与此同时，许多行之有效且有长远价值的出版政策逐渐被固定下来成为出版法规。可以说，出版法规的制定必须以党和国家的出版政策为依据，出版法规在适用过程中，也必须以党和国家制定的出版政策为指导，这样才能更好地实施。

3. 出版法规是出版政策得以实现的重要工具

出版法规由国家强制力保证实施，能够建立良好的出版关系和出版秩序，保证出版政策的贯彻执行。

出版政策是出版法规所要体现的一般原则、精神和内容，出版法规是党和国家出版政策的定型化、条文化。因此，一方面，出版政策对出版法规具有指导作用；另一方面，出版法规对出版政策的贯彻落实也有很大的作用。出版法规是实现党和国家出版政策的最为重要的手段。如前所述，出版法规具有强制性，而出版政策则不具备这一属性。因此，如果没有出版法规的体现和贯彻，仅仅依靠出版政策本身的力量和资源，往往不能实现它所要达到的经济、政治目的。当然，实现出版政策的形式很多，出版法规只是形式之一，只有同贯彻出版政策的其他形式相互配合，它才能发挥更大的作用。

三、出版政策与出版法规的区别

出版政策与出版法规在制定机关和程序、表现形式、调整范围和方式、稳定性程度、本质属性和功能等方面存在区别。

1. 两者的制定机关和程序不同

出版法规是由国家制定或认可的，具有国家意志的属性。也就是说，出版法规由国家专门的立法机关即全国人民代表大会及其常务委员会或者拥有立法权的机关如国务院及其各部委等依照法律程序而创制，其立法权限和创制程序均有严格而复杂的规定。而出版政策一般由执政党的代表大会或者领导机关制定，在它用法律形式体现之前，不具有国家意志的属性。我国的出版政策是按专业分工、出版环节制定的，有国务院、国家新闻出版署、其他各部委制定的关于出版物的编辑、出版、印刷、发行等方面的政策，也有各省、市、自治区等的地方机关制定的地方出版政策。

2. 两者的表现形式不同

在我国，出版方面的法律法规通常采用制定法的形式。已经出台的有关出版的法律法规主要有民法典、刑法、一些单行法律［如《著作权法》《中华人民共和国反不正当竞争法》（以下简称《反不正当竞争法》）等］和一些单行法规（如《计算机软件保护条例》《出版管理条例》《印刷业管理条例》《音像制品管理条例》等）。而出版政策则经常以国家机关制定和颁布的决定、决议、命令、规则、规定、意见，以及通知、领导人讲话、会议纪要、号召等形式出现，如《关于征集图书、杂志、报纸样本的办法》（1979年）、《关于图书发行网点建设若干问题的通知》（1991年）、《关于严格禁止买卖书号、刊号、版号等问题的若干规定》（1997年）、《关于规范新闻出版业融资活动的实施意见》（2002年）、《关于进一步加强和改进未成年人出版物出版工作的意见》（2004年）、《关于进一步推进新闻出版体制改革的指导意见》（2009年）、《关于加快我国数字出版产业发展的若干意见》（2010年）、《关于发展电子书产业的意见》（2010年）、《关于推动传统出版与新兴出版融合发展的指导意见》（2015年）等。

3. 两者的调整范围、方式不同

从范围上看，出版政策所调整的社会关系要比出版法规广泛得多，它大到改革出版体制、培育和规范图书市场，小到加强出版物管理、制定图书浮动折扣、全面清理买卖书号行为，甚至小到规定某类书的编辑出版管理、规定如何举办图书展销会，等等，涉及书报刊编辑、出版、发行、印刷的方方面面；而出版法规所调整的，则往往是那些在出版活动中对国家、社会有较大影响的社会关系领域，如出版管理关系、出版活动中的违法犯罪行为及其惩罚、计算机软件的保护等。从方式上看，出版法规一般调整较为稳定的社会关系，所以它偏重对既有的社会关系的确认、保护或控制；而出版政策是应对的手段，它不仅要处理既有的问题，而且要对正在形成或将要出现的问题做出反应，因此，它偏重采取灵活多样的措施，以适应社会形势的不断发展与变化。

4. 两者的稳定性程度不同

出版政策作为出版活动的指导原则，往往是宏观的方针性号召，在政策执行中允许有灵活性，而且随着出版环境的变化要不断地修正、补充和完善，由于动态性较大，因此时效较短。而出版法规一般都是在出版政策长期实施以后并在取得一定经验的基础上确立下来的比较具体的行为规范，时效较长，而且它的制定、修订或废止都要经过严格复杂的法定程序，具有相当的稳定性。

5. 两者的本质属性和功能不同

出版政策代表的是政治组织的利益和意志，不具备强制力的属性；而出版法规代表的是国家的利益和意志，具有强制力的属性。出版政策只有通过特定程序，被国家机关制定或认可为出版法律法规，才能获得国家强制力的保证，成为人人必须遵守的规范。从功能上讲，出版政策的基本功能是"导向"，即运用行政手段，原则性地规定或号召、鼓励、支持出版活动以达成出版政策的目标；而出版法规的基本功能是"制约"，即运用法律手段，规定人们应该做什么、能够做什么、不能做什么，限制和约束人们的出版行为以保护出版事业的健康发展。

四、正确处理出版政策与出版法规的关系

在实践中，出版政策与出版法规的实际地位和效力可能会存在某种冲突和矛盾，有时出版政策的作用大于出版法规，有时出版法规的地位高于出版政策，其间表现出相当大的差异和多样性，应该正确认识和处理两者间的关系。

随着"依法治国，建设社会主义法治国家"国策的确立，法律法规这种社会调控手段的作用正日益受到重视。同样，出版法规对出版活动的调控作用也必须重视。我国目前的出版政策多是国家对出版活动的指导性、原则性的方针政策，偏重于要提倡、鼓励和支持的各个方面，对要限制、反对和禁止的各个方面缺乏具体的规定，导致出版政策在系统内部也只有软约束力和弱控制力，难以发挥出政策效力。因此，加强和补充政策手段，加快我国出版政策法律化的步伐，对于出版政策的正确贯彻执行具有重要的作用。但是，重视出版法规并不意味着忽视出版政策的作用，因为出版法规不可能完全取代出版政策。我国目前对出版活动的调控，只是在著作权领域建立起了比较完整的法律保护体系，而调控其他出版活动领域的社会关系仍然主要依靠出版政策。

出版政策作为保证国家出版事业健康发展、出版部门协同工作的重要调节

机制，对出版资源的有效管理和出版产业的发展都起着战略性的指导、协调作用。因此，在认识和处理出版政策与出版法规的关系问题时，既不要把两者简单等同，也不要把两者完全割裂、对立起来。当两者在实践中发生矛盾和冲突时，既要维护出版法规的稳定性和权威性，又要根据新的出版政策的精神，适时地对出版法规做出修订，以使两者的内容和原则协调一致。

五、出版政策与出版法规的制定原则

出版政策与出版法规的制定同其他政策、法规的制定一样，都离不开一定的基本准则或原则作为指导。出版政策与出版法规制定的基本原则是指在出版政策、法规的制定工作中应当遵循的指导思想和方针，它是一个国家立法原则在出版活动领域的具体体现，反映了出版政策与出版法规制定工作的一般规律。它在出版政策与出版法规的制定过程中起主导作用，其准确性和客观性可以决定各项具体出版政策与出版法规的有效性和科学性。

在出版政策与出版法规的制定和实施过程中，为了保证有效开发和合理利用出版资源，促进出版事业的发展，必须坚持效益原则、吸收借鉴原则、政策与法规分工协调原则、立足现实与长远发展相结合的原则，以便形成高质量、高效率的出版政策、法规体系，促进出版事业的发展。

（一）效益原则

效益原则是出版政策与出版法规制定的目的性原则，也是对出版政策、出版法规进行评价的评价原则。目的性原则，是指政策、法规的制定者在制定政策与法规时应当考虑所制定的政策与法规的效益，相应的政策、法规内容均应从有利于实现该政策、法规的效益的角度出发。针对出版业的实际，在制定出版政策与出版法规时也应考虑其效益，如果仅为出版政策与出版法规的制定而制定，不考虑其效益，那么这种制定政策、法规的工作便是无益的，这种制定工作再多，也不能标志出版政策与出版法规体系的完备。效益原则也表明，出版政策与出版法规的制定应当充分考虑如何通过政策、法律手段发挥出版资源或出版技术本身的效益。

（二）吸收借鉴原则

包括出版政策与出版法规在内的一切政策、法规的制定工作，都离不开正确的理论指导，离不开对古今中外有益经验的吸收借鉴。这一原则意味着在出版政策与出版法规的制定过程中，既应吸收出版政策与出版法规制定方面的直

接经验，也应吸收其他政策、法规实践方面的经验；既应吸收现代的经验，也应吸收过去的经验；既要吸收本国的经验，也要吸收外国的经验。特别是2001年年底我国成为WTO（World Trade Organization，世界贸易组织）正式成员国之后，更应借鉴外国的有益经验。虽然不同国家的出版政策、法规受本国国情的限制，具有适应本国国情的个性，但在反映出版活动本身的特有规律方面是具有共性的，因此，出版政策与出版法规在制定中可以相互借鉴。但是，由于各国国情，特别是各国在文化传统、意识形态等方面存在较大的差异，因此，也不能全盘照搬。

就现在的实际情况来看，无论是实行以预防制为主的国家，还是实行以追惩制为主的国家，都重视出版法规的制定工作，重视对出版行业进行依法管理。比如，法国除在《法兰西共和国宪法》和所附的《人权宣言》中对出版活动做了规定外，还专门制定了《出版自由法》，在其他有关法律中，也有出版者应当遵守的规定；美国虽然没有专门的《出版法》，但涉及出版活动的法律很多，如《美国〈宪法〉第一修正案》《反猥亵法》《诽谤法》《国家保密法》等。同时，这些国家还通过制定出版政策来加强对出版行业的保护。比如，法国重视对法兰西文化的保护，针对美国在关税及贸易总协定乌拉圭谈判中提出的文化产品贸易自由化，法国坚持"文化例外"原则，反对把视听产品纳入世界贸易组织规章制度中，并为此对欧洲各国进行不断游说，1993年终于使欧洲会议采纳了"文化例外"原则。虽然其主要是针对影视作品，但也包括图书、音像等出版物。法国的主张赢得了本国及欧洲知识分子的广泛支持，美国不得不做出让步。加拿大也重视保护本国出版业和本国文化。在第二次世界大战以后，美国有十多家出版公司在加拿大开办了独资出版社，1970年美国出版公司又先后收购和吞并了加拿大一家最古老的出版社和一家最大的教科书出版社。加拿大人认为，美国对加拿大出版业的渗透和支配已对其民族利益构成威胁，于是提出"了解自己就必须了解自己的文学"的口号。1971年，加拿大出版商协会呼吁政府保护本国出版业。为解决这一问题，1985年，加拿大政府制定了相关出版政策，规定在加拿大的外国独资出版社在两年内须将至少50%的股份出让给加拿大出版社；禁止外资兼并加拿大出版社；限制外资对加拿大出版社进行新的投资。1992年，加拿大政府又制定新的出版政策，规定外资对加拿大出版业的投资只限于合资形式，未经政府严格审批，加拿大出版社不得向外国投资者出售。① 这些政策措施在保护加拿大本国出版业方面发挥了积极的作用。

鉴于此，在制定出版政策与出版法规时，一方面，可以借鉴别国关于完善本国出版法规体系的做法，健全我国的出版法规；另一方面，可以制定相应的出版政策，防止外国文化入侵，保护本国的文化安全，促进出版业的发展。

(三) 分工协调原则

出版政策与出版法规是国家对出版活动进行宏观管理的重要手段，出版政策与出版法规各有不同的类型。比如，出版政策可划分为出版物编辑出版政策、出版物发行政策、出版物印刷政策、出版物定价政策等，也可划分为国际出版政策、国家出版政策、地方出版政策等，还可以划分为出版产业政策、出版物市场管理政策、出版信息化政策等；出版法律则包括《著作权法》《中华人民共和国出版法》等。这些出版政策与法规的功能也各不一样。由于出版管理的对象、环境、方式不是一成不变的，需要出版政策或出版法规体系的整体功能给予保证，因此，在出版管理活动中，不可能由一部包罗万象的出版政策或出版法规来解决所有问题。因此，一方面应充分注意政策与法规的分工和协调；另一方面应注意出版政策、出版法规与国家现行有关法律的协调一致。

1. 出版政策与出版法规的分工与协调

不同类型的出版政策与出版法规在调节对象、内容、方式等方面具有不同的特点。在制定具体的出版政策与出版法规时，应该注意调整范围和对重点问题的分工，同时，在制定程序、批准方式上应注意符合法律规定。一般情况下，在全国范围内普遍有效、适用于全国出版行业的政策与法规应由全国人民代表大会、国务院及国务院各部委来制定并颁布，而仅适用于某一地方出版行业的政策和法规则由地方人民代表大会或地方政府制定。比如，全国人民代表大会制定并颁布的《著作权法》《著作权法实施条例》，国务院出台的《出版管理条例》，等等，一般在全国范围内有效；而地方人民代表大会或地方政府制定的出版政策和出版法规则仅在该地方有效。比如，湖北省人民政府制定并颁布的《湖北省出版物市场管理办法》只在湖北省范围内有效，江西省人民代表大会常务委员会制定并颁布的《江西省出版监督管理条例》也只在江西省范围内有效。

---

① 魏玉山，杨贵山. 西方六国出版管理研究 [M]. 北京：中国书籍出版社，1995：7-8.

同时，出版政策与出版法规的不同类型本身在调节功能上也有其局限性和针对性，不可能面面俱到。如出版业各项标准的调节对象是出版管理活动中可重复的现象和事物，因而具有明确的规范性和确定性，但对出版管理的方向、形式、手段缺乏直接调节功能。因此，该以政策形式调整的就应及时出台政策，该制定标准的就应制定标准，如果需要长久、稳定的法律去调节，则应由立法机关以法律的形式固定下来。但是，出版政策与出版法规的类型分化和功能分工必须保持总体的协调一致性，也就是各种出版政策与出版法规之间不能互相矛盾或彼此冲突，应有分有总，即在出版管理总体目标的约束下，既有总体的出版政策与出版法规，又有具体的出版政策与出版法规，以形成目标一致、分工协调的科学完善的出版政策与出版法规体系。

2. 出版政策、出版法规与国家现行有关法律的协调一致

在强调"依法治国"的时代，我国的法制正在逐步健全、完善，从法律地位的高低、法律效力的强弱和调整范围的大小来看，宪法具有最高的法律效力，立法机关制定的法律次之，国务院制定的法规、国务院各部委制定的规章与命令等再次之。因此，在制定出版政策与出版法规时，应注意不同类型的出版政策、出版法规与现行社会有关法律法规的协调一致。如果出现冲突，则应及时修改、调整。

（四）立足现实与长远发展相结合的原则

立足现实是指出版政策与出版法规的制定和实施要立足于一个国家的国情，要与国家社会发展的总体目标保持一致，与国家政治、经济、文化、教育、科技等各方面状况相适应。长远发展则是从辩证的角度来看问题，一方面，出版政策与出版法规具有发展性，随着出版管理实践的变化，出版政策与出版法规需要不断进行修订；另一方面，出版政策与出版法规应具有一定的预见性，应能适应出版业长期发展的需要。这就要求出版政策与出版法规应尽可能避免"危机管理"，保持一定的稳定性而不致朝令夕改。

在制定出版政策与出版法规时，应坚持立足现实与长远发展相结合的原则，制定出管理功能不断强化的出版政策与出版法规体系，更好地促进出版事业的发展。这里应该注意的是：第一，在确定出版管理的总体目标和具体目标时，必须以社会发展总体目标为基础，明确为人民服务、为社会主义服务的基本思想；第二，实现出版管理各项目标的具体步骤、策略和手段应立足于本国国情，在现有出版管理水平的基础上制定出积极、稳妥的国家出版政策、出法规体系；第三，出版政策与出版法规的内容与国家其他政策、法规相协调，与国家管理体制和法制建设保持一致，使其成为社会政策、法规体系的有机组成部分；第四，以发展的眼光来看待出版政策与出版法规，一方面对于出版业发展中出现的新的问题及时予以解决，另一方面对在管理实践中发现的有遗漏疏忽的地方和错误欠妥的地方及时进行相应的修订；第五，出版政策与出版法规的制定者应具有全面的观点、战略的眼光和明智的判断，应从适应出版业长期发展的需要出发，制定出有预见性的出版政策与出版法规，使出版政策与出版法规在保证其针对性、有效性的基础上具有长期发展的适应能力。

第三节 出版法规与出版职业道德

法律法规是出版活动的重要规范，政策是推动整个出版事业发展的行动指南，但政策、法规并不是出版活动的全部规范。在出版活动中，还有其他的一些行为规范，如纪律规范、道德规范等。出版活动的顺利发展就是法律规范、政策规范和道德规范交叉运用的结果。

在我国，出版活动必须坚持中国共产党的领导，坚持为人民服务、为社会主义服务的方向。由于出版物的内容总是带有意识形态性质，而法律只能规范行为，不可能规范思想，只能禁止那些危害国家安全和社会公共秩序、侵害公民合法权益等具有社会危害性的言论的公开出版，不可能也不应当涉及思想意识的是非、优劣、高下。中国共产党对出版事业的领导，是出版领域判别社会主义意识形态或资本主义意识形态，确立社会主义意识形态的主导地位的根本保证。所以，出版活动中的各种社会关系，有的要用法律规范来调整，还有大量的则需要用党的政策和指示、出版行业的规章纪律和职业道德等规范来调整。而纪律规范和道德规范都离不开党的政策的指导。因此，出版活动既需要相对稳定的法律规范，也需要灵活及时的政策规范，还需要潜移默化的道德规范。

在我国，依法治国与以德治国相辅相成，党的十八届四中全会通过的《中共中央关于全面推进依法治国若干重大问题的决定》中明确提出，要把坚持依法治国和以德治国相结合作为实现全面推进依法治国必须坚持的重要原则。治理国家，法治和德治是相辅相成、相互促进的。规范出版活动，也要法与道德并重。

一、出版职业道德概述

所谓道德，是指依靠社会舆论、传统习惯、教育和信念的力量去调整个人与个人、个人与社会之间关系的一种特殊的行为规范。职业道德在社会道德体系中占有重要地位。职业道德是所有从业人员在职业活动中应该遵循的行为准则。[1] 出版职业道德是约束出版从业人员的行为规范或准则，是出版从业人员在出版工作中应该自觉遵守的规范。出版业要实现健康、有序发展，必须重视出版职业道德建设。

国际出版界十分重视出版道德建设，重视出版自律，强调以出版职业道德来规范出版活动。世界上的很多国家制定了出版方面的道德标准规范。比如，美国对出版从业人员职业道德规范的要求就非常严格。美国化学学会在所属刊物编辑大会酝酿讨论的基础上，反复征求意见，几经修改，于1985年12月制定了刊物相关人员的道德标准规范，这个道德标准规范分为四个部分：一是科技刊物编辑人员的道德规范；二是作者的道德规范；三是审稿人的道德规范；四是科学家向非科技刊物投稿时应遵守的道德规范。[2]

其他国家也有类似的职业道德规定。比如，德国杂志自律组织于1957年制定的《德国杂志组织道德纲领》（*Code of German Magazine Organization*）指出："1.杂志不得发表可能危害青年正常教育，及可能有碍健康气氛的建立的文字与图片，例如：①诽谤或轻视外国种族及人民者。②诽谤或轻视某种宗教信仰者。③赞美或宣扬战争行为者。④承认暴力为解决争端之正常途径者。⑤赞美邪恶或犯罪行为者，赞美犯罪生活方式以及描述这种行为乃为人类社会的正常现象，可予以接受者。⑥诽谤婚姻及家庭生活者，及认为纳妾及通奸是正常行为而可以接受者。⑦对人体各部分作不庄重描述者。2.对执行死刑、残酷行为、意外事件及惨烈战争等可能使青少年产生不良反应的叙述，应避免作过分详细的介绍。3.在运用1、2两项的标准规定时，必须考虑下列事项：①作某种宣布，或将一项不良的叙述置于另一对照人物的背景或表征旁

---

[1] 全国出版专业职业资格考试办公室.出版专业理论与实务（初级）[M].武汉：崇文书局，2004：57.

[2] 张志强.现代出版学[M].苏州：苏州大学出版社，2003：234-236.

边时，不庄重的程度将更加严重。② 不良的报道方式，不能借口目的正当为辩护。③ 上述标准适用于广告或公告……"①

日本也非常重视出版伦理建设。1957年10月27日，日本杂志协会、日本书籍出版协会制定的《出版伦理纲领》规定："1. 出版物必须有助于学术的进步、文艺的繁荣、教育的普及、人心的高扬。我们要尽最大的努力，从多方面追求人类的理想，谋求广泛的文化交流，增进普遍的社会福祉。2. 出版物必须以理性和高尚的情操，为正确地形成民众的生活、丰富民众的生活，发挥出清新的创意指导作用。我们努力保持出版物的品位，不出版迎合低俗的趣味、妨害文化水准提高的出版物。3. 为了文化和社会的健康发展，必须彻底确保言论出版自由。我们和著作者一起维护出版人的自由和权利，在尽可能排除对于自由和权利的压制和干涉的同时，又要杜绝滥用言论出版自由伤害他人、为了个人利益而牺牲公共利益的行为……" 1962年6月14日，社团法人日本出版经销协会制定的《出版物经销伦理纲领》规定："……出版物的经销者……必须以诚为本，完成自己的任务……尊重公益的伦理……" 1963年10月16日，社团法人日本杂志协会制定的《杂志编辑伦理纲领》规定："……必须尊重社会的秩序、道德，以有助于社会的健康和家庭的建设……" 1963年10月18日，日本书店商业组合联合会制定的《出版贩卖（销售）伦理纲领》也规定："我们书店人，鉴于所销售的商品还负有社会公益的使命，在积极普及优秀出版物的同时，要拒绝销售舆论不满意的不良出版物……"②

二、中国出版工作者的职业道德准则

为了提高出版从业人员的职业道德修养，加强行业自律，贯彻党的路线、方针、政策和国家的法律、法规，推动出版事业的繁荣、进步和出版产业的健康发展，加强出版工作全行业的社会主义精神文明建设，中国出版工作者协会在征求多方面意见的基础上，在1995年1月23日通过了《中国出版工作者的职业道德准则》，并于同年3月28日公布施行。1997年1月28日，新闻出版署、中国出版工作者协会联合公布了重新修订的《中国出版工作者的职业道德准则》。2004年2月24日，中国出版工作者协会再次对《中国出版工作者的职业道德准则》进行了修订并颁布施行。新的《中国出版工作者的职业道

---

① 魏玉山，杨贵山. 西方六国出版管理研究 [M]. 北京：中国书籍出版社，1995：64.
② 魏玉山，杨贵山. 西方六国出版管理研究 [M]. 北京：中国书籍出版社，1995：78-84.

德准则》指出，为进一步加强出版行业的职业道德建设，引导广大出版工作者在遵守公民基本道德规范的基础上追求更高的思想道德目标，坚持以马列主义、毛泽东思想、邓小平理论和"三个代表"重要思想为指导，更好地贯彻党的路线、方针、政策和国家的法律、法规，推动出版事业的繁荣进步和出版产业的健康发展，特制定中国出版工作者职业道德准则。新时代，出版工作者还应深入贯彻学习习近平新时代中国特色社会主义思想，始终牢牢把握正确政治方向，把国家关于出版管理的各项规定落到实处，做到"守土有责、守土负责、守土尽责"。出版工作者职业道德准则包括以下内容。

（1）为人民服务，为社会主义服务。以促进先进生产力和先进文化的发展为己任，坚持正确的政治方向，坚持以民为本、为人民服务、为社会主义服务、为全党全国工作大局服务。解放思想、实事求是、与时俱进、开拓创新，为全面建设小康社会和培育有理想、有道德、有文化、有纪律的社会主义新人做出贡献。

（2）增强使命感和责任感，力求坚持两个效益的最佳结合。始终把社会效益放在首位，力求实现社会效益和经济效益的最佳结合，反对唯利是图、见利忘义。大力弘扬中华民族优秀传统文化，自觉维护民族团结，牢固树立为中华民族伟大复兴奋斗的历史使命感和社会责任感。

（3）树立精品意识，提高出版质量。唱响主旋律、提倡多样化，贴近实际、贴近生活、贴近群众。多出好作品，不出平庸作品，杜绝坏作品。认真把好出版物的质量关，提高内容、编校、印装质量。

（4）遵纪守法，廉洁自律。遵守党的宣传纪律和国家的法律法规，遵守出版管理的各项规章制度。自觉抵制和纠正行业不正之风，不买卖书号、刊号和版号。坚持以质取稿，不利用工作之便谋取个人名利。不参与非法出版、印刷、发行及其他违法经营活动。

（5）爱岗敬业，忠于职守。热爱本职工作，甘于岗位奉献。重视学习，善于学习，终身学习。努力掌握新知识、新技术和新技能。反对粗制滥造、玩忽职守的行为。

（6）团结协作，诚实守信。发扬集体主义精神，尊重人，理解人，关心人，互相帮助，互相爱护。讲信用，重信誉，平等竞争，用诚实劳动获得合法利益。尊重作者，保护著作权人的合法权益。

（7）艰苦奋斗，勤俭创业。谦虚谨慎，不骄不躁，密切联系群众。勤俭节约，讲求实效，反对形式主义和铺张浪费。

（8）遵守外事纪律，维护国家利益。发扬爱国主义精神，在对外交往中维护国家尊严和中国出版工作者的良好形象。

三、出版法规与出版职业道德的关系

法律与道德都是规范人们行为和调整社会关系的准则，但两者既有联系又有区别。法律是由国家制定并由国家强制力保证实施的行为规范，是一种他律。而道德是评价人们行为的善恶、美丑、荣辱、正义与非正义的标准，是在一定社会的经济、政治、文化条件下长期形成的，它的实施主要靠社会舆论的督促和人们的自律。法律以约束为主，道德是教化为先。法律对一切人都持同一个标准，而道德对不同的人有不同的要求。法律明确规定了合法与非法的界限。因此，在加强出版职业道德建设的同时，必须继续完善出版业的法律法规，使出版从业人员严格遵守法律法规的规定，通过自律与他律的结合，做好出版工作。

（1）内容上互相吸收。大多数法律规范都是从道德规范中提炼出来的，而法律规范一经确立，又补充和发展了道德规范。如出版工作者坚持以民为本、为人民服务、为社会主义服务、为全党全国工作大局服务，是社会主义出版职业道德的核心，同时，我国宪法又把为人民服务、为社会主义服务规定为出版事业的基本方向。

（2）职能上互相补充。第一，法律在总体上只能涉及人的外部行为，不能调整人的思想活动，而道德则可以作用于思想意识领域。比如，法律可以禁止淫秽、色情内容的出版，但一些低级趣味的内容就需要人们通过提高道德素质来自觉抵制。第二，法律只能调整人们的部分行为，违法和犯罪行为都有一定的构成要素，对一些不利于社会公共利益和他人利益，但并没有构成违法犯罪的行为，就要靠道德来谴责和劝阻。第三，法律的作用主要在于禁止那些具有社会危害性的行为，若有发生就给予制裁；道德除了禁止外还可以发扬，如坚持正面宣传，弘扬爱国主义、集体主义、社会主义的主旋律，主要是通过发扬社会主义出版职业道德来感召、激励众多出版工作者为之奋斗。当然，道德规范也有其局限性，因为它没有强制作用，没有实际的制裁力，要处理具有一定危害性的行为就必须诉诸法律。比如，对于一般的抄袭行为主要是进行道德上的谴责和教化；对构成侵犯著作权的剽窃抄袭行为，就要应著作权人的请求追究其侵权责任；至于对盗印他人著作并出售牟利的行为，就要给以行政处罚；构成犯罪的，还要依法追究刑事责任。

（3）实践上相互促进。道德需要法律提出一个起码的评价标准和一个基本的保障机制。法律需要道德促使整个社会对于法律规定的行为规范达成普遍的共识和信仰。若没有这种共识和信仰，法律条文就会成为一纸空文。有法可依，有法必依，执法必严，违法必究，及时有效地制裁违法犯罪行为，有利于弘扬正气，树立新风；而加强道德教育，提高道德水准，又为自觉地守法打下牢固的思想基础。很难设想，一个全心全意为人民服务的、有高度道德修养的出版工作者会发生违法犯罪行为。

随着出版行业竞争的不断加剧，出版界难免泥沙俱下，诸如抄袭剽窃、恶意炒作、夸张误导、恶意竞争、弄虚作假、粗制滥造、低级克隆、盲目跟风、盗版猖獗、买卖书号等方面的道德问题正在成为危害我国出版业的巨大隐患。种种现象显示，一种急功近利、物欲横流的不良风气正逐渐在出版业弥漫开来，出版道德面临着重大考验。

在出版业市场化的过程中，职业道德规范起着越来越重要的作用。一个没有道德操守的行业，注定不可能长久繁荣。缺少职业道德和行业公认的准则，将使整个行业处于无序竞争的状态，从而导致行业失控。出版工作者应遵守市场竞争的游戏规则，加强道德自律，恪守职业道德规范，公平竞争，诚信经营，共同促进出版业的繁荣和发展。

第二章

出版工作的原则和任务

我国的出版工作是中国特色社会主义事业的重要组成部分。为了加强对出版工作的指导和管理，我国有关出版的法律、法规、政策，都对出版工作必须坚持的原则和出版工作的任务做出了明确的规定。

第一节　出版工作的原则

出版工作的原则是指法律法规规定的出版工作必须遵循的行为准则。根据我国《宪法》《出版管理条例》及有关出版的法律法规规定，我国的出版工作必须遵循坚持为人民服务、为社会主义服务的方向；将社会效益放在首位，实现社会效益与经济效益相结合；保障公民依法行使出版自由的权利；依法管理；行业自律。

一、坚持为人民服务、为社会主义服务的方向

我国 1954 年制定的《宪法》，先后于 1975 年、1978 年、1982 年进行了修订，后又在 1988 年、1993 年、1999 年、2004 年、2018 年由全国人民代表大会对个别条款做了修改和补充，但都明确规定："国家发展为人民服务、为社会主义服务的文学艺术事业、新闻广播电视事业、出版发行事业、图书馆博物馆文化馆和其他文化事业，开展群众性的文化活动。"这就指明了包括出版发行事业在内的各种文化事业必须坚持为人民服务、为社会主义服务的方向。

宪法是制定所有其他法律法规的依据。遵照《宪法》规定的总的原则，1983 年 6 月《中共中央、国务院关于加强出版工作的决定》对我国社会主义出版工作的性质、方针、任务做了明确的规定，指出："我国的出版事业，与资本主义国家的出版事业根本不同，是党领导的社会主义事业的一个组成部分，必须坚持为人民服务、为社会主义服务的根本方针，宣传马克思列宁主义、毛泽东思想，传播一切有益于经济和社会发展的科学技术和文化知识，丰富人民的精神文化生活。"① 1997 年国务院发布、2001 年废止同时重新公布实

---

① 宋原放. 中国出版史料 [M]. 济南：山东教育出版社，2001：373.

施的《出版管理条例》（2011年、2013年、2014年、2016年、2020年五次修订）作为国务院颁布的行政法规，在第三条明确规定："出版事业必须坚持为人民服务、为社会主义服务的方向。"这是对这一方针的进一步强调。

出版工作坚持为人民服务、为社会主义服务，是社会主义出版事业的基本性质和要求的反映，是指导出版工作的最高准则，也是所有出版单位、出版工作者必须坚持的政治方向。

1. 为人民服务，是对出版活动主体及其权利的规定

全心全意为人民服务，是中国共产党的根本宗旨，也是社会主义道德包括出版职业道德在内的根本宗旨。当这个术语成为出版法制的法律用语时，它便成为对出版事业的义务性规范，而与之相对应的人民则成为享有进行出版活动的各项权利的主体。① 人民，只有人民，才是历史的真正创造者，才是我们国家的主人。按照《宪法》的规定，国家的一切权力属于人民；人民依照法律的规定，通过各种途径和形式，管理国家事务，管理经济和文化事业，管理社会事务，行使当家做主的权力。出版活动作为一项具有广泛影响的社会和政治活动，其主体当然也是人民。中国共产党自成立那天起就把为人民服务放在各项工作的首位。人民群众既是建设社会主义出版事业的主体，也是出版工作服务的对象。全心全意为人民服务是中华人民共和国出版事业的根本宗旨。出版工作如果不为人民服务，就必然失去发展的前途、依据和动力，必然走向与基本目标相反的"邪路"。习近平在庆祝改革开放四十周年大会上的讲话中明确指出："前进道路上，我们必须始终把人民对美好生活的向往作为我们的奋斗目标，践行党的根本宗旨，贯彻党的群众路线，尊重人民主体地位，尊重人民群众在实践活动中所表达的意愿、所创造的经验、所拥有的权利、所发挥的作用，充分激发蕴藏在人民群众中的创造伟力。"② 这段话就蕴含了"为人民服务"的深刻含义。

我国的出版事业既是党的思想政治工作的重要组成部分，又是在中国共产党领导下建设中国特色社会主义事业的一个重要组成部分，同时也是与人民群众的利益息息相关的重大工程，担负着宣传思想、普及文化、提高全民族科学文化素质的历史重任。我国的出版事业必须在中国共产党的领导下，坚持全心全意为人民服务的根本宗旨，保证正确的舆论导向和发展方向。出版工作坚持

---

① 魏永征. 新闻传播法教程 [M]. 北京：中国人民大学出版社，2012：30.
② 习近平. 论坚持全面深化改革 [M]. 北京：中央文献出版社，2018：514.

为人民服务,就应该不断地用人民喜闻乐见的内容和形式,弘扬主旋律,提倡多样化,满足人民不同层次的、多方面的、健康的精神文化需要。

2. 为社会主义服务,是对出版事业的政治性质和出版活动的指导思想的规定

以法的形式规范出版事业和出版活动的性质和指导思想,是我国的出版法有别于世界上其他国家成文出版法的重要特点。社会主义既是指一种社会制度,也是指一种思想体系、意识形态,此处两种含义兼而有之。① 我国是人民民主专政的社会主义国家,社会主义制度是我国的根本制度。我国在《宪法》中确认出版事业为社会主义服务的方向,是为了保证出版事业符合和适应社会主义制度的基本要求,从而对我国社会主义事业的发展发挥积极的巩固和促进作用。同时,出版物的内容在总体上总是带有明确的意识形态属性,出版事业为社会主义服务,也就是要在出版活动中坚持社会主义意识形态的主导地位,抵制和反对资本主义的、封建主义的和其他的腐朽思想,加强社会主义精神文明建设。《出版管理条例》第3条在规定了出版事业为人民服务、为社会主义服务的方向后,紧接着就规定,出版事业必须"坚持以马克思列宁主义、毛泽东思想、邓小平理论和'三个代表'重要思想为指导,贯彻落实科学发展观,传播和积累有益于提高民族素质、有益于经济发展和社会进步的科学技术和文化知识,弘扬民族优秀文化,促进国际文化交流,丰富和提高人民的精神生活"。新时代,出版工作者还应深入贯彻学习习近平新时代中国特色社会主义思想,坚持以社会主义先进文化为引领,大力弘扬社会主义核心价值观。

社会主义代表了广大人民的根本利益,为人民服务最重要的就是为人民大众最根本的利益服务。习近平曾指出:"要坚持人民主体地位,顺应人民群众对美好生活的向往,不断实现好、维护好、发展好最广大人民群众的根本利益,做到发展为了人民,发展依靠人民,发展成果由人民共享。"② 他还指出:"以经济建设为中心是兴国之要,发展是党执政兴国的第一要务,是解决我国一切问题的基础和关键。"③ 因此,社会主义出版工作必须与社会主义的经济基础相适应,为巩固和发展社会主义经济基础服务,为建设中国特色的社会主义服务,是出版工作的根本方针、原则。社会主义是出版事业得以存在和发展

---

① 魏永征. 新闻传播法教程 [M]. 北京:中国人民大学出版社,2012:32.
② 习近平. 习近平谈治国理政:第2卷 [M]. 北京:外文出版社,2017:214.
③ 习近平. 习近平谈治国理政:第2卷 [M]. 北京:外文出版社,2017:234.

的基础，也是出版事业服务的内容。为社会主义服务，就是为巩固和发展社会主义的经济基础与上层建筑服务，为发展社会生产力、推进社会主义现代化建设服务。

我国进入社会主义初级阶段以后，为人民服务就与为社会主义服务密切联系在一起，成为不可分割的整体。认真为社会主义服务，就是从根本上为人民服务。人民需要社会主义，人民正在建设社会主义，如果某些出版物离开了社会主义的崇高目标，不去为它服务，反而损害这个伟大的事业，那也就违背了为人民服务的宗旨。历史的经验证明，出版事业如果脱离社会主义，不与社会主义建设事业相结合，不认真为社会主义服务，那么，出版事业的生存和发展必然会受到影响。

坚持为人民服务、为社会主义服务的方向，就要求出版部门的活动必须密切联系群众，倾听群众呼声，随时注意避免脱离群众、脱离实际；出版工作就要坚持以科学的理论武装人，以正确的舆论引导人，以高尚的精神塑造人，以优秀的作品鼓舞人。可以说，为人民服务、为社会主义服务，其中包含着出版事业发展的必然规律，不管何时何地，出版工作者都要坚持把人民群众的利益和要求放在首位，全心全意地依靠人民群众、为社会主义建设服务，这是我国出版事业发展的必由之路。

二、将社会效益放在首位，实现社会效益与经济效益相结合

1983年6月6日，中共中央、国务院发出了《关于加强出版工作的决定》（以下简称《决定》），确立了新时期出版工作的性质、任务和指导方针，第一次明确提出了出版工作首先要注重社会效益，同时要注重经济效益，明确了"两个效益"的关系问题，更为重要的是，这是党和国家首次以文件的形式肯定出版工作的经济性质，对出版工作的经济效益提出了要求，解放了出版工作的思路，为真正意义上的出版物市场的形成和发展提供了政策条件和理论依据。

国务院颁布的《出版管理条例》第4条规定："从事出版活动，应当将社会效益放在首位，实现社会效益与经济效益相结合。"这是我国出版业必须认真贯彻的一项重要原则。

出版物具有两重性。就其内容而言，它是精神产品；就其载体而言，它是物质产品。作为精神产品，要求取得实际影响精神世界和指导实践活动的社会

效益。作为承载着精神产品的物质产品,它又具有商品属性,要求进入流通领域,实现商品交换,取得经济效益。出版物的两重性互相依存,又存在错综复杂的矛盾。出版物的这种两重性,在出版工作中常常表现为社会效益和经济效益的矛盾。

出版工作中的社会效益是指出版物有益于社会主义物质文明、政治文明、精神文明建设,影响人们的素质、社会发展的进程、民族国家的未来等的效果和利益。经济效益是指出版单位通过商品交换实现出版物的经济价值,取得维持再生产和扩大再生产所必需的经济效益和利益。两者之间存在相互促进又相互矛盾的辩证统一的关系。

社会主义的出版工作,一定要将社会效益放在首位。坚持把社会效益放在首位,就是坚持出版工作的社会主义方向,就是执行有关出版工作的一系列方针、政策,保证出版物的质量,就是对广大人民群众认真负责。坚持把社会效益放在首位,这是由我国出版事业的社会主义性质所决定的。

在坚持把社会效益放在首位的前提下,也要注意出版物作为商品所产生的经济效益。这就要求出版单位在出版工作中把社会主义精神文明建设的要求同社会主义市场经济的要求很好地结合起来。要在出版工作中具体地认识、利用价值规律,认识、利用社会主义基本经济规律,认识、利用社会主义上层建筑反映经济基础又为经济基础服务的规律。

总之,出版工作的性质,决定了出版单位、出版工作者在组织出版物的生产与流通时既要讲社会效益又要讲经济效益,即既要注意出版物影响精神世界和指导实践活动的社会效益,同时也要注意出版物作为商品出售而产生的经济效益。但是,根据出版物的特性和社会主义出版工作的基本方针与基本任务的要求,应该把社会效益放在首位,实现社会效益和经济效益相结合。

为了保证出版工作坚持为人民服务、为社会主义服务、将社会效益放在首位、实现社会效益与经济效益相结合等基本方针、原则的贯彻,《出版管理条例》还制定了若干义务性规范和禁止性规范,其中第25条、第26条是对出版物内容的禁载规定。第25条的前9款禁载内容,是同《刑法》(包括全国人民代表大会有关各项决定和补充规定)、《民法典》、《中华人民共和国国家安全法》、《中华人民共和国保守国家秘密法》等法律及其有关行政法规的规定相衔接的;第10款"有法律、行政法规和国家规定禁止的其他内容"的规定,也是根据相关法律法规的规定做出的,例如《反不正当竞争法》规定的商业秘密、《禁止证券欺诈行为暂行办法》规定的内幕信息等;第26条关于以未成年人为对象的出版物的禁载内容的规定，则是根据《中华人民共和国未成年人保护法》有关精神做出的。禁止这些内容通过出版活动公开传播，是维护我国社会制度和国家安全，保障正常社会秩序、经济秩序，保护公共利益和公民合法权益的需要，是确保出版活动有益于提高民族素质、有益于经济发展和社会全面进步的需要。世界上许多国家对出版活动都有类似的规范。

三、保障公民依法行使出版自由的权利

言论、出版自由是我国公民的一项基本权利。中华人民共和国成立以来的历次宪法都规定了公民的这项权利。现行《宪法》第35条规定："中华人民共和国公民有言论、出版、集会、结社、游行、示威的自由。"《宪法》第47条规定："中华人民共和国公民有进行科学研究、文学艺术创作和其他文化活动的自由。国家对于从事教育、科学、技术、文学、艺术和其他文化事业的公民的有益于人民的创造性工作，给以鼓励和帮助。"

出版自由（freedom of the press），是指公民通过以印刷或其他复制手段制成的出版物公开表达和传播意见、思想、感情、信息、知识等的自由。出版自由是言论自由的一种表现形式，它的一个重要特征是公开表达，即向不特定的多数人传播。① 出版自由，是我国公民参与社会活动和政治活动的一项经常性的政治权利，同时也是与文化教育紧密相关的权利，是广大人民群众发表意见、显示力量和参加国家管理的必要条件。这里应注意的是，言论自由是公民对于国家和社会的各项问题有自由发表意见的权利，言论自由在公民的各项自由权利中居于重要地位。出版自由是公民有权在宪法和法律所规定的条件和范围内，以文字声像等形式印刷或录制并公开出版（播放）以表达其思想和见解的自由，它是言论自由的延伸，比言论自由有更深、更广的影响。出版自由和言论自由的主要区别在于出版自由是以出版的形式来表达思想和见解的。

在世界范围内，保护出版自由已为众多国家所确认。1789年法国的《人权宣言》和1791年美国的宪法修正案，是世界上较早地确认公民有出版自由的法典。② 第二次世界大战以后，出版自由还进入了国际法保护的范畴。我国已签署的联合国《公民权利和政治权利国际公约》第19条规定："人人都有自由发表意见的权利，此项权利包括寻求、接受和传递各种消息和思想的自

---

① 魏永征. 新闻传播法教程［M］. 北京：中国人民大学出版社，2012：38.
② 袁亮. 关于出版自由的是非问题［N］. 人民日报，1990-05-07.

由。"为达到此目的,可采取"不论国界,也不论口头的、书写的、印刷的"形式。诚然,在如何理解"出版自由"的含义上,不同意识形态之间会有很大的不同。今天,我们所要确立和保障的是具有中国特色的社会主义的出版自由,它是同我们的价值目标相一致的,即通过保障出版自由,更好地为人民服务、为社会主义服务,促进出版事业的繁荣和健康发展。

从法理上说,权利总是同一定的义务相联系的。任何自由和权利都不是绝对的,都有其法定界限。出版自由也一样,它是具体的、相对的、有限度的,必须在法律规定的范围内行使。马克思说:"没有无义务的权利,也没有无权利的义务。"① 孟德斯鸠说:"自由是做法律所许可的一切事情的权利;如果一个公民能够做法律所禁止的事情,他就不再有自由了。"② 在一切建立了正常的法制秩序的社会里,任何人、任何组织在行使出版自由这一宪法所赋予的基本权利时,必须遵守法律对这种权利的限制,必须依法承担相应的义务和责任,也必然负有不滥用此项权利的义务。

我国确定出版自由合理界限的法律依据是《宪法》第 5 条规定的"任何组织或者个人都不得有超越宪法和法律的特权",以及《宪法》第 51 条规定的"中华人民共和国公民在行使自由和权利的时候,不得损害国家的、社会的、集体的利益和其他公民的合法的自由和权利"。

根据《宪法》的原则性规定,我国《出版管理条例》第 5 条规定:"公民依法行使出版自由的权利,各级人民政府应当予以保障。公民在行使出版自由的权利的时候,必须遵守宪法和法律,不得反对宪法确定的基本原则,不得损害国家的、社会的、集体的利益和其他公民的合法的自由和权利。"

这一规定是按照权利和义务相对应的原则对公民出版自由权利的规范。其中"公民依法行使出版自由的权利"是对公民的授权性规范;"各级人民政府应当予以保障"是对政府的义务性规范;而"依法"又是公民行使权利时必须承担的义务,这一义务表现为"公民在行使出版自由的权利的时候,必须遵守宪法和法律,不得反对宪法确定的基本原则,不得损害国家的、社会的、集体的利益和其他公民的合法的自由和权利"。

另外,《出版管理条例》第 23 条对公民如何行使出版自由的权利做了进一步的表述:"公民可以依照本条例规定,在出版物上自由表达自己对国家事

---

① 马克思,恩格斯. 马克思恩格斯全集(第 17 卷)[M]. 北京:人民出版社,1956:476.
② 孟德斯鸠. 论法的精神(上)[M]. 北京:商务印书馆,1992:154.

务、经济和文化事业、社会事务的见解和意愿，自由发表自己从事科学研究、文学艺术创作和其他文化活动的成果。"这是对现阶段我国公民行使出版自由的方式的总体表述，应理解为包括了公民依法在书报刊等出版物上自由发表意见、表达自己意志、对国家和社会事务实行舆论监督等方式。

为保障合法出版，《出版管理条例》还制定了禁止性规范，其中第23条第2款规定："合法出版物受法律保护，任何组织和个人不得非法干扰、阻止、破坏出版物的出版。"第59条规定："对非法干扰、阻止和破坏出版物出版、印刷或者复制、进口、发行的行为，县级以上各级人民政府出版行政主管部门及其他有关部门，应当及时采取措施，予以制止。"

我国一方面在政治上保证公民的出版自由，另一方面在物质条件上也对出版自由予以保障。即我国在发展经济的基础上，不断地发展出版事业，增加出版设备，以保证人民的出版自由。比如，中华人民共和国成立以来，在党和政府的领导下，国家投入不少人力、物力和财力，使出版事业得到了很大的发展。完成社会主义改造的1956年，全国只有97家出版社，到2019年，全国出版、印刷和发行服务业实现营业收入18 896.1亿元。① 全国书报刊出版、印刷能力和发行能力成倍增长，这就为人民行使出版自由的权利提供了越来越多的物质条件。同时，我国还注意防止封建的、反动的思想对出版事业的污染，以保证人民出版自由的纯洁性。除了那些反动的、淫秽的、黄色的出版物应予以取缔之外，出版在我国有充分的自由，得到有效的保障。

四、依法管理

我国《出版管理条例》第6条规定："国务院出版行政主管部门负责全国的出版活动的监督管理工作。国务院其他有关部门按照国务院规定的职责分工，负责有关的出版活动的监督管理工作。县级以上地方各级人民政府负责出版管理的行政部门（以下简称出版行政主管部门）负责本行政区域内出版活动的监督管理工作。县级以上地方各级人民政府其他有关部门在各自的职责范围内，负责有关的出版活动的监督管理工作。"

市场经济也可以说是法治经济。社会主义市场经济必须在公开、公正、公平的环境和条件下运行，而这种环境和条件必须由国家的法律法规来保证。出

---

① 国家新闻出版署.2019年新闻出版产业分析报告（摘要）[EB/OL].(2020-11-03)[2021-02-05].http://www.nppa.gov.cn/nppa/upload/files/2020/11/c46bb2bcafec205c.pdf.

版事业的发展也是如此。出版行政主管部门是国家的职能部门，管理活动代表国家意志，这种意志是通过法律和法规体现的。因此，出版管理必须严格依法办事，把各项管理活动纳入法治轨道。

"依法进行出版活动和依法进行出版管理是依法治国、依法行政在出版领域的具体体现。有关出版的法律法规是中国特色社会主义法律体系不可或缺的组成部分。"① 随着我国社会主义法律体系的初步形成，我国出版业已形成了由宪法、法律、行政法规、行政规章等组成的法律框架。这些法律法规贯彻了马克思列宁主义、毛泽东思想、邓小平理论、"三个代表"重要思想、科学发展观及习近平新时代中国特色社会主义思想的基本精神，体现了出版工作的指导方针、政策和基本任务，规范了出版行为的准则和必要程序，明确了出版管理的职责，划清了出版活动合法、违法与犯罪的界限，规定了相应的法律责任，为依法进行出版活动和出版管理提供了依据。

出版工作离不开法律法规，法律法规是出版工作的准则和依据。目前，在出版工作中比较重要的法规包括以下几类：对书报刊出版、印刷、发行工作的规定，对音像、电子出版物工作的规定，对著作权保护的规定，对"扫黄打非"的有关规定，等等。

在从事出版工作的过程中，必须坚持依法管理的原则，其基本要求是：有法可依，有法必依，执法必严，违法必究。

有法可依是指健全和完善有关出版工作的法律法规体系，使出版工作的每一项具体管理活动都有法律依据，尽量避免盲目性和随意性。这就要求出版行政主管部门从出版产业发展的需要出发，修改不适应新形势的法律法规，制定新的法规，以适应出版业不断发展的需要。

有法必依是指出版行政主管部门必须按法律规定办事，只要是已经颁布实施的法律法规，任何机关、团体、企事业单位和公民个人都必须严格遵守，出版行政主管部门也不例外，而且还要带头执法、守法。

执法必严是指严格执行法律规定，对任何出版单位、出版工作者的违法行为都一视同仁，严肃处理，不徇私情，更不能知法犯法、违法乱纪。只有严格执法，才能维护法律的严肃性和权威性。

违法必究是指对违法者必须追究法律责任和给予法律制裁。任何机关、团

---

① 全国出版专业职业资格考试办公室. 有关出版的法律法规选编 [M]. 北京：中国大百科全书出版社，2003：6.

体、企事业单位和公民个人都不能超越于法律之上，对于触犯法律者，该处罚的一定处罚，该重罚的绝不轻饶。只有这样，才能震慑违法分子，减少违法活动，维护法律尊严。

五、行业自律

《出版管理条例》第 8 条规定："出版行业的社会团体按照其章程，在出版行政主管部门的指导下，实行自律管理。"

行业自律是指行业组织、行业协会通过制定各种行规、行约来加强行业自身的约束力。

行业组织是由同一个行业的企事业单位自愿组成的经济性团体。它是根据社会发展的需要，特别是市场经济发展的需要，由同一行业的企事业单位为了行业的共同利益自发地、自愿地组成，不带有政府行为的强制性特征，具有自治性或民间性的特征。行业组织介于政府和企业法人之间，代表行业内众多企业法人的利益，是政府与企业间的有益桥梁。其主要职能是代表本行业与政府协商谈判，协调行业发展，推动行业管理和技术水平的提高，解决行业内纠纷，组织对外交流，等等。尤其是在行业政策的制定上，成熟的行业组织影响政府政策导向，使政府的决策更有利于某些行业或某些利益集团，或使政府的决策更接近于现实，从而为政府的宏观经济调控创造条件。

行业协会是生产专业分工和市场竞争发展到一定阶段的产物。当行业迅速发展并逐步走向成熟的时候，行业成员可能会因追求自身的利益而进行不公平竞争或做出其他不利于整个行业发展的行径。此时，行业协会就以监督者和利益关系协调者的身份应运而生。在市场经济发达的国家，行业协会具有不可替代的协调、指导功能，它以一种有效的工商业活动管理方式显示出其特有的商业文化传统，呈现出民间组织性、利益公共性、互益性、平等性和开放性等一些重要特征，在国家一些政策和法律的制定、劳资和贸易纠纷的谈判与解决，以及行业标准的制定方面，都发挥着极其重要的作用。[1]

比如，在美国，出版行业协会对出版行业有着严格的管理，许多在我国由政府行使的管理职能，在美国实际上由行业协会行使。美国书业协会的主要作用是：作为行业代表，维护会员利益，协调会员之间的关系，举办、参加有关

---

[1] 杨贵山. 行业协会任重道远 [N]. 中国图书商报，2002-06-20.

书展,推广会员图书,交流信息,组织科学研究,组织全国图书评奖,特别是全国图书委员会主持的"全国图书奖",影响很大。另外,美国出版业很重视自律,一些协会都制定自律措施,以约束编辑、出版活动。

一方面,行业协会代表和维护行业利益,以行业的整体形象就相关问题跟有关部门和单位进行联系、沟通与合作;另一方面,行业协会也行使管理的职能,在督促会员遵守和执行国家相关法律及规定的同时,制定共同遵守的规则并提倡自律。

我国已经加入世界贸易组织,并已全面放开书报刊分销服务业。随着我国出版物市场全面对内、对外开放,出版运营模式逐渐多样化,市场经济调节作用的权重日渐增加,政府职能也将逐步实现从直接管理向间接管理、从微观管理向宏观管理的转变,越来越多的社会工作和行业管理的具体工作将交由行业协会来承担,新的形势迫切需要出版行业协会参与协调、管理,以促进出版业的发展。我国目前的出版协会、印刷协会、发行业协会由于资金问题及权威性不足等原因,与行政机关存在无法摆脱的依附关系,所起的作用仅限于培训、组织出版科研活动等,还不是纯粹意义上的行业协会。①

因此,各级出版行业协会应当逐步改变目前依附于行政管理机关的状况,体现出版行业协会的特点和相对独立性;应当配合出版行政主管部门的宏观调控,制定行业规范和行业标准,协调行业内部的产、供、销关系,协调统一各类价格,避免生产经营的盲目性和不正当竞争,实行行业自律,以便维护协会成员的利益,保护合法的经营活动,发挥社会监督作用。

第二节　　　　　　　　　　　出版工作的任务

我国《宪法》在"序言"中指出:"中国新民主主义革命的胜利和社会主义事业的成就,是中国共产党领导中国各族人民,在马克思列宁主义、毛泽东思想的指引下,坚持真理,修正错误,战胜许多艰难险阻而取得的。我国将长

----

① 中国出版科学研究所. 出版改革与出版发展战略研究 [M]. 北京:中国书籍出版社,1998:16-17.

期处于社会主义初级阶段。国家的根本任务是，沿着中国特色社会主义道路，集中力量进行社会主义现代化建设。中国各族人民将继续在中国共产党领导下，在马克思列宁主义、毛泽东思想、邓小平理论、'三个代表'重要思想、科学发展观、习近平新时代中国特色社会主义思想指引下，坚持人民民主专政，坚持社会主义道路，坚持改革开放，不断完善社会主义的各项制度，发展社会主义市场经济，发展社会主义民主，健全社会主义法治，贯彻新发展理念，自力更生，艰苦奋斗，逐步实现工业、农业、国防和科学技术的现代化，推动物质文明、政治文明、精神文明、社会文明、生态文明协调发展，把我国建设成为富强民主文明和谐美丽的社会主义现代化强国，实现中华民族伟大复兴。"同时，《宪法》第22条规定："国家发展为人民服务、为社会主义服务的文学艺术事业、新闻广播电视事业、出版发行事业、图书馆博物馆文化馆和其他文化事业，开展群众性的文化活动。"

为了实现国家的根本任务，促进社会主义先进生产力和先进文化的发展，满足人民群众日益增长的精神文化需求，我国的《出版管理条例》根据《宪法》的精神，在第3条规定："出版活动必须坚持为人民服务、为社会主义服务的方向，坚持以马克思列宁主义、毛泽东思想、邓小平理论和'三个代表'重要思想为指导，贯彻落实科学发展观，传播和积累有益于提高民族素质、有益于经济发展和社会进步的科学技术和文化知识，弘扬民族优秀文化，促进国际文化交流，丰富和提高人民的精神生活。"新时代，出版工作者还应深入贯彻学习习近平新时代中国特色社会主义思想，坚持以社会主义先进文化为引领，大力弘扬社会主义核心价值观。这就明确了我国出版工作的基本任务。

一、宣传马克思列宁主义、毛泽东思想、邓小平理论、"三个代表"重要思想、科学发展观和习近平新时代中国特色社会主义思想

实践证明，马克思列宁主义、毛泽东思想、邓小平理论、"三个代表"重要思想、科学发展观和习近平新时代中国特色社会主义思想，是我国革命和社会主义建设事业取得胜利的指南，是我们建党立国的根本，是社会主义精神文明建设的根本，也是社会主义出版事业发达的根本。宣传马克思列宁主义、毛泽东思想、邓小平理论、"三个代表"重要思想、科学发展观和习近平新时代中国特色社会主义思想，是我国出版工作的重要任务。当前，尤其需要着力宣

传习近平新时代中国特色社会主义思想。

出版工作要始终以马克思列宁主义、毛泽东思想、邓小平理论、"三个代表"重要思想、科学发展观和习近平新时代中国特色社会主义思想为指导,帮助广大人民群众树立正确的世界观、人生观和价值观,坚定对马克思主义的信仰和对社会主义的信念,增强对改革开放和现代化建设的信心与对党和政府的信任,增强自立意识、竞争意识、效率意识、民主法治意识和开拓创新精神。出版工作要运用马克思主义的根本原理,运用马克思主义的立场、观点和方法,研究和解决各种出版物内容中的有关问题和出版工作中的理论和实践问题。习近平新时代中国特色社会主义思想和党的基本路线在出版工作中要认真贯彻执行,马克思列宁主义、毛泽东思想、邓小平理论、"三个代表"重要思想、科学发展观和习近平新时代中国特色社会主义思想中关于出版工作的论述和党关于出版工作的方针、政策,也要认真贯彻执行。

现阶段,要注重把党的思想政治工作与出版工作有机结合起来,把发挥党的思想政治优势贯穿到出版工作的各个方面、各个环节;要把握重点,用各种形式的出版物,生动地宣传、普及习近平新时代中国特色社会主义思想,突出社会主义的时代精神、民族特色和传统美德,弘扬爱国主义,以正确的宣传导向促成良好的社会氛围,并面向经济建设的主战场,普及社会主义市场经济和相关的法律知识,同时,依靠出版的优势,大力促进科学技术的发展和向生产力的转化。

当前和今后一个时期,是必须紧紧抓住和用好习近平新时代中国特色社会主义思想的重要战略机遇期,是实现中华民族伟大复兴的中国梦的关键时期。因此,完整、准确地把握习近平新时代中国特色社会主义的深刻内涵和基本要求,把习近平新时代中国特色社会主义思想落实到经济、社会发展的各个领域,贯穿于发展和改革的过程之中,是出版工作者的一项重要任务。

二、传播和积累有益于提高民族素质、有益于经济发展和社会进步的科学技术和文化知识

科学技术和文化知识是"人类改造自然、改造社会的锐利武器"[1]。传播和积累有益于提高民族素质、有益于经济发展和社会进步的科学技术与文化知

---

[1] 袁亮. 周恩来刘少奇朱德陈云与新闻出版 [M]. 北京:中国书籍出版社,2003:51.

识,是出版工作的重要任务。

科学技术和文化知识有益于提高民族素质,有益于经济发展和社会进步,科学技术和文化知识的传播需要出版活动的参与。在人类社会的早期,科学技术和文化知识的传播是以人自身作为传播者、传播媒介和传播"机构"的,而随着人类社会的进化,人类的传播活动已逐渐过渡到借助于物作为传媒,有了先进的传播渠道和传播工具,并形成了传播产业。① 各种传播媒介如图书、报纸、期刊、广播、电影、电视、互联网等传播工具,不仅有跨越时间、空间的广度,而且有向人们反复地传播各种科学技术和文化知识的深度,通过这些传播媒介所进行的科学技术和文化知识的传播几乎是不停息的。人类最早的媒介传播活动是出版物的生产活动。到现在,图书、报纸、期刊、录音带、录像带、电子出版物,甚至网络作品等,都是出版活动的产物。

同样,人类创造的科学技术和文化知识需要一代一代传递下去,而且需要跨时代的传递,出版活动的产品——出版物是使这种传递成为现实的主要的、必不可少的渠道。出版业不管是在民族文化的积累还是外来文化的积累过程中,都扮演着极其重要的角色。

现在,随着社会主义建设事业的飞速发展和人民生活水平的显著提高,科学技术和文化知识越来越成为人民群众和社会主义建设事业的迫切需要。社会主义市场经济的发展,经济全球化带来的挑战和机遇,科学技术现代化对社会发展的推动,都要求出版工作的参与和服务。现代科学技术是第一生产力。出版工作对科学技术的传播和积累,将大大促进先进生产力的发展。实践已经证明,出版工作在这方面发挥作用的天地是十分广阔的。

三、弘扬民族优秀文化

我国是历史悠久的文明古国,具有光辉灿烂的民族文化。继承民族文化的精华,是建设中国特色社会主义文化的重要条件。通过出版物弘扬中华民族的优秀文化,是出版工作义不容辞的责任。

对于民族优秀文化遗产,要采取"取其精华,弃其糟粕"的态度。早在1940年,毛泽东在《新民主主义论》一文中就指出:"中国现时的新政治新经济是从古代的旧政治旧经济发展而来的,中国现时的新文化也是从古代的旧文

---

① 彭建炎. 出版学概论 [M]. 长春:吉林大学出版社,1992:64.

化发展而来的，因此，我们必须尊重自己的历史，决不能割断历史。""清理古代文化的发展过程，剔除其封建性的糟粕，吸收其民主性的精华，是发展民族新文化，提高民族自信心的必要条件；但是决不能无批判地兼收并蓄。"① 因此，在出版过程中，要努力保存和提高各种民族文化门类和民族艺术样式，重视出版传统文化精品和相关的学术研究成果，使其与现代文化结合在一起，成为富有时代气息和创新精神的、与时俱进的民族优秀文化，努力提升和发扬博大精深的民族文化的精神内涵。

习近平指出："中华文明延续着我们国家和民族的精神血脉，既需要薪火相传、代代守护，也需要与时俱进、推陈出新。要加强对中华优秀传统文化的挖掘和阐发，使中华民族最基本的文化基因与当代文化相适应、与现代社会相协调，把跨越时空、超越国界、富有永恒魅力、具有当代价值的文化精神弘扬起来。"② 出版工作在这些方面发挥了重要作用，出版工作应继续结合时代和社会的发展要求发挥更大的作用。

四、促进国际文化交流

文化的发展，总是不同的民族文化之间相互取长补短的过程。各个民族在长期的历史发展过程中都创造出了具有本民族特色的文化，各民族的文化也有其相对的稳定性，同时又在接触和相互交流中影响、融合。

党的十九大报告指出，要加强中外人文交流，以我为主、兼收并蓄。推进国际传播能力建设，讲好中国故事，展现真实、立体、全面的中国，提高国家文化软实力。③ 这是我国出版业促进国际文化交流必须遵循的原则。改革开放以来，我国出版业为促进国际文化交流发挥了很大作用。在我国加入世界贸易组织以后，我国出版业更应该肩负起促进国际文化交流的重任，加强对外文化交流，吸收各国优秀文明成果，为增强中华文化国际影响力发挥更大的作用。出版工作和出版工作者既要在交流中积极吸收先进、科学、有益的东西，坚决抵制落后、愚昧、有害的东西，更要努力展示和弘扬我国文化建设的成就。

---

① 毛泽东. 毛泽东选集（第2卷）[M]. 北京：人民出版社，1991：707-708.
② 习近平. 习近平谈治国理政（第2卷）[M]. 北京：外文出版社，2017：340.
③ 《党的十九大报告辅导读本》编写组. 党的十九大报告辅导读本 [M]. 北京：人民出版社，2017：34-35.

五、丰富和提高人民的精神生活

经过改革开放以来四十多年的发展，我国物质文明和精神文明建设都有了长足的发展和进步，人民生活水平显著提高。当前我国已进入全面建设小康社会的新的发展阶段。在小康社会，随着社会经济、政治、科技、文化的不断发展，人民群众的物质生活水平不断提高，人民群众对精神生活的需求随之不断增长，十分需要丰富多彩、多层次、多方面的出版物。人们不仅需要出版物来帮助自己增长知识，树立正确的世界观、人生观和价值观，也要求能从出版物中获得消遣性的愉悦，达到抒发感情、陶冶情操的目的，还要求出版物能不断创新，提高质量，价廉物美。这就给出版业的发展注入了强大的动力和活力，但也使得出版物的生产与人民群众日益增长的精神文化需求之间的矛盾更加突出。因此，必须发展出版事业，多为人民提供健康有益、形式多样、足以丰富和提高人民精神生活的优秀出版物。这是出版工作的基本任务。

第三章

著作权的法律规定

著作权（copyright），也称为版权，我国1990年颁布的《著作权法》在"附则"里规定"本法所称的著作权即版权"，第一次在法律上将"著作权"与"版权"明确为同义词。著作权是指自然人、法人或者非法人组织依照法律规定对自己的文学、科学和艺术等作品所享有的专有权利，是知识产权的重要组成部分。《著作权法》是确认作者对其创作的作品享有权利及规定因创作、传播和使用作品而产生的权利和义务关系的由全国人民代表大会常务委员会通过的中国国家法律文件。《著作权法》规定了作者与其他著作权人享有的著作权，规定了出版者、表演者、录音录像制作者、广播电台、电视台享有的与著作权有关的权利，并规定了对著作权人权利的限制，从而协调作者、传播者和公众之间的相互关系。

我国宪法关于公民言论、出版自由和进行科学研究、文艺创作及其他文化活动的自由的规定，关于国家发展为人民服务、为社会主义服务的文学艺术事业、出版发行事业等的规定，是《著作权法》立法的根本法律依据和原则。为保护文学、艺术和科学作品作者的著作权，以及与著作权有关的权益，鼓励有益于社会主义精神文明、物质文明建设的作品的创作与传播，促进社会主义文化与科学事业的发展与繁荣，1990年9月7日，中华人民共和国第七届全国人民代表大会常务委员会第十五次会议通过了《中华人民共和国著作权法》，并于1991年6月1日正式实施。同时，又公布了《著作权法实施条例》及其他相关法律法规。1997年修订的《刑法》规定了侵犯著作权罪和销售侵权复制品罪。为适应加入世界贸易组织的需要，2001年10月27日，第九届全国人民代表大会常务委员会第二十四次会议对《著作权法》进行了第一次修正，国务院亦于2002年9月再次发布了新的《著作权法实施条例》，2010年2月26日，全国人民代表大会常务委员会对《著作权法》进行了第二次修正。2020年11月11日，第十三届全国人民代表大会常务委员会第二十三次会议对《著作权法》进行了第三次修正。这标志着我国著作权法律制度趋于完善，著作权保护翻开了新的一页。

《出版法》与《著作权法》关系十分密切，两种法律规范有共同的宪法依据和原则。只不过《出版法》主要是从政治上来保护宪法规定的有关权利并对之做出规定，而《著作权法》则是从民事上来保护这些权利并对之做出规定。出版活动中经常会遇到著作权问题，这些著作权问题概括起来主要表现在两个方面：一方面，出版单位及其编辑，以及在出版单位出版作品的作者，都是著作权的权利主体，他们的作品是《著作权法》的保护客体；另一方面，出版单位是作品的出版者、传播者，在出版作品的过程中要遵守《著作权法》的规定，尊重著作权人的合法权益。

第一节　著作权的基本内容

一、著作权的主体

著作权的主体是依法享有著作权的人。我国《著作权法》第9条规定："著作权人包括：（一）作者；（二）其他依照本法享有著作权的自然人、法人或者非法人组织。"由此，我们知道著作权人包括以下几类。

1. 作者

根据我国《著作权法》第11条规定，作者就是创作作品的自然人，即作者是作品的创作人。"创作"，根据《著作权法实施条例》第3条规定，"是指直接产生文学、艺术和科学作品的智力活动。为他人创作进行组织工作，提供咨询意见、物质条件，或者进行其他辅助工作，均不视为创作"。创作是人脑的思维活动，是作品从构思到表达完成的过程。作者通过独立构思，运用自己的能力和技巧表达思想和情感，从而产生文学、艺术和科学作品。迄今为止，人类对物质世界的认识成果表明，创造力始终是自然界赋予人类的天然特权。只有自然人才是智力成果的唯一创造人。因此，著作权最基本的权利主体是自然人。《著作权法》重在保护自然人的合法权益。

2. 法人或者非法人组织

法人或者非法人组织也可以成为作者。根据《著作权法》第11条规定，法人或者非法人组织成为作者的情况是指"由法人或者非法人组织主持，代表法人或者非法人组织意志创作，并由法人或者非法人组织承担责任的作品，法人或者非法人组织视为作者"。这说明当作品由法人或者非法人组织主持创作，代表它们的意志，并由它们承担责任的时候，该法人或者非法人组织可以被看成是作者。比如，由国家科学技术委员会组织编写，并以"国家科学技术委员会"署名的《中国的知识产权制度》蓝皮书，就属于这一类。

在作品上署名的自然人、法人或者非法人组织为作者,且该作品上存在相应权利,但有相反证明的除外。作者等著作权人可以向国家著作权主管部门认定的登记机构办理作品登记。

3. 其他著作权人

这主要是指通过继承、受遗赠、委托合同、劳动合同等法律行为而成为著作权人的情况,一般包括:(1)按照继承法的规定,通过继承成为著作权人;(2)法定继承人以外的人接受作者遗赠而成为著作权人;(3)委托作品的委托人通过合同而成为著作权人;(4)符合《著作权法》第18条第2款规定的职务作品,作者所在单位取得署名权以外的其他权利,成为著作权人;(5)影视作品的制片者,根据《著作权法》第17条第1款取得署名权以外的其他著作权,成为著作权人;(6)法人及非法人组织变更、终止,其权利、义务的承受者获得作品的财产权,成为著作权人。这些通过继承、受遗赠、委托合同、劳动合同等法律行为而获得著作权的人称为"继受著作权人",这些继受著作权人只能享有著作权中的财产权,不能享有著作权中的人身权。

4. 国家

在特殊情况下,国家也可以成为著作权的主体。国家成为著作权主体主要有以下三种情况:(1)自然人、法人或者非法人组织将著作权中的财产权赠予国家;(2)自然人死亡时,没有继承人或受遗赠人,或继承人放弃继承权的,著作权中的财产权归国家所有;(3)法人或者非法人组织终止,没有权利义务承受人的,著作权中的财产权由国家享有。

二、著作权的归属

有些作品在创作和传播过程中,会涉及多个主体,这样就会有著作权的归属问题。

1. 演绎作品的著作权人

演绎作品,是指改编、翻译、注释、整理已有作品而产生的作品。演绎作品的独创性在于它一方面对原作品进行了改编、翻译、注释、整理,另一方面又在原作品的基础上有所创新,对原作品做了形式上的变动。因此,演绎作品与原作品一样,都是独立的受保护的作品。我国《著作权法》第13条规定:"改编、翻译、注释、整理已有作品而产生的作品,其著作权由改编、翻译、注释、整理人享有,但行使著作权时不得侵犯原作品的著作权。"

2. 合作作品的著作权人

合作作品,是指两人以上共同创作的作品。合作作者的共同劳动,使合作作品成为一个整体。各国著作权法一般规定合作作品的著作权归全体合作人共有,行使著作权时要征得全体合作人的同意。我国《著作权法》第 14 条规定,合作作品的著作权由合作作者共同享有。没有参加创作的人,不能成为合作作者。合作作品的著作权由合作作者通过协商一致行使;不能协商一致,又无正当理由的,任何一方不得阻止他方行使除转让、许可他人专有使用、出质以外的其他权利,但是所得收益应当合理分配给所有合作作者。合作作品可以分割使用的,作者对各自创作的部分可以单独享有著作权,但行使著作权时不得侵犯合作作品整体的著作权。

3. 汇编作品的著作权人

汇编作品,是指汇编若干作品、作品的片段或者不构成作品的数据或者其他材料,对其内容的选择或者编排体现独创性的作品。由于汇编者在选编作品时同样也付出了创造性劳动,他们选取和编排材料采用独特的方法,赋予这些材料以新的组织结构和表现形式,因此,各国一般都承认汇编者对汇编的作品享有独立的著作权。我国《著作权法》第 15 条规定:"汇编作品的著作权由汇编人享有,但行使著作权时,不得侵犯原作品的著作权。"

最常见的汇编工作有报纸、期刊的编辑及从报纸、期刊上选编文章汇编成书的编辑工作。一般来说,每张报纸、每本期刊都是一件完整的汇编作品,其著作权属于该报纸、期刊的出版单位,但报纸、期刊上所刊载的每篇文章的著作权属于各个作者。因此,报纸、期刊的出版单位对自己汇编的报纸、期刊享有著作权,但并不等于对报纸、期刊中的任何独立作品也享有权利。按《著作权法》规定,作品的著作权属于作者。出版单位在实施编辑工作过程中和在行使汇编作品的著作权时,都不得侵犯原作品作者的著作权。

2000 年,北京某出版社《第三只眼睛透视京城》侵犯著作权案,就有一定的典型意义。书中有 42 篇作品是在某期刊上发表的文章,涉及 32 位作者。出版社在出版前未征得作者许可,在出版后未支付作者报酬。后作者起诉,判决侵权成立。在审理过程中,出版社曾提交该书主编给出版社的"委托书",内称他已征得某期刊社同意,将期刊上发表的作品编辑成书,以此说明他们的行为并不违法。[①]

[①] 魏永征. 从一份无效"委托书"看传播者权的错位 [N]. 法制日报,2000-12-02.

其实，期刊社是无权做出这种许可的，因为在期刊上发表的文章，其著作权属于作者。即使是期刊社自己把期刊上的作品汇编成书，也必须再次得到有关作者的许可。因此，期刊社无权向该书主编做出同意汇编的表示。出版社应该知道汇编作品的汇编人只有逐一得到所有文章作者的授权书，才可商谈有关出版事宜，这样汇编出版的作品才不致侵权。

4. 视听作品的著作权人

视听作品，是指电影作品和以类似摄制电影的方法创作的作品。要确定某种作品的著作权归属，首先必须确认该作品的作者。我国《著作权法》规定，视听作品的作者有编剧、导演、摄影视听、作词视听、作曲视听等。由于视听作品是将众多作者和表演者及其他创作活动和技术活动凝结在一起的复杂的集合体，大多数作者的创作不可分割地融进同一个表现形式中，除去音乐、剧本、美术等作品外，每个作者的创作成果都无法从视听作品整体中分割出来获得独自的表现形式，因而这些作者都无法单独行使其著作权。因此，我国《著作权法》第17条规定："视听作品中的电影作品、电视剧作品的著作权由制作者享有，但编剧、导演、摄影、作词、作曲等作者享有署名权，并有权按照与制作者签订的合同获得报酬。前款规定以外的视听作品的著作权归属由当事人约定；没有约定或者约定不明确的，由制作者享有，但作者享有署名权和获得报酬的权利。视听作品中的剧本、音乐等可以单独使用的作品的作者有权单独行使其著作权。"

5. 职务作品的著作权人

职务作品，是指公民为完成法人或者其他组织工作任务所创作的作品。这里的"工作任务"，是指公民在该法人或者该组织中应当履行的职责。

在我国，由于现存体制上的原因，相当一部分的文学、艺术和科学作品的作者，属于国家公职人员，是领取薪金的职业创作者。为了既调动作者创作的积极性又调动其所在单位支持其创作的积极性并维护单位的利益，我国《著作权法》第18条对职务作品的著作权归属做了明确划分。

第一，一般情况下，职务作品的著作权由作者享有，但法人或者非法人组织有权在其业务范围内优先使用。作品完成两年内，未经单位同意，作者不得许可第三人以与单位使用的相同方式使用该作品。《著作权法实施条例》第12条规定："职务作品完成两年内，经单位同意，作者许可第三人以与单位使用的相同方式使用作品所获报酬，由作者与单位按约定的比例分配。作品完成两年的期限，自作者向单位交付作品之日起计算。"

第二，三种情况下，职务作品的作者只享有署名权，著作权的其他权利由法人或者非法人组织享有，法人或者非法人组织可以给予作者奖励：（1）主要是利用法人或者非法人组织的物质技术条件创作，并由法人或者非法人组织承担责任的工程设计图、产品设计图、地图、示意图、计算机软件等职务作品，这里的"物质技术条件"，是指该法人或者该非法人组织为公民完成创作专门提供的资金、设备或者资料；（2）报社、期刊社、通讯社、广播电台、电视台的工作人员创作的职务作品；（3）法律、行政法规规定或者合同约定著作权由法人或者非法人组织享有的职务作品。

6. 委托作品的著作权人

委托作品，是指受人委托创作的作品。鉴于委托作品基于委托合同而产生，与职务作品基于法律或者劳动合同而产生有区别，我国《著作权法》第19条规定："受委托创作的作品，著作权的归属由委托人和受托人通过合同约定。合同未作明确约定或者没有订立合同的，著作权属于受托人。"也就是说，委托人若要享有委托作品的著作权，必须通过订立合同与作者明确约定。出版单位的编辑在选题策划以后，向某些专家学者约稿，就是一种委托行为。在绝大多数情况下，应约编写书稿者对自己的作品享有著作权是不成问题的，出版单位或者编辑也不会对作品提出著作权要求。但也有委托人向作者支付约定的创作报酬，由作者按照委托人意志和具体要求创作出特定的作品的。如单位悬赏征集的厂标、厂徽、厂歌及为他人撰写的回忆录等，这样的作品一般委托人是著作权人，这就必须在约稿时与受托人明确约定，以免发生误会，引发著作权纠纷。

7. 美术作品原件的著作权人

就美术作品而言，它涉及两类权利：一类是美术作品原件所有人对美术作品原件的所有权，这是一种物权，它包括占有、使用、收益和处分美术作品原件的权利；另一类是美术作品的创作人对于美术作品的著作权。这是两类不同的权利。我国《著作权法》第20条规定："作品原件所有权的转移，不改变作品著作权的归属，但美术、摄影作品原件的展览权由原件所有人享有。作者将未发表的美术、摄影作品的原件所有权转让给他人，受让人展览该原件不构成对作者发表权的侵犯。"

三、著作权的客体

著作权的客体，严格意义上讲，应该是著作权法律关系的客体，它是著作权法律关系中主体的权利和义务共同指向的对象。具体而言，就是作品，是作者创作的以一定形式表现出来的文学、艺术和科学作品。

1.《著作权法》保护的作品

《著作权法》所称"作品"，是指文学、艺术和科学领域内具有独创性并能以一定形式表现的智力成果。智力创作的成果多种多样，但并不是任何智力成果都可以成为《著作权法》的保护对象。要成为《著作权法》的保护对象，必须具备两个条件。

一是独创性。即作品是由作者独立完成的，作品的表现形式或内容与他人已发表的作品完全不同或者基本不同，即不是抄袭、剽窃、篡改他人的作品。在《著作权法》的要求中，作者创作的作品并不一定要求是世界上前所未有、独一无二的，只要求是作者独立创作的。即只要是作者独立完成的，即使两件作品相互近似甚至雷同，也不影响这两件作品分别获得著作权。

二是有一定的表现形式，可以某种形式加以复制。如果思想或者情感仅存在于作者的头脑中，没有表现为可以为他人所感知并为法律所允许的客观形式，就不能成为《著作权法》中的作品。任何作品，只有以一定的物质形式表现出来，使他人能够感知，才可受到《著作权法》的保护。比如，文字作品，人们可以看到；口述作品、音乐作品等，人们可以听到；等等。

这些以一定形式表现出来的作品，能以某种形式加以复制，具有可复制性。复制是以印刷、复印、拓印、录音、录像、翻录、翻拍、数字化等方式将作品制作一份或者多份的行为。无论采用何种方式进行复制，都是不改变作品内容地将作品加以客观地再现。也就是说，复制是没有独创性的行为。只要不改变作品内容，无论采用什么方式对作品加以利用，都属于复制。如以二进制代码将作品数字化就属于复制。

关于著作权客体的种类，我国《著作权法》第3条明确规定，作品包括以下列形式创作的文学、艺术和科学领域内的作品：（1）文字作品；（2）口述作品；（3）音乐、戏剧、曲艺、舞蹈、杂技艺术作品；（4）美术、建筑作品；（5）摄影作品；（6）视听作品；（7）工程设计图、产品设计图、地图、示意图等图形作品和模型作品；（8）计算机软件；（9）符合作品特征的其他智力成果。

我国《著作权法实施条例》第4条对各类作品的含义进行了界定：（1）文字作品，是指小说、诗词、散文、论文等以文字形式表现的作品；（2）口述作品，是指即兴的演说、授课、法庭辩论等以口头语言形式表现的作品；

（3）音乐作品，是指歌曲、交响乐等能够演唱或者演奏的带词或者不带词的作品；（4）戏剧作品，是指话剧、歌剧、地方戏等供舞台演出的作品；（5）曲艺作品，是指相声、快书、大鼓、评书等以说唱为主要形式表演的作品；（6）舞蹈作品，是指通过连续的动作、姿势、表情等表现思想情感的作品；（7）杂技艺术作品，是指杂技、魔术、马戏等通过形体动作和技巧表现的作品；（8）美术作品，是指绘画、书法、雕塑等以线条、色彩或者其他方式构成的有审美意义的平面或者立体的造型艺术作品；（9）建筑作品，是指以建筑物或者构筑物形式表现的有审美意义的作品；（10）摄影作品，是指借助器械在感光材料或者其他介质上记录客观物体形象的艺术作品；（11）视听作品，是指通过机械装置能直接为人的视觉和听觉所感知的作品，包括有声电影、电视、录像作品和其他录制在磁带、唱片或类似介质上的配音图像作品等；（12）图形作品，是指为施工、生产绘制的工程设计图、产品设计图，以及反映地理现象、说明事物原理或者结构的地图、示意图等作品；（13）模型作品，是指为展示、试验或者观测等用途，根据物体的形状和结构，按照一定比例制成的立体作品。

2. 《著作权法》不保护的作品

《著作权法》保护的作品范围虽然很广，但并非任何作品都受其保护。如前所述，作品受《著作权法》保护必须满足两个条件：独创性和可复制性，否则，就不能成为著作权法律关系的客体。

由于我国对著作权采取自动保护原则，不需办理任何手续，这就有必要在法律上尽量明确《著作权法》不保护的作品范围。根据我国《著作权法》第4条、第5条规定，《著作权法》不保护的作品分为不受《著作权法》保护的作品和不适用《著作权法》保护的作品两大类。

第一类，不受《著作权法》保护的作品。主要是指不具备合法要件的作品，依法禁止出版、传播的作品。我国现行出版法规已明确规定了出版物禁载的内容。如果由于内容违反了有关法律法规的规定，法律禁止其出版和传播，就不能得到《著作权法》的保护。

第二类，不适用《著作权法》保护的作品。我国《著作权法》第5条规定："本法不适用于：（一）法律、法规，国家机关的决议、决定、命令和其他具有立法、行政、司法性质的文件，及其官方正式译文；（二）单纯事实消息；（三）历法、通用数表、通用表格和公式。"

显然，这些作品已经具备了合法的要件，但不具备独创性或者已进入公有领域，因而不能受到《著作权法》的保护。这类作品是合法的作品，虽不适用《著作权法》，但可由其他法律给予保护。

"法律、法规，国家机关的决议、决定、命令和其他具有立法、行政、司法性质的文件，及其官方正式译文"，这一类作品是国家和政府意志的体现，具有十分强烈的社会性，不属于个人智力创作的成果，不能被个人独自利用，因而要淡化它们的作品性，使之能广泛地被大众接受、利用。

"单纯事实消息"，是指只报道一件事情发生的过程、时间、地点和人物，不表示报道人的观点的消息，其目的是把这一事件客观真实地向公众传播，但不得采用大字报、小字报、传单方式。因为报道单纯事实消息的目的就在于让社会、人们尽快地知道、了解正确的事实，因而没有必要给予保护；并且单纯事实消息只是单纯反映一定客观事实的存在，无须作者付出创造性劳动，因而不属于受《著作权法》保护的作品的范围。但是如果作者在新闻报道中加入了自己的观点和评论，如新闻综述、新闻评论等，就可成为文字作品，从而享有著作权。

"历法、通用数表、通用表格和公式"，其中，历法是指用年、月、日计算时间的方法，主要有阴历和阳历。它是已被人们公认的具有科学依据的计算时间或节气的方法，人们运用这种方法能推算出时间和节气，无须付出创造性的劳动，因而不属于作品的范围。通用数表是指含有一定数字并反映一定关系的表，它成为人们普遍运用的工具，如元素周期表、三角函数表等。通用表格是指普遍适用的为填写文字或数字而按一定项目绘成的表格，如会计报表、统计发票等。公式是指用数字符号表示几个量之间关系的式子，如勾股定理、万有引力定律等。这些作品都不受《著作权法》的保护。此外，超过了著作权保护期限的作品，因进入了公有领域，也不受《著作权法》的保护。

四、著作权的内容

我国《著作权法》第 10 条规定了著作权的权利内容，主要包括人身权利和财产权利两大部分，也称为精神权利和经济权利。这一区分与《伯尔尼公约》的规定一致，也符合我国民事法律的立法精神。

（一）人身权

人身权是作者基于作品依法所享有的以人身利益为内容的权利。著作权中的人身权利，也称为精神权利，只有作者才能享有，其他任何人都不能享有。

著作权中的人身权与《民法典》中一般的人身权相比，有其特殊性。《民法典》中的人身权包括人格权和身份权。人格权，如生命权、健康权、姓名权等，是公民与生俱来的，它随民事主体的出生而产生，随民事主体的死亡而消亡，其期限就是民事主体生存的时间；身份权是基于某种身份而产生的权利，如父母子女之间相互扶养的权利义务关系、父母对未成年子女的监护权等，它不能脱离民事主体而单独存在，与民事主体具有严格的不可分性。著作权中的人身权是基于作者的创作而产生的，它永远受到保护，没有时间的限制，并且在某些情况下可以和作者相分离，如法律规定视听作品中的电影作品的署名权以外的人身权由制片者享有。

我国《著作权法》规定了四项人身权，即发表权、署名权、修改权和保护作品完整权。

1. 发表权

发表权，是指决定作品是否公之于众的权利，即作者可以决定发表，也可以决定不发表其创作的作品。"发表"，是指作品首次与公众见面。作品创作出来以后，只有通过发表才能为公众所感知，也才能获得财产权利。一般情况下，在作者有生之年，发表权由作者行使，即作者有权决定什么时候、在什么地方、以什么方式发表作品。《著作权法实施条例》第17条规定，在作者死亡后，"作者生前未发表的作品，如果作者未明确表示不发表，作者死亡后50年内，其发表权可由继承人或者受遗赠人行使；没有继承人又无人受遗赠的，由作品原件的所有人行使"。由于发表是使作品首次与公众见面的行为，因此发表权只能行使一次，一经使用便不复存在。

2. 署名权

署名权，是表明作者身份、在作品上署名的权利。署名权是作者重要的人身权利，也是作者基于创作而产生的。各国著作权法一般都规定，如无相反证明，在作品上署名的人是作者。

署名权是作者表明自己创作者身份的重要手段，也是公众了解作者身份的重要途径。作者享有署名权，就意味着作者有权决定在作品上是署真名、笔名、假名，还是不署名，任何人不得干涉。作者也有权禁止任何未参加创作的人在自己作品上署名的行为。如果作品署名发表，则其他任何人以出版、广播、表演、翻译、改编等方式使用这一作品时，都应当说明作者姓名，否则就构成侵权。

3. 修改权

修改权，是修改或者授权他人修改其作品的权利。"修改"，是指作品创作完成以后对作品内容所做的改动，包括增加或者删除部分内容。修改可以在作品发表前进行，也可以在作品发表以后进行，但在后一种情况下，作者应适当承担因修改作品给有关部门造成的损失。

修改权的行使，一般由作者自己进行，但作者也可以授权他人修改自己的作品。未经作者授权许可，任何人不得擅自修改其作品，否则构成侵权。当然，也有不经作者授权而修改作品的例外情况。如我国《著作权法》第36条规定："图书出版者经作者许可，可以对作品修改、删节。报社、期刊社可以对作品作文字性修改、删节。对内容的修改，应当经作者许可。"即报社、期刊社可以不经授权而进行不涉及作品内容的修改活动。

4. 保护作品完整权

保护作品完整权，是指保护作品不受歪曲、篡改的权利。这项权利的重要意义在于维护作者的名誉和声望，保护作品的完整。

保护作品完整权，包括保护作品的内容、表现形式和作品形象的完整。保护作品内容的完整，要求他人在使用作品时，不得作为歪曲性、贬损性的使用，不得断章取义、篡改作者的思想观点；保护作品表现形式的完整，是指作者有权禁止他人剽窃、割裂文章，以维护文章形式的和谐统一；保护作品形象的完整，是指他人在评价作品时，不得随意吹捧或者贬损作品形象，以保护作品的社会评价水平不受伤害、不被降低。

保护作品的完整并非对作品不做任何改动。出版过程中编辑对作品的文法错误、事实错误所做的更正，以及改编过程中为适应新的表现形式而做的必要的改动都是法律所允许的。这种改动不构成侵犯作者的保护作品完整权。

（二）财产权

财产权，是作者对作品享有的使用权和获得报酬权，是具有物质内容、直接体现经济利益的权利，因此，著作权中的财产权利，也称为经济权利。著作权中的财产权利与人身权利不同，它可以继承、可以转让，也可以放弃，其保护也有时间的限制。

我国《著作权法》规定，著作权中的财产权包括以复制、发行、出租、展览、表演、放映、广播、信息网络传播、摄制、改编、翻译、汇编等方式使用作品的权利，以及许可他人以上述方式使用作品并由此获得报酬的权利。

著作权中财产权的产生，与技术的发展和各种使用方式密切相关。可以说，技术的进步，给作者财产权利的实现带来了更多的可能性。一般而言，有多少种使用作品的方式，作者就享有多少种使用作品的权利及许可他人以这些方式使用作品而获得报酬的权利。

我国《著作权法》第10条规定，著作权中的财产权包括如下权利。

（1）复制权，即以印刷、复印、拓印、录音、录像、翻录、翻拍、数字化等方式将作品制作一份或者多份的权利。

（2）发行权，即以出售或者赠与方式向公众提供作品的原件或者复制件的权利。

（3）出租权，即有偿许可他人临时使用视听作品、计算机软件的原件或者复制件的权利，计算机软件不是出租的主要标的的除外。

（4）展览权，即公开陈列美术作品、摄影作品的原件或者复制件的权利。

（5）表演权，即公开表演作品，以及用各种手段公开播送作品的表演的权利。

（6）放映权，即通过放映机、幻灯机等技术设备公开再现美术、摄影、视听作品等的权利。

（7）广播权，即以有线或者无线方式公开传播或者转播作品，以及通过扩音器或者其他传送符号、声音、图像的类似工具向公众传播广播的作品的权利，但不包括本款第12项规定的权利。

（8）信息网络传播权，即以有线或者无线方式向公众提供，使公众可以在其选定的时间和地点获得作品的权利。

（9）摄制权，即以摄制视听作品的方法将作品固定在载体上的权利。

（10）改编权，即改变作品，创作出具有独创性的新作品的权利。

（11）翻译权，即将作品从一种语言文字转换成另一种语言文字的权利。

（12）汇编权，即将作品或者作品的片段通过选择或者编排，汇集成新作品的权利。

（13）应当由著作权人享有的其他权利。

（三）著作权各项权利的利用

著作权的利用，是指通过转让、许可使用等方式实施作品著作权，实现著作权人财产权利的行为。由于著作权中的精神权利与作者的人身不可分离，一般不能由他人来行使，因此，著作权的利用主要是著作权人将自己著作权中的财产权利转让出去或者许可他人来行使。这样，著作权的利用就有两种基本形式，即著作权的转让和著作权的许可使用。

1. 著作权转让

著作权转让，是著作权利用的基本形式之一，它是指作者或其他著作权人将著作权中的一项、数项或者全部专有使用权利转让给他人。通过著作权转让的方式，著作权人对其著作权中的财产权利行使了处分权，受让人成为著作权的继受主体。

这里应该注意的是，著作权转让应该以书面合同形式进行；著作权转让的对象是作品的著作权，不是作品的载体。作品载体的转让并不意味着作品著作权的转移。如新华书店销售图书，读者购买图书只是购得了作品的载体，并没有取得作品的著作权。另外，著作权转让的是著作权的财产所有权，而不是著作权使用权的暂时转移（即使用许可）。受让人替代原著作权人成为著作权中某些权利或者全部财产权利的所有人，这就意味着受让人不只是享有作品著作权中的某一项或某几项使用权，而是可以依《著作权法》的规定自由行使其对著作财产权的占有、使用、收益和处分权；对于侵权行为，也可独立提起侵权之诉，获得损害赔偿。

通常情况下，著作权转让有这样几种形式。

（1）著作权贸易。著作权贸易，也称版权贸易。在贸易活动中转让著作权，取得经济收入，是作者或者其他著作权人利用著作权的途径之一。

（2）著作权继承。著作权继承即版权继承，是指著作权中的财产权利可以作为遗产被继承。

（3）著作权因执法而转移。著作权因执法而被转移，最常见的是法院就侵权诉讼、违约诉讼等做出以一方著作权作为赔偿物转移给另一方的判决。同时，著作权所有人因破产而使其著作权成为清偿标的组成部分时，著作权也因执法而发生转移。当然，在这些情况下，所转移的只是著作权中的财产权利。

根据我国《著作权法》第27条规定，转让著作权中的财产权利，应当订立书面合同。权利转让合同包括下列主要内容：（1）作品的名称；（2）转让的权利种类、地域范围；（3）转让价金；（4）交付转让价金的日期和方式；（5）违约责任；（6）双方认为需要约定的其他内容。转让合同中著作权人未明确转让的权利，未经著作权人同意，另一方当事人不得行使。

2. 著作权许可使用

著作权许可使用，是指著作权人通过订立合同授权他人以一定的方式，在一定期限和一定范围内使用其作品，并依法获得报酬的行为。

著作权许可使用，是著作权人行使著作权的重要方式，是著作权人实现其著作权财产价值的重要渠道。我国《著作权法》规定，著作权人有权使用自己的作品，也有权许可他人以各种方式使用作品，并由此获得报酬。可见，著作权许可使用，作为一项财产权利是由法律直接设定的。

从著作权许可使用的概念可知，著作权许可使用具有如下特征。（1）著作权许可使用的不是作品的载体，而是针对作品的某种权利。（2）著作权许可使用中被许可人取得的仅是在一定期限、一定范围内，以一定方式使用著作权人作品的权利，而不是对某些财产权利的所有权。著作权人许可他人以某些方式使用其作品，仍保留其对作品其他方式的使用权。（3）被许可人取得的使用权，在内容、时间和地域范围内是特定的，使用期限届满，权利回归著作权人，同时，被许可人只能在授权的地域范围内以约定的方式使用作品，否则即构成著作权违约和侵权行为。

著作权许可使用与著作权转让虽然都是著作权人实现其著作权财产价值的主要方式，但它们又是性质不同的两种法律制度。其区别主要表现在以下方面。（1）通过著作权许可使用合同，被许可人取得的仅是在一定期限、一定范围内，以一定方式使用作品的权利，作品的著作权仍然全部属于著作权人；而在著作权转让中，著作权人转让其财产权利的一项、几项或者全部后，原著作权人对被转让的权利不再享有著作权，该项被转让的著作权归受让方所有，但有期限的转让除外。（2）在著作权许可使用合同中，只有专有许可的被许可方才有权在其授权范围内对侵权行为提起侵权之诉；而著作权转让中的受让人则有权对侵害其财产权利的行为直接提起侵权之诉，获得损害赔偿。

著作权许可使用合同，是指著作权人与使用者就作品的著作权许可使用所达成的协议。我国《著作权法》第26条明确规定，使用他人作品应当同著作权人订立许可使用合同，《著作权法》规定可以不经许可的除外。许可使用合同包括下列主要内容。

（1）许可使用的权利种类。许可使用的权利种类包括复制权、发行权、出租权、展览权、表演权、放映权、广播权、信息网络传播权、摄制权、改编权、翻译权、汇编权等。合同双方可就其中的全部或者部分权利达成许可使用的协议。对于合同中著作权人未明确许可的权利，未经著作权人同意，另一方当事人不得行使。

（2）许可使用的权利是专有使用权或者非专有使用权。专有使用权是独占性的使用,指著作权人允许被许可人在约定的期限内排他地使用自己作品的权利。被许可人取得专有使用权后,有权排除包括著作权人在内的一切他人以同样的方式使用作品,著作权人不得再许可第三人使用该作品,若要许可第三人行使同一权利,则应取得被许可人的许可。按照我国《著作权法》规定,图书出版者对著作权人交付出版的作品可以按照合同约定享有专有出版权。

非专有使用权是共享性的使用,是指著作权人允许被许可人以一定方式使用自己的作品,但著作权人自己仍然可以使用,也可以再允许第三人以同样方式同时使用。

专有使用权或者非专有使用权以合同约定,除法律另有规定外,书面合同中未明确约定授予专有使用权的,使用者只能取得非专有使用权。

(3)许可使用的地域范围、期间。许可使用的地域范围是指著作权人许可他人在哪个国家或者地区范围内使用其作品;许可使用的期间是指著作权人许可他人使用其作品的时间界限。

(4)付酬标准和办法。根据我国《著作权法》第30条规定,使用作品的付酬标准可以由当事人约定,也可以按照国家著作权主管部门会同有关部门制定的付酬标准支付报酬。当事人约定不明确的,按照国家著作权主管部门会同有关部门制定的付酬标准支付报酬。

(5)违约责任。合同双方当事人可在合同中约定违反合同应承担的责任,包括约定违约金和损害赔偿的计算方法。

(6)双方认为需要约定的其他内容。合同双方当事人可根据不同的许可使用方式和自己的需要,对合同中的其他内容做出规定。一般包括担保条款和仲裁条款。比如,许可方保证对许可他人使用的作品享有著作权,有权决定在著作权许可使用合同发生纠纷后是否将合同纠纷提交著作权仲裁机构以通过仲裁的方式来解决纠纷,等等。

第二节　著作权的限制

《著作权法》是保护著作权人专有权利的法律,但《著作权法》也对著作权人的权利进行适当的限制,其目的就是平衡著作权人与公众之间的利益关系，使著作权人享有的某些专有权利不致成为公众获取知识的障碍，不致成为科学、教育、文化事业发展的障碍。一般来说，《著作权法》对作者人身权的保护是没有期限限制的，即作者的署名权、修改权、保护作品完整权的保护期不受任何限制，受《著作权法》永久保护。因此，对著作权人专有权利进行限制，主要是针对著作权人的财产权利。

对著作权人的财产权利进行限制，大体表现在三个方面：其一，是时间上的限制，即对绝大多数受保护对象都规定有限的保护期；其二，是地域上的限制，即著作权仅在其授予的一国范围内有效；其三，是著作权权能的限制，即设立合理使用、法定许可制度等。

一、著作权的时间限制

著作权的时间限制，就是著作权的保护期限，它是指《著作权法》规定的作者对其作品享有专有权利的有效期限。

作者人身权利中的署名权、修改权、保护作品完整权的保护期不受限制，发表权由于是作者财产权产生的前提，因此，有时间上的限制。即自然人的作品，自作品创作完成之日起，其发表权的保护期为作者终生及其死亡后五十年，截止于作者死亡后第五十年的 12 月 31 日；法人或者非法人组织的作品、著作权（署名权除外）由法人或者非法人组织享有的职务作品，自作品创作完成之日起，其发表权的保护期为五十年，截止于作品创作完成后第五十年的 12 月 31 日；视听作品，其发表权的保护期为五十年，截止于作品创作完成后第五十年的 12 月 31 日。

对著作财产权的保护期限，我国《著作权法》参照《伯尔尼公约》规定的最低保护标准，规定为作者有生之年加去世后五十年，具体如下：

根据我国《著作权法》第 23 条规定，自然人的作品，其财产权的保护期为作者终生及其死亡后五十年，截止于作者死亡后第五十年的 12 月 31 日；如果是合作作品，截止于最后死亡的作者死亡后第五十年的 12 月 31 日。

法人或者非法人组织的作品、著作权（署名权除外）由法人或者非法人组织享有的职务作品，其财产权的保护期为五十年，截止于作品首次发表后第五十年的 12 月 31 日，但作品自创作完成后五十年内未发表的，《著作权法》不再保护。

视听作品，其财产权的保护期为五十年，截止于作品首次发表后第五十年的 12 月 31 日，但作品自创作完成后五十年内未发表的，《著作权法》不再保护。

二、著作权的合理使用

合理使用，是指在法律规定的条件下，可以不经著作权人许可，不向其支付报酬，基于正当的目的而使用他人有著作权作品的行为。合理使用是《伯尔尼公约》和各国著作权法对著作权人的权利进行普遍限制的一种制度。合理使用制度创设的本意，并不是为了"侵犯"创作者的权利，而是为了对这种权利加以适当的利用，以满足社会公众创造或者分享社会精神财富的要求，进而促进作品的传播，发展文化事业。

合理使用有以下几个原则：第一，合理使用必须有法律依据；第二，合理使用的作品必须是已经发表的作品；第三，合理使用必须出于正当目的，并非以营利为目的；第四，合理使用必须说明作者姓名或者名称、作品名称和作品的出处；第五，合理使用不得影响该作品的正常使用，也不得不合理地损害著作权人的合法权益，如不得对作品进行歪曲、篡改等。

我国《著作权法》第 24 条规定了合理使用的 13 种情况，我们将其归为以下 8 类：

1. 为个人学习、研究或者欣赏，使用他人已经发表的作品

对于个人使用的目的，我国《著作权法》参照各国规定，在第 24 条第 1 款将其界定为"为个人学习、研究或欣赏，使用他人已经发表的作品"。个人使用必须具备三个条件：一是主体上限于使用者本人（包括家庭），排除单位或团体使用；二是使用目的是学习、研究或欣赏，而不是营利；三是使用的是他人已经发表的作品。具备这三个条件，就符合合理使用的要求。

个人出于学习、研究的目的可以合理使用他人作品，这在各国著作权法中都有规定。可以说，平衡作者利益和使用者利益、利于作品传播、促进科学技术发展和人类进步是各国著作权法做出此项规定的缘由，对此不用赘述。值得注意的是，我国《著作权法》规定，"个人使用必须是对他人已经发表的作品的使用"，这就从尊重作者人身权利的角度提出了要求。从著作权的取得来看，《伯尔尼公约》对作者著作权的取得采用"自动保护"的原则，即作品自创作之日起，其著作权自动产生。我国《著作权法》也奉行这一原则。作品创作之后，有已经发表了的，也有还未曾发表的。也就是说，有著作权的作

品，有的可能已经公之于众，有的则可能还没有公之于众。一般说来，合理使用限于已经发表的作品。对于未曾发表的作品，无论是出于什么目的，都因可能侵害作者的人身权利，如发表权、隐私权等，而不允许擅自使用。如美国第二巡回上诉法院在"塞林格诉兰顿出版公司"一案的判决中就明确指出：为评论、研究或其他目的而部分发表他人未曾发表的信件，均不属于合理使用。该判决还援引了美国最高法院过去对"哈伯诉《国家产业》杂志"一案的判决（下文将详述），该判决也早就指出："合理使用"原则上不适用于未发表的作品。① 我国《著作权法》也明文规定：使用，即使是个人使用他人作品，其作品必须是他人已经发表的作品。

2. 为介绍、评论某一作品或者说明某一问题，在作品中适当引用他人已经发表的作品

这种情况的依据源自我国《著作权法》第 24 条第 2 款规定："为介绍、评论某一作品或者说明某一问题，在作品中适当引用他人已经发表的作品。"这里应该注意两点：一是引用要适当；二是引用的是他人已经发表的作品。后一点上文已述，这里主要分析一下什么是"适当"。

适当引用，是就引用的"度"而言的。一般情况下，引用不能超过一定的"度"，否则会侵犯著作权人的正当权益。对于判断怎样引用算适当，即合理把握引用的"度"，可以从定量和定性两个方面来分析。

首先，从定量的角度来分析，使用部分占被使用作品总量的比例，是判断使用是否合理的量化标准。一般来说，使用得越多，侵权的可能性越大。但具体到多少才算适当，各国著作权法都有不同的规定。

如对于引用的数量，英国出版协会和著作家协会就一般使用时所允许的范围达成了一般性的协议，其内容如下："散文，单一的引用文限于 400 单词以内；一系列引用（在插有解说的情况下）总数限于 800 单词以内，但各引用文不得超过 300 单词。韵文，单次或重复的引用，总数限于 40 行以内，但不得超过一首诗的四分之一。"② 我国文化部于 1985 年 1 月 1 日颁布的《图书、期刊版权保护试行条例实施细则》的第 15 条第 1 项曾对"适当引用"有一个十分详细的规定：引用非诗词类作品不得超过 2 500 字或是被引用作品的 1/10，如果多次引用同一部长篇非诗词类作品，总字数不得超过 1 万字；引用

---

① 郑成思. 著名版权案例评析[M]. 北京：专利文献出版社，1990：145-149.
② 斯坦利·安文. 出版概论[M]. 王纪卿，译. 太原：书海出版社，1988：216.

诗词类作品不超过 40 行或全诗的 1/4，古体诗除外；凡引用一人或数人的作品，所引用的总量不得超过本人创作作品总量的 1/10，专题评论文章除外；等等。这种量化标准很容易操作，因此，只要将引用的量限定在适当的范围内，就不会侵权。

其次，从定性的角度来分析，引用部分是否构成被引用作品的实质部分，这是判断使用是否合理的质的标准。1991 年，我国国家版权局发布的《著作权法实施条例》规定："所引用的部分不能构成引用人作品的主要部分或实质部分。"这对引用提出了更高的要求。因为作品的实质部分，一般是作者的创造性之所在，是整个作品的精华和灵魂之所在，也是整个作品的核心和价值之所在。对作品的这部分内容的使用，特别是引用，即使只占很小的比例，也可能构成侵权。如美国哈伯出版公司诉《国家产业》杂志关于《福特回忆录》纠纷案①就很有代表意义。其案情和处理结果如下：

1977 年，美国刚离任的前总统福特与美国哈伯出版公司签订了一份出版合同。通过这份合同，福特把他尚未动笔写的回忆录的未来出版权全部转让给该出版公司。此外，合同还规定福特将回忆录全文出版之前的首次连载权、摘编出版权也全部转让给该公司。

1979 年，《福特回忆录》接近完稿时，哈伯出版公司以 25 000 美元的许可证使用费，许可美国《时代》周刊从尚未出版的《福特回忆录》中摘登 7 500 字。这 7 500 字主要涉及回忆录中这样一段叙述：福特认为自己做了某些对不住尼克松的事情（尼克松任总统期间，福特任副总统；尼克松因非法窃听民主党机密的"水门事件"下台后，福特接任总统），这一段叙述被认为是《福特回忆录》的精华部分。

《时代》周刊在与哈伯出版公司签订许可证合同时，预付了 12 500 美元；另 12 500 美元将在该杂志正式登出这 7 500 字时再付。不料《时代》周刊正准备登载这段文字，一位原先参加《福特回忆录》编写工作、后又到《国家产业》杂志任编辑的人，在《国家产业》杂志上抢先发表了一篇 2 250 字的文章。这篇文章中，有 300~400 字取自《时代》周刊即将刊登的那 7 500 字。而该编辑引用这段文字未经任何人许可。

《时代》周刊认为《国家产业》杂志这篇文章中的 300~400 字基本把那

---

① 郑成思. 版权法（修订本）[M]. 北京：中国人民大学出版社，1997：517-519.

7 500字要讲的问题点明了，等于抢了《时代》周刊的独家新闻，所以《时代》周刊已无必要再登那7 500字。于是取消了原刊登计划，并拒绝向哈伯出版公司支付剩下未付的12 500美元。

哈伯出版公司向《国家产业》杂志所在地纽约南区的联邦法院起诉，告《国家产业》杂志侵犯该公司拥有的版权（出版权和摘编权），要求《国家产业》杂志赔偿其实际经济损失12 500美元。联邦法院认定《国家产业》杂志的行为属于侵权。该杂志不服，向第二巡回上诉法院上诉。上诉法院认为该杂志引用7 500字中的300~400字，数量很小，而且标明了引自《福特回忆录》，故应属于合理使用，因而改变了联邦法院的原判决。哈伯出版公司不服，向美国最高法院上诉。

1985年5月，美国最高法院做出判决：《国家产业》杂志引用《福特回忆录》7 500字特写中的300~400字，已构成侵权，不属于合理使用；《国家产业》杂志应向哈伯出版公司支付12 500美元赔偿费，并支付该出版公司全部诉讼费用。最高法院在判决中说明判决该杂志侵权有两个关键因素。第一，《福特回忆录》是一部尚未发表的作品，摘录其任何一部分（不论量的大小）发表，均侵犯了哈伯出版公司的首次出版权及首次摘编权，均不可能以"合理使用"对待。第二，哈伯出版公司许可《时代》周刊刊登的7 500字是全书的精华，《国家产业》杂志引用的300~400字又是这7 500字中的精华；而且，从《国家产业》杂志编辑的那篇文章整体来看，这300~400字也是该文章最引人注目的部分，没有这几百字，该文章可以说丝毫不能吸引人，仅凭这一点（而不顾及前一点），也应判该杂志侵权。况且，从美国《版权法》第107条所提出的合理使用的四项标准之一来看，《国家产业》杂志登出这几百字，显然对哈伯出版公司的市场收入产生了直接的不利影响（使之减少直接收入12 500美元）。

从以上实际案例可以看出，判定是否适当引用，既要看引用的"量"的多少，也要看引用的"质"的情况。也就是说，把他人作品的实质部分引来作为自己作品的实质部分，尽管引用的量可能不到他人作品的1/10，也不属于适当引用，而属于侵权。

3. 为新闻传播而使用

我国《著作权法》第24条第3款规定，"为报道新闻，在报纸、期刊、广播电台、电视台等媒体中不可避免地再现或者引用已经发表的作品"属于合理使用。这里的所谓"不可避免",是指在新闻报道中必然和必须出现的内容,如广播报道音乐会播出一段音乐旋律,电视报道画展出现某些画面,等等。《伯尔尼公约》第十条之二第2项有关新闻报道对他人作品合理使用的说明,将合理使用限定于"在事件过程中看到或听到的文学艺术作品在为报道目的正当需要范围内",可以看作对"不可避免"的具体表述。如果不属于不可避免,如报道某画家生平时整幅刊登他的作品,就不能看作合理使用。

我国《著作权法》第24条第4款规定,"报纸、期刊、广播电台、电视台等媒体刊登或者播放其他报纸、期刊、广播电台、电视台等媒体已经发表的关于政治、经济、宗教问题的时事性文章",属于合理使用;著作权人声明不许刊登、播放的除外。这项规定与伯尔尼规定相衔接。《伯尔尼公约》第十条之二第1项规定:"本同盟各成员国的法律得允许通过报刊、广播或对公众有线传播,复制发表在报纸、期刊上的讨论经济、政治或宗教的时事性文章,或具有同样性质的已经广播的作品,但以对这种复制、广播或有线传播并未明确予以保留的为限。然而,均应明确说明出处;对违反这一义务的法律责任由被要求给予保护的国家的法律确定。"

这项合理使用的范围限于在新闻媒介上已经发表的关于政治、经济、宗教问题的时事性文章。这条表述是穷尽式列举,限于政治、经济、宗教三个方面的内容,这三类以外的内容,如理论的、历史的、艺术的等类文章都不属合理使用的范围。合理使用的方式是其他新闻媒介予以刊登或播放。如果不是新闻媒介,不能对这些时事性文章做合理使用。这里应注意,时事性文章是为宣传、贯彻国家在政治、经济、宗教三个方面的重要问题或者重大事件的方针、政策而创作的。这类文章时事性强、政策性强、目的性强,通常需要多种媒体同时宣传,使之更广泛深入地传播。如果报纸、期刊、广播电台、电视台等媒体刊登或播放其他报纸、期刊、广播电台、电视台等媒体已经发表的这种时事性文章还要征得著作权人同意,并向其支付报酬,就有可能达不到时事报道的目的。

这里还要注意时事性文章与单纯事实消息的区别。单纯事实消息不适用《著作权法》保护;时事性文章不是单纯事实消息,它是享有著作权的作品,可以得到《著作权法》的保护,只是为了便于新闻信息的传播,把它们归于合理使用的范围。因此,在合理使用时,要注意保护著作权人的权利,著作权人声明不许刊登、播放的,则不得刊登、播放。

我国《著作权法》第24条第5款规定:"报纸、期刊、广播电台、电视台等媒体刊登或者播放在公众集会上发表的讲话,但作者声明不许刊登、播放的除外。"公众集会一般是指在公众可以自由出入的场所的集会,包括政治性集会或庆典活动性集会,不包括学术活动和学术演讲。新闻媒体刊登或播放公众集会上的讲话,不需要征得讲话者的同意,但如演讲者事先有不许刊登或播放的声明,则不能刊登或播放。

4. 为学校课堂教学或科学研究而翻译、改编、汇编、播放或少量复制已经发表的作品

教学或科学研究水平直接关系一国国民文化素质的高低和国家科技水平的高低。对于为教学或科学研究而翻译、改编、汇编、播放或少量复制已经发表的作品,各国都将其作为著作权限制的主要内容来予以规定。如英国版权法在第32条至第36条,专门规定了教学活动中的"复制""汇编""表演""录制""影印复制"等情形;美国版权法第107条和第110条也规定了教学和学术研究中的复制使用和演出或展出使用;我国《著作权法》第24条第6款规定:"为学校课堂教学或者科学研究,翻译、改编、汇编、播放或者少量复制已经发表的作品,供教学或者科研人员使用,但不得出版发行。"

这里,"使用"是为了满足学校课堂教学或科学研究的需要,如果出于营利目的,就属于侵权行为。例如,我国的版权管理机构在《著作权法》还没有颁布,也没有类似规定的情形下,曾以使用是否带有商业性质为标准判定一起非合理使用的案例就很能说明问题。1988年,北京市星火技术研究所在事先没有征得作者和出版社同意的情况下,擅自将作者所著的、科学技术文献出版社出版的《高档营养食品——鹅肥肝的生产》一书分三部分翻印,并删除了作者姓名、出版社名等,以高价对外出售。作者向北京版权处申诉。北京星火技术研究所辩称,作为全国最大的一家科技情报经营机构,他们负有对外推广、普及、传播情报资料和应用技术及专利技术的责任,并有收集、整理、汇编科技情报的权利,翻印该书是为了满足用户的需要,属于合理使用范畴。然而,北京版权处根据星火技术研究所营利的目的,裁定其侵权,应承担法律责任。① 这一案例说明,"非营利的目的",是衡量合理使用的标准之一。

但并非只要出于"非营利的目的"就属合理使用——即使是出于非营利的教学或科研目的;也并非所有的为了教学或科研目的而使用有著作权的作品的行为都属合理使用。出于教学或科研目的而使用有著作权的作品时,还有一

---

① 黄晓斌. 文献复制的法律问题 [J]. 图书情报工作, 1992 (5): 54-57.

个使用的数量的问题。也就是说,有的虽然是为了课堂教学,但是如果大量复制或者附带经营性,就超出了合理使用的范围。如某省电视大学开办了高等教育自学考试班。在开学之前,由于订不到教材,该电视大学为应急而翻印了《会计学基础》《简明中国古代史》各900余册和《高等代数讲义》100余册,并将这些翻印的图书发到该电视大学的所属分校和直属班。后来,某省版权局查处了上述侵权行为,责令侵权人立即停止侵权行为,并赔偿出版社及作者的经济损失。[1] 这一案例说明,"为课堂教学"不能扩大到系统,也不能以"为课堂教学"为借口而大量复制作品,甚至影响作品的正常发行,更不能附带营利性。上述案例中,为课堂教学而扩大到整个学校,复制多达数百册,并将复印材料等同于正常购进的教材,发给已经缴纳了教材费用的学校学员手中,显然已经"影响了正规教材的发行量",是一种"变相的出版发行行为",不在合理使用之列了。

少量复制作品属于合理使用,这在很多国家都有规定,但具体到多少算合理,各国著作权法规定不一。有的规定复制一份为合理,如巴西、墨西哥等;有的规定可复制至多三份,如冰岛;有的规定不允许完整的复制,只能复制其中的选段,如英国。我国《著作权法》虽然对"量"没有做具体的规定,但规定应该以"是否影响作品的正常发行为界限"[2]。

5. 其他公益使用

其他公益使用,包括公务使用、图书馆等地的使用、公开陈列使用等。

我国《著作权法》第24条第7款规定了出于公务目的的合理使用:"国家机关为执行公务在合理范围内使用已经发表的作品。"第8款规定了图书馆等地的合理使用:"图书馆、档案馆、纪念馆、博物馆、美术馆、文化馆等为陈列或者保存版本的需要,复制本馆收藏的作品。"第10款规定了公开陈列的合理使用:"对设置或者陈列在公共场所的艺术作品进行临摹、绘画、摄影、录像。"

"为执行公务而在合理范围内使用"是指国家机关,主要是国家立法、司法和行政机关为执行公务的需要而使用有著作权的作品作为参考的行为。对于公务使用,即以完成国家机关的立法、司法、执法等功能为目的的使用,因其涉及公共管理事务,国际著作权组织和各国著作权法都有明确规定。如欧洲议

---

[1] 田胜立. 中国著作权疑难问题精析 [M]. 武汉:华中理工大学出版社,1998:168.
[2] 田胜立. 中国著作权疑难问题精析 [M]. 武汉:华中理工大学出版社,1998:169.

会和欧盟理事会在《关于数据库法律保护的指令》(96/9/EC)第6条"限制行为的例外"第2款之三中规定了"使用是为了公共安全或者出于行政或司法程序所要求的情况"。德国的著作权法第45条专门规定了司法与公安的使用，包括"为法院、仲裁法院或公安机关诉讼程序的使用而允许制造或让人制造著作的单个复制件"，"法院和公安机关为司法和公安目的可复制或让人复制肖像"。我国《著作权法》也在第24条第7款规定，合理使用包括"国家机关为执行公务在合理范围内使用已经发表的作品"。

图书馆作为文献信息资料的收藏中心、传递中心，在保存文献、传播文化、传递信息等方面发挥了重要作用，多数国家的著作权法都对图书馆为保存与替代而复制文献做了规定，有的甚至允许图书馆向读者提供有限制的复制品。如英国版权法在第37条至第44条专门就"图书馆与档案馆"做了规定，其第38条至第43条着重规定了图书馆与档案馆的复制要求。美国版权法第108条也专门规定了图书馆和档案馆的复制要求。我国《著作权法》也在第24条第8款规定"图书馆、档案馆、纪念馆、博物馆、美术馆、文化馆等为陈列或保存版本的需要，复制本馆收藏的作品"属合理使用。图书馆、档案馆等为陈列或者保存版本的需要，在复制本馆收藏的作品时，应该注意两点：一是使用是为了满足"陈列或者保存版本的需要"；二是复制的对象应该是"本馆收藏的作品"。如果将复制品用来流通、借阅，甚至出租、出售，或者复制其他图书馆馆藏的作品，就会发生侵权行为。

对设置或者陈列在公共场所的艺术作品进行临摹、绘画、摄影、录像，因不是出于商业目的，也属于合理使用。

6. 免费表演

我国《著作权法》第24条第9款规定："免费表演已经发表的作品，该表演未向公众收取费用，也未向表演者支付报酬且不以营利为目的。"这里规定了对免费表演的合理使用的限制：一是不向公众收取任何费用，包括直接的和间接的；二是不给表演者任何报酬；三是不以营利为目的。

7. 特定群体的使用

特定群体的使用主要包括将以国家通用语言文字创作的作品翻译成少数民族语言文字作品在国内出版发行和以阅读障碍者能够感知的无障碍方式向其提供已经发表的作品。这是为了特定群体的利益而规定的合理使用。

我国《著作权法》第24条第11款规定的"将中国公民、法人或者非法人组织已经发表的以国家通用语言文字创作的作品翻译成少数民族语言文字作品在国内出版发行",第 12 款规定的"以阅读障碍者能够感知的无障碍方式向其提供已经发表的作品",都属于合理使用。

8. 法律、行政法规规定的其他情形

我国《著作权法》第 24 条第 13 款规定属于合理使用的还包括"法律、行政法规规定的其他情形"。

我国《著作权法实施条例》第 21 条规定:"依照著作权法有关规定,使用可以不经著作权人许可的已经发表的作品的,不得影响该作品的正常使用,也不得不合理地损害著作权人的合法利益。"这一规定明确了判断属于合理使用的两个条件:一是不得影响该作品的正常使用;二是不得不合理地损害著作权人的合法利益。

我国《著作权法》规定的这些非著作权人合理使用享有著作权的作品的范围、条件和方式,也适用于对与著作权有关的权利的限制。

三、著作权的法定许可使用

法定许可,是指使用者依照法律的明确规定,不经著作权人同意而使用享有著作权的作品,但必须向著作权人支付报酬的制度。法定许可制度设立的目的与合理使用制度基本相同,主要是为了教育与科研或者是为了公众利益。但法定许可与合理使用有一点不同:合理使用是不经许可、不付报酬,而法定许可是不经许可但必须支付报酬。

很多国家对"法定许可"都有规定。法定许可在立法上之所以能够成立,主要是因为允许不经许可而先行使用,使用后再支付报酬。这对于使用者和著作权人来说是双赢的事:一方面,不经许可而使用,能使作品迅速而广泛地传播,满足了社会共享的需要;另一方面,虽然作者许可他人使用自己作品的权利受到了一定限制,却增加了自己作品被使用的机会从而可以获得更多的收益,这就为法定许可奠定了立法基础。

在规定法定许可制度的国家,法定许可所涉及的权利项目有些差异,有的国家法定许可仅涉及表演权、录制权,有的国家则将广播权、汇编权也包括在内。我国《著作权法》第 25 条、第 35 条、第 42 条、第 46 条对法定许可做了规定,具体如下。

1. 教科书出版法定许可

我国《著作权法》第 25 条规定:"为实施义务教育和国家教育规划而编

写出版教科书，可以不经著作权人许可，在教科书中汇编已经发表的作品片段或者短小的文字作品、音乐作品或者单幅的美术作品、摄影作品、图形作品，但应当按照规定向著作权人支付报酬，指明作者姓名或者名称、作品名称，并且不得侵犯著作权人依照本法享有的其他权利。"

这里主要是强调为了实施义务教育和国家教育规划，在编写出版教科书时适用法定许可。除教科书以外，编写出版其他类别的图书不适用法定许可。

2. 报刊相互转载法定许可

我国《著作权法》第35条规定："作品刊登后，除著作权人声明不得转载、摘编的外，其他报刊可以转载或者作为文摘、资料刊登，但应当按照规定向著作权人支付报酬。"

这里的"作品刊登"，主要是指作品在报刊上发表。只有在报刊上刊登的作品才适用法定许可、转载、摘编出版社出版的图书作品或者把报刊上的作品摘编以图书形式出版，都不适用法定许可，而应事先征得专有出版权人的同意或者征得著作权人的同意。报刊社将本报刊发表的文章汇编成书交出版社出版，也必须一一征得原作品著作权人的同意。如果未经作者同意而擅自转交出版社以图书形式出版，就超出了"法定许可"使用的范围，应承担侵权责任。

另外，应注意作品的转载、摘编权属于作者而不属于报刊社，只有著作权人的声明才有效。根据我国《著作权法实施条例》第30条的规定，著作权人声明不得转载、摘编其作品的，应当在报纸、期刊刊登该作品时附带声明。

3. 录音制作者法定许可

我国《著作权法》第42条规定："录音制作者使用他人已经合法录制为录音制品的音乐作品制作录音制品，可以不经著作权人许可，但应当按照规定支付报酬；著作权人声明不许使用的不得使用。"这一规定仅限于录音制作者在制作录音制品时使用他人已经合法录制的录音制品中的音乐作品。至于在制作录音制品时使用非录音制品或者录音制品中的非音乐作品，都不适用法定许可，而应事先征得著作权人的同意。根据我国《著作权法实施条例》的规定，"录音制作者"，是指录音制品的首次制作人；"录音制品"，是指任何对表演的声音和其他声音的录制品。另外，著作权人声明不得对其作品制作录音制品的，应当在该作品合法录制为录音制品时声明。

根据我国《著作权法实施条例》第32条的规定，以上关于教科书出版、报刊相互转载及录音制作者的法定许可使用，应当自使用该作品之日起2个月内向著作权人支付报酬。

4. 广播电台、电视台播放已发表作品的法定许可

我国《著作权法》第 46 条规定："广播电台、电视台播放他人已发表的作品，可以不经著作权人许可，但应当按照规定支付报酬。"这里的"播放"，包括单独完整地播放他人已经发表的作品，也包括在另一个完整的节目或者作品中播放他人已经发表的作品的全部或部分。

从《著作权法》的规定来看，我国的法定许可制度具有以下特点：第一，法定许可的使用者是由法律规定的，图书出版者因享有专有出版权而不适用，使用者包括报刊出版者、表演者、录音制作者、广播电台、电视台；第二，使用的目的都是营利性的，非营利性的使用属于合理使用；第三，使用的对象是已经发表的作品，未发表的作品由作者决定是否公之于众，不属于法定许可范围；第四，使用者必须向著作权人支付报酬，支付方式可以是直接支付给著作权人，也可以通过著作权集体管理组织来支付；第五，法定许可允许著作权人以声明的方式加以排斥，即如果作者事先声明不许使用，不能实行法定许可；第六，法定许可不得损害著作权人的其他权益，比如，必须注明作者姓名、作品名称和原载报刊名称等，并且不得歪曲、篡改作品的原意。

第三节　传播者的权利

作者创作的作品要公之于众，进入社会，必须经过传播者的传播。《著作权法》意义上的传播者，有自然人（如表演者），但多数是媒介，主要是各种大众传播媒介，包括出版者、录音录像制作者、广播电台、电视台等。这些传播者在传播作者作品的过程中，既投入了大量的人力、物力和财力，也投入了自己创造性的智力劳动，赋予了作品新的表现形式，因此，应受到法律的保护。我国《著作权法》在第 4 章"与著作权有关的权利"中对传播者的权利做出了详细的规定。

一、传播者的权利概述

传播者的权利，是指作品的传播者在传播作品的过程中，对其付出的创造

性劳动所享有的特定的专有权利的总称。其本义是指与著作权有关的权利,即虽然不是著作权,但是与著作权相关、相近、相邻或者相类似的权利,故又称邻接权(neighboring rights),也称有关权(related rights),也就是我国《著作权法》所说的"与著作权有关的权利"。

国际上通常把表演者对其表演享有的权利、录音录像制作者对其录音录像制品享有的权利,以及广播组织对其广播电视节目享有的权利称作邻接权。我国《著作权法》虽然没有直接使用"邻接权"的概念,但从该法第4章"与著作权有关的权利"的规定可知,它包含了邻接权的基本内容,这就是《著作权法实施条例》第26条所规定的"与著作权有关的权益,是指出版者对其出版的图书和期刊的版式设计享有的权利,表演者对其表演享有的权利,录音录像制作者对其制作的录音录像制品享有的权利,广播电台、电视台对其播放的广播、电视节目享有的权利"。将出版者权纳入邻接权的范畴为我国《著作权法》所特有。我国《著作权法》之所以对出版者加以保护,是因为出版是作品赖以传播的第一媒介,出版者在传播作品过程中也付出了自己的智力劳动,这种劳动成果需要法律的保护。

传播者的权利,即邻接权,与著作权一样,同属于知识产权范畴,具有知识产权的无形性、专有性、地域性和时间性等共同特征。因此,邻接权与著作权关系密切,它们都与作品相联系,都是法律规定的权利。而邻接权是由著作权衍变转化而来的,是从属于著作权的一种权利,因为如果没有作者创作的作品,传播活动就失去了赖以存在的基础。可以说,著作权是邻接权产生的前提。但是,没有邻接权的保护,著作权的保护又是不完全的。

邻接权与著作权的主要区别在于以下几个方面。

1. 主体不同

著作权保护的主体是作品的创作者或依法享有著作权的人。邻接权保护的主体是传播者,包括出版者、表演者、录音录像制作者和广播组织者。这些传播者在向公众传播作品时,加入了自己的创造性劳动或者进行了大量的投资,改变了原作品的表现形式,具有新的创造性。

2. 客体不同

著作权保护的客体是作品。邻接权保护的客体是经过传播者艺术加工后的作品,如出版者权的客体是其出版的书刊,表演者权的客体是表演活动,录音录像制作者权的客体是其制作的录音录像制品,广播组织者权的客体是其制作的广播、电视节目。前者体现的是作者的创造性劳动,后者体现的是传播者的创造性劳动。

3. 权利内容不同

著作权的内容主要包括著作权人享有的发表权、署名权、修改权、保护作品完整权、使用权和获得报酬权。邻接权的内容主要是出版者对其出版的书刊享有的权利，表演者对其表演活动享有的权利，录音录像制作者对其制作的录音录像制品享有的权利，广播组织者对其制作的广播、电视节目享有的权利，等等。

4. 保护期限不同

作者的署名权、修改权、保护作品完整权的保护期不受限制。自然人的作品，其发表权、使用权和获得报酬权的保护期为作者终生及其死亡后五十年，截止于作者死亡后第五十年的 12 月 31 日。法人或者非法人组织的作品、著作权由法人或者非法人组织享有的职务作品，其发表权、使用权和获得报酬权的保护期为五十年。视听作品的发表权、使用权和获得报酬权的保护期为五十年。邻接权的保护期从表演时起、录音录像制品出版时起或者节目首次播放时起计算，享受五十年的保护。

5. 受保护的前提不同

作品只要符合法定条件，一经创作出来就自动获得著作权保护；邻接权的取得必须以著作权人的授权及对作品的再利用为前提。

二、出版者权

出版者权，是指出版者与著作权人通过合同约定或者经著作权人许可，在一定期限内，对其出版的图书、报纸、期刊的版式、装帧设计所享有的专有权利。

出版者权的主体一般包括图书、报纸、期刊等出版单位。出版者权的客体是书报刊出版物。在我国，图书、报纸、期刊必须由出版单位出版。设立出版单位实行审批制，按《出版管理条例》规定，出版单位包括报社、期刊社、图书出版社、音像出版社和电子出版物出版社等。法人出版报纸、期刊，不设立报社、期刊社的，其设立的报纸编辑部、期刊编辑部视为出版单位。显然，在我国，自然人和非出版单位都不能成为出版者权的主体。

（一）出版者的权利

1. 专有出版权

专有出版权，是指出版者通过与著作权人签订出版某一作品的合同而享有的专有使用权。这一权利与出版权不同。出版权是作者对其作品所享有的财产权之一,专有出版权则是经著作权人授权后出版者取得的一种专有使用权。我国《著作权法》第 33 条规定:"图书出版者对著作权人交付出版的作品,按照合同约定享有的专有出版权受法律保护,他人不得出版该作品。"

《著作权法实施条例》第 28 条规定:"图书出版合同中约定图书出版者享有专有出版权但没有明确其具体内容的,视为图书出版者享有在合同有效期限内和在合同约定的地域范围内以同种文字的原版、修订版出版图书的专有权利。"

案例 1:《围城》汇校本侵权案

钱锺书的著名小说《围城》被改编为同名电视剧播出后,各种盗版的《围城》图书大量出现。为了维护自己的版权,钱锺书将该书的出版权以书面形式授予人民文学出版社。1991 年 6 月 1 日,我国《著作权法》实施后,钱锺书又与人民文学出版社签订了 10 年的图书出版合同。同时,四川文艺出版社出版了由胥某编的《围城》汇校本。钱锺书认为此书侵犯了他的版权,便委托人民文学出版社处理此事。在近半年的时间里,人民文学出版社与四川文艺出版社多次交涉,未果。

1993 年 6 月,钱锺书和人民文学出版社向上海市中级人民法院提起诉讼。在审理过程中,两被告承认在客观上侵犯了钱锺书的版权,愿意向钱锺书赔礼道歉并赔偿损失,但不承认侵犯了人民文学出版社的专有出版权。1994 年 12 月,上海市中级人民法院做出判决,认为两被告侵犯了钱锺书的版权和人民文学出版社的专有出版权。被告不服,向上海市高级人民法院上诉。1997 年 1 月,上海市高级人民法院做出终审判决,认定胥某和四川文艺出版社分别侵犯了钱锺书的版权和人民文学出版社的专有出版权,判决两被告分别在《光明日报》上向钱锺书和人民文学出版社赔礼道歉,并赔偿钱锺书 87 840 元,赔偿人民文学出版社 109 800 元。①

案例 2:

2004 年 4 月,陈梦家先生作品著作权继承人赵某等三人与 A 出版社签署图书出版合同,约定 A 出版社享有陈梦家先生全部作品的专有出版权,期限为 20 年(自出书之日起),其中包括将 20 世纪 40 年代在美国出版的英文版

---

① 蔡纪万. 10 大版权保护案 [J]. 出版广角, 1999 (10): 115.

Chinese Bronzes from the Buckingham Collection 一书译成中文版图书专有出版的权利。2015年1月,B出版社经赵某授权出版了陈梦家著《白金汉所藏中国铜器图录》一书,该书系对 Chinese Bronzes from the Buckingham Collection 的中文翻译,而此时,A出版社已完成该书全部文字、图片资料的订正及整理工作,即将付梓出版。为维护自身权益,A出版社于2017年向北京市东城区人民法院提起诉讼,一审判决以A出版社未出版相关图书、无法使之与被诉侵权图书进行比对进而否定侵权成立,驳回了A出版社的全部诉讼请求。A出版社不服,向北京知识产权法院上诉。北京知识产权法院重新审理案件,认为虽然截至二审审理期间A出版社并未出版相关图书,但是,他人在授权期限内以相同方式出版该部分作品即构成侵权,于是撤销了北京市东城区人民法院做出的民事判决;认定B出版社侵害了A出版社的专有出版权,判决B出版社赔偿A出版社经济损失50 000元及合理开支10 398元。判决做出后,B出版社不服,向北京市高级人民法院要求再审,北京市高级人民法院驳回了B出版社的再审申请。①

2. 版式设计权

版式设计权,是指出版者对其出版的图书享有版式设计的权利,未经出版者许可,他人不得以相同版本形式出版同一作品。我国《著作权法》第37条规定:"出版者有权许可或者禁止他人使用其出版的图书、期刊的版式设计。这一权利的保护期为十年,截止于使用该版式设计的图书、期刊首次出版后第十年的12月31日。"

3. 文字修改权

根据我国《著作权法》第36条的规定,图书出版者经作者许可,可以对作品修改、删节。报社、期刊社可以对作品做文字性修改、删节。对内容的修改,应当经作者许可。

(二)出版者的义务

依照我国《著作权法》第4章第1节的规定,出版者应履行下列义务。

1. 和著作权人签订出版合同的义务

我国《著作权法》第32条规定:"图书出版者出版图书应当和著作权人订立出版合同,并支付报酬。"

---

① 北京市高级人民法院民事裁定书(2020)京民申5457号。

我国《著作权法》第 35 条规定："著作权人向报社、期刊社投稿的,自稿件发出之日起十五日内未收到报社通知决定刊登的,或者自稿件发出之日起三十日内未收到期刊社通知决定刊登的,可以将同一作品向其他报社、期刊社投稿。双方另有约定的除外。"

2. 按质、按期出版作品及重印、再版作品的义务

我国《著作权法》第 34 条规定："著作权人应当按照合同约定期限交付作品。图书出版者应当按照合同约定的出版质量、期限出版图书。图书出版者不按照合同约定期限出版,应当依照本法第五十四条的规定承担民事责任。图书出版者重印、再版作品的,应当通知著作权人,并支付报酬。图书脱销后,图书出版者拒绝重印、再版的,著作权人有权终止合同。"

这里的"脱销",按照我国《著作权法实施条例》第 29 条的规定,是指著作权人寄给图书出版者的两份订单在 6 个月内未能得到履行。

3. 向著作权人支付报酬的义务

根据我国《著作权法》第 32 条、第 35 条的规定,作品出版后,出版者应当按照法律规定或者合同约定,向著作权人支付报酬。作品在报纸、期刊刊登后,除著作权人声明不得转载、摘编的外,其他报刊可以转载或者将其作为文摘、资料刊登,但应当按照规定向著作权人支付报酬。

三、表演者权

表演者权,是指表演者对其表演所享有的权利。首先,我们有必要弄清"表演者"的含义。根据我国《著作权法实施条例》第 5 条的规定,表演者是指演员、演出单位或者其他表演文学、艺术作品的人。虽然演出单位不能登台演出,但它在培训演员、组织演出方面投入了大量的人力、物力和财力,如果只赋予演员权利而不赋予演出单位以权利,显然有失公平。所以,表演者包括演员、演出单位或者其他表演文学、艺术作品的人。其次,要明确表演者权与表演权的区别。表演者权是指表演者对其表演所享有的权利,而表演权是著作权人享有的表演或者许可他人表演其作品并获得报酬的权利。表演者权是邻接权的一种,具有财产权和人身权双重属性,而表演权只是著作权中的一项权利,属于著作财产权范畴。

表演者权的主体即表演者,包括自然人、法人或者非法人组织。表演者权的客体是表演活动本身,它是演员形象、动作、声音的组合。表演者权的内容包括表演者的人身权和财产权两个方面。

(一) 表演者的权利

我国《著作权法》从人身权和财产权两个方面对表演者的权利做了规定。

1. 表演者对其表演享有的人身权利

根据我国《著作权法》第 39 条的规定，表演者对其表演享有的人身权利包括以下几点。

（1）表明表演者身份的权利。这是指表演者在表演活动中及其音像载体上有表明其身份的权利。即无论是在现场表演，还是在录音录像制品上或者广播、电视节目中表演，表演者都有权要求确认其身份。

（2）保护表演形象不受歪曲的权利。表演形象是表演者在现场演出时表现出来的，表演者有权对其创作的形象加以保护，有权禁止他人丑化其表演形象，禁止他人未经许可而把表演形象挪作他用。如擅自对表演者的表演内容进行删节、修改、补充，或者进行技术剪接加以丑化，或者在不适当的场合播放表演形象，等等，都是对表演形象的歪曲。

2. 表演者对其表演享有的财产权利

根据我国《著作权法》第 39 条的规定，表演者对其表演享有的财产权利包括以下几点。

（1）表演者许可他人从现场直播和公开传送其现场表演并获得报酬的权利。现场直播，是指表演者在进行现场表演时，运用现代通信设备，通过广播电台、电视台将其表演实况同时播出。由于对表演进行现场直播后会影响演出的上座率，直接影响表演者的收入，因此，法律规定由表演者来决定是否允许他人现场直播其演出。如果未经表演者许可而现场直播其表演，属侵权行为，应承担侵权责任。

（2）表演者许可他人录音录像并获得报酬的权利。对表演进行录音录像、制作成音像制品，能使人们长期地、广泛地欣赏表演，能促进表演的传播，因此，表演者一般都愿意将代表自己表演水平的表演加以录制。但另一方面会减少直接观看演出的观众，影响表演者的收入；如果录制者水平低下，还可能会影响到表演者的声誉。因此，法律规定，只有表演者才有权许可他人为营利目的而录音录像，并有获得报酬的权利。

（3）表演者许可他人复制、发行、出租录有其表演的录音录像制品并获得报酬的权利。

（4）表演者许可他人通过信息网络向公众传播其表演并获得报酬的权利。

（二）表演者的义务

表演者在享有一定权利的同时，也应承担一定的义务。我国《著作权法》第 38 条、第 39 条对表演者的义务做了明确规定。

（1）使用他人作品演出，表演者应当取得著作权人许可，并支付报酬。演出组织者组织演出，由该组织者取得著作权人许可，并支付报酬。

（2）从现场直播和公开传送表演者的现场表演，或对表演者的表演进行录音录像，或复制、发行、出租录有表演者表演的录音录像制品，或通过信息网络向公众传播表演者的表演，均应当取得著作权人的许可，并支付报酬。

四、录音录像制作者权

录音录像制作者权，是指录音录像制作者对录音录像制品享有的专有权利。录音录像制作者，包括录音制作者和录像制作者，合称音像制作者。录音制作者，是指录音制品的首次制作人；录像制作者，是指像制品的首次制作人。大多数国家承认自然人和法人均可成为音像制作者。在我国，音像制作者主要是指音像出版单位。

录音录像制作者权的主体是音像制品的首次制作人，其客体为录音制品和录像制品，包括唱片、激光唱盘、录音带、录像带等。

（一）录音录像制作者的权利

我国《著作权法》第 44 条规定，录音录像制作者对其制作的录音录像制品，享有许可他人复制、发行、出租、通过信息网络向公众传播并获得报酬的权利。

1. 复制权

复制，是指对已制成的音像制品进行翻录。复制权是指录音录像制作者可以自己复制或许可他人复制自己制作的录音录像制品并获得报酬的权利。

2. 发行权

发行，是指以出售、散发等方式使音像制品进入市场，向公众提供音像制品并获得经济效益。录音录像制作者可以自己发行其制作的音像制品，也可以委托或允许他人发行其制作的音像制品。未经许可而发行他人制作的录音录像制品就是侵权。

3. 出租权

出租权，是指有偿许可他人临时使用音像制品的权利。

4. 信息网络传播权

信息网络传播权，是指录音录像制作者自己通过信息网络向公众公开传播音像制品并获得报酬的权利，以及许可其他网络服务者在网上传播其音像制品并获得报酬的权利。

由于录音录像制作者在制作母带时付出了一定的创造性劳动，因此，为了保护其合法权益，防止他人任意翻录母带，必须授予其对音像制品的控制权。因此，法律规定他人要复制、发行、出租、通过信息网络向公众传播录音录像制作者所制作的音像制品，应取得其许可并支付报酬。被许可人复制、发行、通过信息网络向公众传播录音录像制品，应当同时取得著作权人、表演者许可，并支付报酬；被许可人出租录音录像制品，还应当取得表演者许可，并支付报酬。将录音制品用于有线或者无线公开传播，或者通过传送声音的技术设备向公众公开播送的，应当向录音制作者支付报酬。

关于录音录像制作者权利的保护期，我国《著作权法》规定为五十年，截止于该制品首次制作完成后的第五十年的12月31日。

（二）录音录像制作者的义务

根据我国《著作权法》第42条、第43条的规定，录音录像制作者的义务如下。

（1）录音录像制作者使用他人作品制作录音录像制品，应当取得著作权人许可，并支付报酬。这里，录音录像制作者制作录音录像制品时使用他人作品，不论是否发表，都应取得著作权人许可，并支付报酬。唯一例外的是，录音制作者使用他人已经合法录制为录音制品的音乐作品制作录音制品，可以适用法定许可，即可以不经著作权人许可，但应当按照规定支付报酬，当然，著作权人声明不许使用的不得使用。

（2）录音录像制作者制作录音录像制品，应当同表演者订立合同，并支付报酬。

五、广播电台、电视台的播放权

广播电台、电视台的播放权，是指广播电台、电视台依法对其播放所享有的专有权利。广播电台、电视台，国际上统称为广播组织（broadcasting organization），并把这项权利称为广播组织权。在我国，广播组织是指广播电台和电视台，我国《著作权法》第 46 条至第 48 条对广播组织的权利和义务做了明确规定。

（一）广播组织的权利

广播组织的权利主要是广播电台、电视台的播放权。播放权是一项邻接权，是指广播组织对自己通过无线或有线等方式向公众播放内容的一种控制权。广播电台、电视台的播放内容，有的是自己对事件、人物、景物进行现场直播或者录音、拍摄后的播放，有的是通过合法程序对他人的各类作品、录音录像制品和其他信息资料进行的完整播放或者经过剪辑、加工、编排后的播放，还有的是综合两者进行的播放。这些播放都必须付出一定的创造性劳动并投入一定的资金。而随着技术的发展，对广播电视的翻录复制已变得非常容易。因此，对广播电台、电视台的有关权利必须予以切实保护。①

根据我国《著作权法》第 47 条的规定，我国的广播组织，即广播电台、电视台有权禁止未经其许可的下列行为：（1）将其播放的广播、电视以有线或者无线方式转播；（2）将其播放的广播、电视录制及复制；（3）将其播放的广播、电视通过信息网络向公众传播。广播电台、电视台在行使这些权利时，不得影响、限制或者侵害他人行使著作权或者与著作权有关的权利。这些权利的保护期为五十年，截止于该广播、电视首次播放后第五十年的 12 月 31 日。这一规定表明，无论是对广播电台、电视台的播放进行转播，还是对播放进行录制，或者是录制后进行复制，这些行为都必须征得广播电台、电视台的许可，并支付报酬。

（二）广播组织的义务

广播组织对其播放享有专有权利的同时，也应承担相应的义务。根据我国《著作权法》第 46 条、第 48 条的规定，广播组织应承担的义务如下。

（1）广播电台、电视台播放他人未发表的作品，应当取得著作权人的许可，并支付报酬。这里，因为著作权人享有发表权，有权决定其作品是否发表、在何时何地以何种方式发表，而广播电台、电视台播放一般是公开的，因此，如果著作权人的作品尚未发表，而广播电台、电视台要使用尚未发表的作品，就应当取得著作权人的许可，征求其是否同意公开播放。在取得许可进行

---

① 魏永征. 新闻传播法教程［M］. 北京：中国人民大学出版社，2012：291.

公开播放后,应向著作权人支付报酬。

(2)广播电台、电视台播放他人已发表的作品,适用法定许可,即可以不经著作权人许可,但应当按照规定支付报酬。

我国《著作权法实施条例》第 21 条规定:"依照著作权法有关规定,使用可以不经著作权人许可的已经发表的作品的,不得影响该作品的正常使用,也不得不合理地损害著作权人的合法利益。"我国《著作权法实施条例》第 27 条规定:"出版者、表演者、录音录像制作者、广播电台、电视台行使权利,不得损害被使用作品和原作品著作权人的权利。"

(3)电视台播放他人的视听作品、录像制品,应当取得视听作品著作权人或者录像制作者许可,并支付报酬;播放他人的录像制品,还应当取得著作权人许可,并支付报酬。

第四节 侵犯著作权的行为及其法律责任

根据我国《著作权法》的规定,侵犯著作权的行为主要包括侵犯著作权和侵犯邻接权两个方面,其相应的法律责任包括民事责任、行政责任和刑事责任。

一、侵犯著作权行为的表现

(一)侵犯著作权行为的概念及特征

侵犯著作权,是指未经作者或其他著作权人的许可,又无法律上的根据,擅自使用著作权人受著作权法保护的作品,因而对著作权人的人身权和财产权造成损害的行为。

侵犯著作权的行为,表现出如下特征。

(1)受侵害的主体是对作品依法享有著作权的著作权人,包括作品的作者和其他著作权人。

(2)侵权行为所涉及的对象是受《著作权法》保护的作品,包括文学、艺术和科学领域内具有独创性并能以某种物质形式固定下来的智力创作成果。

（3）侵权行为表现为非法使用了他人的作品，这里"非法使用"，是指既没有得到著作权人的授权，也没有法律上的根据。

（二）侵犯著作权行为的主要表现

我国《著作权法》第52条、第53条及《著作权法实施条例》规定的违法行为主要有两类：一是侵犯著作权的行为；二是侵犯邻接权的行为。

1. 侵犯著作权的行为

侵犯著作权的行为主要包括以下几种。

（1）未经著作权人许可，发表其作品的。

（2）未经合作作者许可，将与他人合作创作的作品当作自己单独创作的作品发表的。

（3）没有参加创作，为谋取个人名利，在他人作品上署名的。

（4）歪曲、篡改他人作品的。

（5）剽窃他人作品的。

（6）未经著作权人许可，以展览、摄制视听作品的方法使用作品，或者以改编、翻译、注释等方式使用作品的（《著作权法》另有规定的除外）。

（7）使用他人作品，应当支付报酬而未支付的。

（8）未经视听作品、计算机软件、录音录像制品的著作权人、表演者或者录音录像制作者许可，出租其作品或者录音录像制品的原件或者复制件的（《著作权法》另有规定的除外）。

（9）未经著作权人许可，复制、发行、表演、放映、广播、汇编、通过信息网络向公众传播其作品的（《著作权法》另有规定的除外）。

（10）制作、出售假冒他人署名的作品的。

2. 侵犯邻接权的行为

侵犯邻接权的行为主要有以下几种。

（1）未经出版者许可，使用其出版的图书、期刊的版式设计的。

（2）未经表演者许可，从现场直播或者公开传送其现场表演，或者录制其表演的。

（3）其他侵犯著作权以及与著作权有关的权利的行为。

（4）出版他人享有专有出版权的图书的。

（5）未经表演者许可，复制、发行录有其表演的录音录像制品，或者通过信息网络向公众传播其表演的（《著作权法》另有规定的除外）。

(6) 未经录音录像制作者许可,复制、发行、通过信息网络向公众传播其制作的录音录像制品的(《著作权法》另有规定的除外)。

(7) 未经许可,播放、复制或者通过信息网络向公众传播广播、电视的(《著作权法》另有规定的除外)。

(8) 未经著作权人或者与著作权有关的权利人许可,故意避开或者破坏技术措施的,故意制造、进口或者向他人提供主要用于避开、破坏技术措施的装置或者部件的,或者故意为他人避开或者破坏技术措施提供技术服务的(法律、行政法规另有规定的除外)。

(9) 未经著作权人或者与著作权有关的权利人许可,故意删除或者改变作品、版式设计、表演、录音录像制品或者广播、电视上的权利管理信息的,知道或者应当知道作品、版式设计、表演、录音录像制品或者广播、电视上的权利管理信息未经许可被删除或者改变,仍然向公众提供的(法律、行政法规另有规定的除外)。

二、侵犯著作权行为的法律责任

根据《著作权法》及相关法律法规的规定,侵犯著作权行为的法律责任主要有民事责任、行政责任和刑事责任。

(一) 民事责任

民事责任是指行为人违反《著作权法》的规定而应承担的民法上的责任。依据违法行为的性质和表现形式的不同,违反《著作权法》的民事责任可以分为违约责任和侵权责任。前者是合同当事人对自己违反合同规定的义务所应承担的法律后果;后者是指侵权人对其侵犯著作权的行为依法应承担的民事责任。

1. 违约责任

违约责任,即违反著作权合同应承担的法律责任。根据我国《著作权法》的规定,使用他人作品应当同著作权人订立合同。合同应对使用作品的方式、范围、期限、付酬标准和办法、违约责任及是否专有使用等做出规定。违反合同的行为就是违约行为。违约行为应该依照法律规定和合同约定承担违约责任。

根据《民法典》的规定,承担违约责任的方式主要有以下三种。

(1) 支付违约金。违约金,是指在履行合同中发生违约行为时,违约方按照合同的约定或者法律的规定，向对方支付一定数额违约金的责任方式。违约金的支付以一方出现违约行为为依据，而不考虑违约方主观上是否有过错及违约是否给对方造成损失。

（2）赔偿损失。赔偿损失，是指一方当事人违约，给另一方当事人造成损失时，依法或根据合同规定向对方当事人支付一定数额的金钱，以弥补对方的损失的责任方式。这种责任方式不仅以违约行为的发生为前提，而且以违约行为给对方造成的实际损失为条件。

（3）强制对方继续履行。强制对方继续履行，是指合同一方当事人不履行、不完全履行或不适当履行合同义务时，另一方当事人有权要求违约方全面履行合同规定的义务。

我国《著作权法》第61条规定："当事人因不履行合同义务或者履行合同义务不符合约定而承担民事责任，以及当事人行使诉讼权利、申请保全等，适用有关法律的规定。"当事人违反著作权合同或者邻接权合同应当依照有关法律的规定承担违约责任。著作权合同或者邻接权合同的一方当事人不履行合同义务或者履行合同义务不符合约定条件的，另一方当事人有权要求其履行合同，或者要求其采取补救措施以使合同得以履行。一方当事人违约给对方造成损失的，应当赔偿损失。赔偿的损失通常包括直接损失和间接损失。当事人违约，还应当支付违约金。违约金的数额，由当事人之间约定。双方当事人都违约的，各自承担相应的民事责任。

著作权合同主要有许可使用合同、合作创作作品合同、委托创作作品合同三类。违反合同规定的责任，根据当事人违约的事实，依照《民法典》第3编第1分编第8章"违约责任"和第7编"侵权责任"相关条款进行处理。

2. 侵权责任

至于侵犯著作权的责任方式，根据我国《著作权法》第52条规定，主要有以下三种。

（1）停止侵害。是指责令侵权人立即停止正在实施的侵犯他人著作权的行为。采用这一责任形式，不论侵权人主观上是否有侵权动机，只要在客观上有侵权行为即可。责令停止侵害，对于及时制止侵权行为的继续进行、挽回损失和防止损害的扩大有重要意义。停止侵害的具体做法可以是停止出版、发行，封存处理，中止正在传播的侵权作品的扩散，等等。

（2）消除影响和赔礼道歉。这主要是对侵犯著作权的行为给权利人造成人身权利的侵害而适用的非财产性的责任方式，以弥补侵权行为给著作权人造成的人身权利的损害。消除影响，是指消除给权利人所造成的不利影响，其中，主要是恢复名誉。侵权人在多大范围内对受害人的名誉造成了损害，就要在同样大的范围内消除损害带来的影响。例如，剽窃了他人作品，应做公开声明，让社会知道真正的作者和事实真相。赔礼道歉，是抚慰受害人精神创伤的一种方式。赔礼道歉可以单独使用，也可以与消除影响同时使用。

（3）赔偿损失。赔偿损失是侵权人用自己的财产补偿著作权人因遭受侵权而造成的损失。适用这一责任形式的前提条件是有损失存在。

世界贸易组织《与贸易有关的知识产权协议》第45条规定了损害赔偿："（1）对已知或有充分理由应知自己从事之活动系侵权的侵权人，司法当局应有权责令其向权利人支付足以弥补因侵犯知识产权而给权利持有人造成之损失的损害赔偿费。（2）司法当局还应有权责令侵权人向权利持有人支付其他开支，其中可包括适当的律师费。在适当场合即使侵权人不知、或无充分理由应知自己从事之活动系侵权，成员仍可以授权司法当局责令其返还所得利润或令其支付法定赔偿额，或二者并处。"第48条规定了对被告的赔偿："（1）如果一方当事人所要求的措施已经采取，但该方滥用了知识产权的执法程序，司法当局应有权责令该当事人向误受禁止或限制的另一方当事人对因滥用而造成的损害提供适当赔偿。司法当局还应有权责令原告为被告支付开支，其中包括适当的律师费。（2）在对涉及知识产权的保护或行使的任何法律进行行政执法的场合，只有政府当局及官员们在这种执法的过程中，系善意采取或试图采取特定的救济措施时，成员才应免除他们为采取措施而应负的过失责任。"[①]

我国《著作权法》第54条规定："侵犯著作权或者与著作权有关的权利的，侵权人应当按照权利人因此受到的实际损失或者侵权人的违法所得给予赔偿；权利人的实际损失或者侵权人的违法所得难以计算的，可以参照该权利使用费给予赔偿。对故意侵犯著作权或者与著作权有关的权利，情节严重的，可以在按照上述方法确定数额的一倍以上五倍以下给予赔偿。权利人的实际损失、侵权人的违法所得、权利使用费难以计算的，由人民法院根据侵权行为的情节，判决给予五百元以上五百万元以下的赔偿。赔偿数额还应当包括权利人为制止侵权行为所支付的合理开支。人民法院为确定赔偿数额，在权利人已经尽了必要举证责任，而与侵权行为相关的账簿、资料等主要由侵权人掌握的，可以责令侵权人提供与侵权行为相关的账簿、资料等；侵权人不提供，或者提

---

① 陶然. 中华人民共和国著作权法实务问答 [M]. 北京：法律出版社，2002：176-177.

供虚假的账簿、资料等的，人民法院可以参考权利人的主张和提供的证据确定赔偿数额。人民法院审理著作权纠纷案件，应权利人请求，对侵权复制品，除特殊情况外，责令销毁；对主要用于制造侵权复制品的材料、工具、设备等，责令销毁，且不予补偿；或者在特殊情况下，责令禁止前述材料、工具、设备等进入商业渠道，且不予补偿。"

（二）行政责任

行政责任是国家著作权主管部门对于某些侵犯他人著作权的行为所给予的行政处罚。《著作权法》赋予了著作权主管部门对侵犯著作权的侵权人有权行使行政处罚权。行政处罚是著作权主管部门为实现其管理职能实施的具体行政行为。所以，对侵权行为进行处罚，是著作权主管部门的主动行为。自己发现、受害人要求、他人举报都是进行行政处罚的行为依据。

1. 著作权主管部门

根据我国《著作权法》第7条和我国《著作权法实施条例》第37条的规定，有权对侵犯著作权行为做出行政处罚决定的仅限于著作权主管部门，包括国家著作权主管部门和县级以上地方主管著作权的部门。

2. 著作权主管部门对侵权行为行政处罚的范围

著作权主管部门并非对所有的侵权行为都有行政处罚权，其行使行政处罚权的范围只是我国《著作权法》第53条所规定的8种侵权行为同时损害公共利益的，可以由主管著作权行政管理的部门责令停止侵权行为，予以警告，没收违法所得，没收、无害化销毁处理侵权复制品，以及主要用于制作侵权复制品的材料、工具、设备等，并可以处以罚款。即（1）未经著作权人许可，复制、发行、表演、放映、广播、汇编、通过信息网络向公众传播其作品的，本法另有规定的除外；（2）出版他人享有专有出版权的图书的；（3）未经表演者许可，复制、发行录有其表演的录音录像制品，或者通过信息网络向公众传播其表演的，本法另有规定的除外；（4）未经录音录像制作者许可，复制、发行、通过信息网络向公众传播其制作的录音录像制品的，本法另有规定的除外；（5）未经许可，播放、复制或者通过信息网络向公众传播广播、电视的，本法另有规定的除外；（6）未经著作权人或者与著作权有关的权利人许可，故意避开或者破坏技术措施的，故意制造、进口或者向他人提供主要用于避开、破坏技术措施的装置或者部件的，或者故意为他人避开或者破坏技术措施提供技术服务的，法律、行政法规另有规定的除外；（7）未经著作权人或者与著作权有关的权利人许可,故意删除或者改变作品、版式设计、表演、录音录像制品或者广播、电视上的权利管理信息的,知道或者应当知道作品、版式设计、表演、录音录像制品或者广播、电视上的权利管理信息未经许可被删除或者改变,仍然向公众提供的,法律、行政法规另有规定的除外;(8)制作、出售假冒他人署名的作品的。

《著作权法》之所以这样规定,是因为这8种行为不仅侵犯了著作权人的权利,而且损害了公共利益。因此,除在责令侵权人承担民事责任以外,还可以由著作权主管部门责令其承担行政责任,即由著作权主管部门给予行政处罚。

3. 行政处罚的种类和罚款数额

我国《著作权法》规定,有《著作权法》第53条所列侵权行为的,应当根据情况,承担《著作权法》第52条规定的民事责任;侵权行为同时损害公共利益的,由主管著作权的部门责令停止侵权行为,予以警告,没收违法所得,没收、无害化销毁处理侵权复制品,以及主要用于制作侵权复制品的材料、工具、设备等,违法经营额五万元以上的,可以并处违法经营额一倍以上五倍以下的罚款;没有违法经营额、违法经营额难以计算或者不足五万元的,可以并处二十五万元以下的罚款;构成犯罪的,依法追究刑事责任。

由此可见,著作权主管部门进行的行政处罚包括以下几点。

(1)责令停止侵权行为。

(2)予以警告。警告是指行政机关或法律法规授权的组织对违反行政法律规范的自然人、法人或者非法人组织所实施的一种书面形式的谴责和告诫。

(3)没收违法所得。由于侵权行为的目的一般是营利,对其侵权行为所带来的经济收益予以没收,可以起到阻止侵权人达到其侵权的目的。

(4)没收、无害化销毁处理侵权复制品,以及主要用于制作侵权复制品的材料、工具、设备等。没收、无害化销毁处理侵权复制品是为了防止侵权人利用这些复制品继续营利。没收其制作侵权复制品的材料、工具、设备等,则是对侵权人投资的没收,断绝其继续实施侵权行为的物质基础和条件。

(5)罚款。是对侵权人经济上的处罚。我国《著作权法》规定,有《著作权法》第53条所列侵权行为,同时损害社会公共利益的,违法经营额五万元以上的,可以并处违法经营额一倍以上五倍以下的罚款;没有违法经营额、违法经营额难以计算或者不足五万元的,可以并处二十五万元以下的罚款。

著作权的行政保护除了对严重的侵权行为处以行政处罚以外,还有海关扣押等行政制裁措施。中华人民共和国海关总署从1994年9月15日开始，在进出口环节实施对知识产权的保护措施。"口岸保护"内容主要是：侵犯知识产权的货物不准进口或出口；海关发现被举报涉嫌侵权的货物和其他有侵犯知识产权嫌疑的货物进出口时，有权要求进出口货物的收发货人提供有关知识产权的合法证明及对其货物的知识产权状况向海关做出补充申报；对没有提供合法证明的货物，有权予以退运；进出口激光唱盘、激光视盘和以加工贸易方式进口激光唱盘、激光视盘的模板及料件，收发货人应按国家有关规定，凭音像归口管理部门出具的批准证明办理海关手续；进出口货物的收发人对货物的知识产权状况申报不实及逃避海关监管、走私侵权货物的，由海关依照有关规定处理。

（三）刑事责任

对于侵犯著作权、邻接权的行为，许多国家和我国台湾地区在刑法或者著作权法中规定，侵犯著作权、邻接权的行为情节严重、构成犯罪的，还要受到刑事制裁。

我国1990年制定《著作权法》时，考虑到从一个长期没有有效的著作权保护的状态发展到建立完整的著作权保护制度需要一个过程，而如果一开始就对有些侵权行为追究刑事责任，恐怕难以被接受，因此，立法时留有余地。到《著作权法》实施几年后，随着人们法律意识的逐步增强，我国在1994年7月由第八届全国人大常务委员会第八次会议通过了《关于惩治侵犯著作权犯罪的决定》，明确规定了侵犯著作权的刑事责任。1997年，我国修订《刑法》时，将侵犯著作权的犯罪写进了《刑法》，在《刑法》中增加了"侵犯他人知识产权，构成犯罪的，应承担刑事责任"的规定。具体表现为：《刑法》第三章第七节规定了"侵犯知识产权罪"，其中，第217条和第218条具体规定了"侵犯著作权罪"和"销售侵权复制品罪"。1998年12月11日，为依法惩治非法出版物犯罪活动，根据《刑法》的有关规定，最高人民法院出台了《关于审理非法出版物刑事案件具体应用法律若干问题的解释》。2004年11月，最高人民法院、最高人民检察院颁布并实施了《关于办理侵犯知识产权刑事案件具体应用法律若干问题的解释》。2007年4月5日，最高人民法院、最高人民检察院发布的《关于办理侵犯知识产权刑事案件具体应用法律若干问题的解释（二）》开始实施。这些法律法规为追究侵犯著作权行为的刑事责任提供了法律依据。

1. 侵犯著作权罪

侵犯著作权罪，是指以营利为目的，侵犯他人著作权，违法所得数额较大或者有其他严重情节的行为。其犯罪主体可以是个人，也可以是单位；犯罪客体是他人的著作权及其与著作权有关的权益。客观方面表现为实施了侵犯著作权的行为，且违法行为的数额较大或有其他严重情节。

我国《刑法》第 217 条规定，以营利为目的，有下列侵犯著作权或者与著作权有关的权利的情形之一，违法所得数额较大或者有其他严重情节的，处三年以下有期徒刑，并处或者单处罚金；违法所得数额巨大或者有其他特别严重情节的，处三年以上十年以下有期徒刑，并处罚金：（1）未经著作权人许可，复制发行、通过信息网络向公众传播其文字作品、音乐、美术、视听作品、计算机软件及法律、行政法规规定的其他作品的；（2）出版他人享有专有出版权的图书的；（3）未经录音录像制作者许可，复制发行、通过信息网络向公众传播其制作的录音录像的；（4）未经表演者许可，复制发行录有其表演的录音录像制品，或者通过信息网络向公众传播其表演的；（5）制作、出售假冒他人署名的美术作品的；（6）未经著作权人或者与著作权有关的权利人许可，故意避开或者破坏权利人为其作品、录音录像制品等采取的保护著作权或者与著作权有关的权利的技术措施的。

这里，根据最高人民法院、最高人民检察院 2004 年发布的《关于办理侵犯知识产权刑事案件具体应用法律若干问题的解释》第 5 条及 2007 年发布的《关于办理侵犯知识产权刑事案件具体应用法律若干问题的解释（二）》第 1 条的规定，"违法所得数额较大"，是指违法所得数额在三万元以上。"有其他严重情节"，是指具有下列情形之一（应当以侵犯著作权罪判处三年以下有期徒刑，并处或者单处罚金）：（1）非法经营数额在五万元以上的；（2）未经著作权人许可，复制发行其文字作品、音乐、电影、电视、录像作品、计算机软件及其他作品，复制品数量合计在五百张（份）以上的；（3）其他严重情节的情形。"违法所得数额巨大"是指违法所得数额在十五万元以上。"有其他特别严重情节"，是指具有下列情形之一：（1）非法经营数额在二十五万元以上的；（2）未经著作权人许可，复制发行其文字作品、音乐、电影、电视、录像作品、计算机软件及其他作品，复制品数量合计在二千五百张（份）以上的；（3）其他特别严重情节的情形。根据最高人民法院、最高人民检察院 2020 年发布的《关于办理侵犯知识产权刑事案件具体应用法律若干问题的解释（三）》第 10 条的规定，对于侵犯知识产权犯罪的，应当综合考虑犯罪违法所得数额、非法经营数额、给权利人造成的损失数额、侵权假冒物品数量及社会危害性等情节，依法判处罚金。罚金数额一般在违法所得数额的一倍以上五倍以下确定。违法所得数额无法查清的，罚金数额一般按照非法经营数额的百分之五十以上一倍以下确定。违法所得数额和非法经营数额均无法查清，判处三年以下有期徒刑、拘役、管制或者单处罚金的，一般在三万元以上一百万元以下确定罚金数额；判处三年以上有期徒刑的，一般在十五万元以上五百万元以下确定罚金数额。

根据《关于办理侵犯知识产权刑事案件具体应用法律若干问题的解释（三）》第2条的规定，在涉案作品、录音制品种类众多且权利人分散的案件中，有证据证明涉案复制品系非法出版、复制发行，且出版者、复制发行者不能提供获得著作权人、录音制作者许可的相关证据材料的，可以认定为《刑法》第217条规定的"未经著作权人许可""未经录音制作者许可"。但是，有证据证明权利人放弃权利、涉案作品的著作权或者录音制品的有关权利不受我国著作权法保护、权利保护期限已经届满的除外。根据《关于办理侵犯知识产权刑事案件具体应用法律若干问题的解释（二）》第2条可知，《刑法》第217条规定的侵犯著作权罪中的"复制发行"包括复制、发行或者既复制又发行的行为。侵权产品的持有人通过广告、征订等方式推销侵权产品的，属于《刑法》第217条规定的"发行"。非法出版、复制、发行他人作品，侵犯著作权构成犯罪的，按照侵犯著作权罪定罪处罚。《关于办理侵犯知识产权刑事案件具体应用法律若干问题的解释（三）》第8条列举了不适用缓刑的情况，第9条列举了可酌情从轻处罚的情况。

2. 销售侵权复制品罪

销售侵权复制品罪，是指以营利为目的，销售明知是侵权复制品，违法所得数额巨大的行为。犯罪主体可以是个人，也可以是单位；犯罪客体是侵权复制品。客观表现为销售了侵权复制品；主观表现为故意，即明知是侵权复制品还去销售。

我国《刑法》第218条规定，以营利为目的，销售明知是《刑法》第217条规定的侵权复制品，违法所得数额巨大的或者有其他严重情节的，处五年以下有期徒刑，并处或者单处罚金。

最高人民法院、最高人民检察院发布的《关于办理侵犯知识产权刑事案件具体应用法律若干问题的解释》第6条规定，以营利为目的，实施《刑法》第218条规定的行为，违法所得数额在十万元以上的，属于"违法所得数额巨大",应当以销售侵权复制品罪判处三年以下有期徒刑或者拘役,并处或者单处罚金。第14条规定,实施《刑法》第217条规定的侵犯著作权犯罪,又销售该侵权复制品,构成犯罪的,应当依照《刑法》第217条的规定,以侵犯著作权罪定罪处罚。实施《刑法》第217条规定的侵犯著作权犯罪,又销售明知是他人的侵权复制品,构成犯罪的,应当实行数罪并罚。第15条规定,单位实施《刑法》第213条至第219条规定的行为,按照本解释规定的相应个人犯罪的定罪量刑标准的三倍定罪量刑。第16条规定,明知他人实施侵犯知识产权犯罪,而为其提供贷款、资金、账号、发票、证明、许可证件,或者提供生产、经营场所或运输、储存、代理进出口等便利条件、帮助的,以侵犯知识产权犯罪的共犯论处。

由此可见,侵犯著作权犯罪并不是剽窃、抄袭、歪曲、篡改他人作品之类仅限于侵犯某个著作权人权益的行为,而是利用侵权复制品进行一定规模的非法出版发行和传播活动,具有较大的社会危害性。因此,最高人民法院、最高人民检察院发布的《关于办理侵犯知识产权刑事案件具体应用法律若干问题的解释》,降低了定罪门槛,加大了对知识产权刑事犯罪的打击力度,有利于保护知识产权权利人的合法利益,维护公平竞争的市场经济秩序。

案例1:《新现代汉语词典》侵权案

《现代汉语词典》1956年由中国社科院语言研究所开始编纂,1960年写出草稿,后又多次易稿,由商务印书馆出版。经过40多年的不断修改、补充,已成为家喻户晓的工具书,但出版以来屡遭侵权。其中,最令人关注的当属1992年12月出版的《新现代汉语词典》和《现代汉语大词典》。

1994年,中国社科院语言研究所和商务印书馆联合向北京市中级人民法院起诉由王某主编、海南出版社出版的上述两种词典抄袭了原告的《现代汉语词典》。法院经过3年的调查、取证,认定抄袭事实成立,判决被告立即停止侵权;被告在判决生效后10日内在《光明日报》上刊登赔礼道歉的声明,共赔偿原告147 941元的损失。北京市中级人民法院同时还对上海辞书出版社、辞海编纂委员会、四川人民出版社等诉王某和海南出版社侵权等案做出被告侵权的判决,在词典编纂界和出版界引起震动。

一审判决后,被告不服,依法向北京市高级法院提起上诉。1997年,北京市高院做出终审判决,被告王某和海南出版社的上诉要求被驳回,除按一审和二审判决的规定,被告还需负担一、二审的案件受理费和鉴定费,共计42

万元人民币。①

案例2：《邓小平文选》第三卷被盗版案

1993年12月，伍某得知某书店急需《邓小平文选》第三卷普及本16 000册，求财心切，便与该书店签订合同，私自经过几个工厂加工，将该书印好批发给书店，伍获款5.9万元，扣除成本费用后，获利2万多元。1994年4月，普及本销售后，举报不断，读者发现书中漏洞达125处，有的句子因漏字导致文意正好相反，造成极为恶劣的影响。

随后，武汉市硚口区检察院以被告人伍某犯投机倒把罪，向该区法院提起公诉。1995年1月，法院审理认为，被告人伍某以营利为目的，未经著作权人许可，出版他人享有专有出版权的图书，并公开发行，非法营利2万多元，且质量粗劣，影响很坏，情节特别严重，依照全国人大1994年7月5日《关于惩治侵犯著作权的犯罪的决定》第1条第（一）（二）项的规定，其行为构成侵犯著作权罪。判处伍某有期徒刑7年，并处罚金5 000元；随案移送的赃款、赃物予以没收。

这是全国人大对《刑法》做出侵犯著作权罪补充规定后，第一例做出该罪最高刑罚的判决，影响甚大。②

案例3：盗版《十七大报告辅导读本》和《十七大报告》案

2007年10月，被告人张某购进盗版的《十七大报告辅导读本》和《十七大报告》单行本，分别销售给被告人陈某和被告人赵某。被告人陈某将从被告人张某处购买的上述书籍销售给被告人赵某和王某，另卖给其他单位一部分。被告人赵某将购进的《十七大报告辅导读本》连同从他人处购买的此书卖给国家发展和改革委员会。被告人王某从被告人陈某处购进《十七大报告辅导读本》和《十七大报告》单行本，连同从他人处购进的相关图书，向北京市劳动教养工作局等单位销售。公安机关从国家发展和改革委员会收回《十七大报告辅导读本》1 033本，其中1 031本经鉴定为侵权复制品，从北京市劳动教养工作局等单位收回《十七大报告辅导读本》211本、《党章》369本，其中579本经鉴定为侵权复制品。

随后，北京市朝阳区人民检察院向法院提起公诉，一审法院审理期间，由于王某行为尚未达到情节严重的程度，公诉机关对被告人王某撤回起诉。而被

---

① 蔡纪万. 10大版权保护案 [J]. 出版广角, 1999 (10)：114.
② 蔡纪万. 10大版权保护案 [J]. 出版广角, 1999 (10)：114-115.

告人张某、陈某、赵某以营利为目的，未经著作权人许可，发行其文字作品，情节严重，三被告人的行为均已构成侵犯著作权罪，一审法院判决被告人张某犯侵犯著作权罪，判处有期徒刑1年零6个月，罚金人民币1.5万元；被告人赵某犯侵犯著作权罪，判处有期徒刑1年零3个月，罚金人民币1.3万元；被告人陈某犯侵犯著作权罪，判处有期徒刑1年，罚金人民币1万元。①

---

① 最高人民法院刑事审判庭.刑事审判参考（2011年第1集，总第78集）[M].北京：法律出版社，2011.

第四章

编辑出版的法律规定及其应用

作为出版环节的起点，出版单位是生产精神文化产品、提供科学文化知识的重要场所，出版单位的工作是出版环节其他单位的基础。了解有关出版单位的相应的法律、法规、政策，既是出版社、报社、期刊社正常运作的需要，也是每一个出版从业人员能够在法律法规、政策规定的范围内正常工作的客观要求。

在编辑出版环节需要了解的法律规定及政策主要包括出版单位的设立、变更及终止的条件和程序，出版单位的管理和出版物内容的管理等几个方面。

第一节　　出版单位的设立、变更与终止

根据《出版管理条例》的规定，出版单位是指"报社、期刊社、图书出版社、音像出版社和电子出版物出版社等。法人出版报纸、期刊，不设立报社、期刊社的，其设立的报纸编辑部、期刊编辑部视为出版单位"。随着科技尤其是互联网技术的迅猛发展，2002年，我国将互联网出版机构[①]也纳入出版单位的行列，丰富了出版单位的内涵，符合时代发展的需要，反映出我国出版法制与时俱进的特点。

出版单位的设立是出版单位进行精神文化生产活动的前提，也是出版活动得以顺利进行的首要条件。获得准入资格的出版单位可以在授权许可的范围内自由从事出版活动。

一、出版单位的设立

出版单位的设立是指国家为了建立和维护出版秩序，依法确认出版单位主体资格、规范出版单位的组织和行为，使其合法进行出版活动的管理制度，主要包括出版单位的设立方式、设立条件和设立程序等。

（一）出版单位的设立方式

由于国情的差异，作为出版环节的准入机制——出版单位的设立在世界各

---

① 《互联网出版管理暂行规定》（2002）第5条指出，互联网出版机构是指"经新闻出版行政主管部门和电信管理机构批准，从事互联网出版业务的互联网信息服务提供者"。

国或各地区都有不同的方式类型。总的来说，目前国际上出版单位的设立主要有四种方式：登记制、自由制、保证金制和审批制。

1. 登记制

登记制，是指出版单位的创办者（一国的自然人、法人或非法人组织）在具备法定的设立条件后，向有关机关登记注册，即可在法律许可的范围内从事出版发行活动。登记制是相对于审查制、审批制而言的，出现于 18 世纪以后，它要求出版单位成立时向政府机关或政府指定的机构呈报登记，以便管理，而不要求每出版一本书都向政府机关申报审查。目前西方大部分国家如英国、法国、美国等的出版单位的设立都采用登记制。

英国政府对新出版社开办的管理主要是采取登记制。政府在伦敦设有出版登记所（companies house），隶属于财政部，负责全国出版公司的登记工作。在英国，若要成立一家出版公司，必须到该所登记注册，注册时必须提供相应的出版计划、出版规模、经营方式、注册资金等，而且所有出版社都必须定期如实向该所上报经营情况和出版情况，否则将被重罚。[①]

1870 年法兰西第三共和国成立后，法国逐步结束了出版特许制，实行出版登记制。根据法国 1881 年 7 月 29 日公布的《新闻出版自由法》，法国的出版和印刷完全自由，任何人和机构都可以申请创办出版社。在法国设立出版企业，和设立其他企业一样，只需要按照普通法要求的程序办理即可。在法国创办出版单位，只要了解相关情况并向有关部门递交一份创办出版社的申请书，就可开张，无须行政审批。1985 年以前，根据法国商业法规，在法国创办出版社需要在从事商业活动 15 天内向最高商事法庭的书记员进行工商户注册和企业注册。1985 年以后，申请创办出版社的行政手续进一步简化，出版企业向相关的某一机构如税务所、商业登记处、社会保险机构和国家失业金发放局等通过某一方式递交一份申请书，再将有关出版单位的资料送交企业创办处备份即可。[②]

在美国，创办出版单位的要求和其他企业一样，到经济管理部门登记、遵守税务及工商管理方面的有关规定即可，不需要获得国家的许可，也无须向政府部门申报。美国对出版社建立的管理比较松散，在各地都可以登记成立出版

---

① 余敏. 国外出版业宏观管理体系研究［M］. 北京：中国书籍出版社，2004：69-70.
② 余敏. 国外出版业宏观管理体系研究［M］. 北京：中国书籍出版社，2004：94-95.

社、出版公司,所以,对于美国有多少出版社,政府没有一个完整的统计数字。①

日本对出版社的设立也实行登记制。日本的出版单位登记制度起源于1875年,距今已有100多年的历史。在1875年以前,日本和中国情况类似,一直采取图书出版许可证制度。登记制的诞生,使进入出版业的门槛大大降低,注册出版企业符合法律上的最低资产等相关要求,并在成立后向税务部门纳税即可,而无须再向政府有关部门申报。这样低的门槛使日本出版社的数量大大增加。根据最新统计,目前日本有出版社3 000余家,平均不到5万人就拥有一家出版社。②

2. 自由制

自由制,是指出版单位的设立完全是自由的,政府对其不做任何规定,也不需要向有关部门登记。此类做法的代表是西德。根据联邦基本法,西德各州均有权根据自己的实际情况,制定自己的文化政策。以西德北莱茵-威斯特法伦州《新闻法》为例,该法第2条规定:包括创立出版企业和开设其他新闻机构等,均可不经任何形式的登记或认可。③ 现在,德国出版社的成立采用登记制,符合条件的机构到财政局领取税号进行注册即可。④

3. 保证金制

保证金制,是指交纳一定的保证金才能进行出版活动,这是一种经济限制的手段。我国香港地区1987年之前的《刊物管制综合条例》规定,只要缴纳1万元保证金,并有两人担保,出版单位即可开业。

现在,我国香港特别行政区的《现行中文条例和附属法例》第268章《本地报刊注册条例》第268B章《报刊注册及发行规例》第2条"报刊的注册"规定:"所有本地报刊均须按照本规例注册。"⑤《报刊注册及发行规例》第12条规定:"(1)根据第2条进行注册须缴付费用 \$1 140;(2)注册有效期间,除首年外,每年须缴付年费 \$895,并须于注册的完成日期的周年缴付;(3)根据第5条(如详情有所更改或发现不确须提供替代详情并予核证)提

---

① 余敏. 国外出版业宏观管理体系研究 [M]. 北京: 中国书籍出版社, 2004: 41.
② 陈建明. 2018年日本出版业发展状况分析 [J]. 出版发行研究, 2019 (8).
③ 魏玉山, 杨贵山. 西方六国出版管理研究 [M]. 北京: 中国书籍出版社, 1995: 20-21.
④ 余敏. 国外出版业宏观管理体系研究 [M]. 北京: 中国书籍出版社, 2004: 109.
⑤ http://translate.legislation.gov.hk/gb/www.legislation.gov.hk/blis_ind.nsf/CurAllChinDoc/C6DC6EB459B1E2CB8825648C000660BB?OpenDocument.

供替代详情,每次须缴付费用 $140。"①

4. 审批制

审批制,是指一国的自然人、法人或非法人组织设立出版单位,首先必须向该国的主管部门提出设立申请,经主管部门按法律规定的程序审批后,出版单位的发起人才能向登记机关申请设立登记,之后方可在法律许可的范围内从事出版发行活动。

我国出版单位的设立即采用这种审批制的方式,其准入条件比较严格。我国的政治、经济和文化制度及目前的管理体制,决定了出版单位的设立由国家特定的业务主管部门,依据核准设立原则,通过对出版单位的审批、登记管理活动来进行。中华人民共和国成立后,中央人民政府出版总署在《通报》(1953 年 1 月 27 日)中指出:今后报纸、杂志、出版社的创业和停业必须报请出版总署批准或由出版总署转请政务院文化教育委员会批准。其中报纸、杂志和出版社的设立,必须报请出版总署转报文化教育委员会批准后方可营业发行。这说明,在中华人民共和国成立之初,在出版的准入上就采用了审批制。

我国 1997 年颁布、2001 年废止同时重新发布、2011 年第一次修订、2013 年第二次修订、2014 年第三次修订、2016 年第四次修订、2020 年第五次修订的《出版管理条例》第 12 条规定:"设立出版单位,由其主办单位向所在地省、自治区、直辖市人民政府出版行政主管部门提出申请;省、自治区、直辖市人民政府出版行政主管部门审核同意后,报国务院出版行政主管部门审批。设立的出版单位为事业单位的,还应当办理机构编制审批手续。"

我国目前对出版单位实行审批制主要有以下几个原因:(1)图书报刊历来是我们党和国家至关重要的喉舌和舆论宣传工具,在设立出版单位这样一个重要关口,必须实行比较严格的准入控制;(2)中华人民共和国成立以后长期实行计划经济体制,这对出版管理制度产生了直接而深刻的影响;(3)当前实行出版单位审批制还有其现实基础和根据,还是一种能够实现管理目标的有效办法。②

比较这四种方式的严格程度,大致是:审批制>保证金制>登记制>自由制。与审批制相比,其他三种准入方式都较宽松。因此,我们可以看到,西方

---

① http://translate.legislation.gov.hk/gb/www.legislation.gov.hk/blis_ind.nsf/CurAllChinDoc/2A5BE2D77C597F19482570C9002C47B5? OpenDocument.

② 于慈珂. 解读《出版管理条例》[N]. 中国新闻出版报,2003-04-01.

国家出版社较多，但规模较大的不多，一些出版社往往只出版过一种书或根本没有书出版，其规模也极小，甚至只是一家"夫妻店"而已。例如，美国拥有出版社约4.5万家，但较活跃的仅为3 500~4 000家，而每年出书100种以上的只有150家左右。日本共有图书出版社3 600多家，其中，员工数量在10人以下的占出版社总数的50%左右。所以，在比较中国与其他国家的出版社时，不能仅仅从数量上比较，还应该考虑规模、年出版品种及销售码洋等因素。

（二）出版单位的设立条件

出版单位的设立条件就是法律法规规定出版单位在进入出版环节时所必须具备的基本条件，是出版单位设立的实质要件，只有符合实质要件的出版单位才能申请获得法人资格。

1. 规定出版单位设立条件的法律基础

出版单位的设立应具备一定的条件，是有其法律基础的，主要依据的是《民法典》和《中华人民共和国全民所有制工业企业法》（以下简称《企业法》）。

《民法典》在我国民事立法中界定了"法人"的含义。其第1编第57条规定："法人是具有民事权利能力和民事行为能力，依法独立享有民事权利和承担民事义务的组织。"并在第1编第58条规定了法人应具备的条件：法人应当依法成立。法人应当有自己的名称、组织机构、住所、财产或者经费。法人成立的具体条件和程序，依照法律、行政法规的规定。设立法人，法律、行政法规规定须经有关机关批准的，依照其规定。

我国现行法律将法人分为营利法人、非营利法人、特别法人。以取得利润并分配给股东等出资人为目的成立的法人为营利法人。营利法人包括有限责任公司、股份有限公司和其他企业法人等。

《企业法》第2章第16条规定："设立企业，必须依照法律和国务院规定，报请政府或者政府主管部门审核批准。经工商行政管理部门核准登记、发给营业执照，企业取得法人资格。"第17条规定设立企业必须具备以下条件：(1) 产品为社会所需要；(2) 有能源、原材料、交通运输的必要条件；(3) 有自己的名称和生产经营场所；(4) 有符合国家规定的资金；(5) 有自己的组织机构；(6) 有明确的经营范围；(7) 法律、法规规定的其他条件。

根据《民法典》和《企业法》的规定，我国《出版管理条例》第11条规定，设立出版单位应当具备下列条件：（1）有出版单位的名称、章程；（2）有符合国务院出版行政主管部门认定的主办单位及其主管机关；（3）有确定的业务范围；（4）有 30 万元以上的注册资本和固定的工作场所；（5）有适应业务范围需要的组织机构和符合国家规定的资格条件的编辑出版专业人员；（6）法律、行政法规规定的其他条件。除以上条款外，另外还规定审批设立出版单位，应符合国家关于出版单位总量、结构、布局的规划。

国家新闻出版总署 2008 年颁布、2015 年修正的《图书出版管理规定》，2005 年颁布、2017 年修正的《期刊出版管理规定》，2005 年颁布的《报纸出版管理规定》，2001 年颁布、2011 年第一次修订、2013 年第二次修订、2016 年第三次修订、2020 年第四次修订的《音像制品管理条例》，2004 年颁布、2015 年第一次修正、2017 年第二次修正的《音像制品出版管理规定》，2007 年颁布、2015 年修正的《电子出版物出版管理规定》分别对图书出版单位、期刊出版单位、报纸出版单位、音像出版单位、电子出版物出版单位的设立条件、申请书应载明内容做了规定。继国务院 2000 年颁行的《互联网信息服务管理办法》后，国家新闻出版总署和信息产业部于 2002 年 6 月 27 日颁布的《互联网出版管理暂行规定》将网络出版这一新的出版方式也纳入了国家出版法规体系中。2015 年 8 月 20 日国家新闻出版广电总局通过了《网络出版服务管理规定》，《互联网出版管理暂行规定》予以废止。《网络出版服务管理规定》第 7 条规定："从事网络出版服务，必须依法经过出版行政主管部门批准，取得《网络出版服务许可证》。"第 8 条规定，图书、音像、电子、报纸、期刊出版单位从事网络出版服务，应当具备以下条件：（1）有确定的从事网络出版业务的网站域名、智能终端应用程序等出版平台；（2）有确定的网络出版服务范围；（3）有从事网络出版服务所需的必要的技术设备，相关服务器和存储设备必须存放在中华人民共和国境内。第 9 条规定，其他单位从事网络出版服务，除第 8 条所列条件外，还应当具备以下条件：（1）有确定的、不与其他出版单位相重复的，从事网络出版服务主体的名称及章程；（2）有符合国家规定的法定代表人和主要负责人，法定代表人必须是在境内长久居住的具有完全行为能力的中国公民，法定代表人和主要负责人至少 1 人应当具有中级以上出版专业技术人员职业资格；（3）除法定代表人和主要负责人外，有适应网络出版服务范围需要的 8 名以上具有国家新闻出版广电总局认可的出版及相关专业技术职业资格的专职编辑出版人员，其中具有中级以上职业资格的人员不得少于 3 名；（4）有从事网络出版服务所需的内容审校制度；

(5) 有固定的工作场所；(6) 法律、行政法规和国家新闻出版广电总局规定的其他条件。

国家有关部门已颁布法规对互联网出版机构的设立做出了明确规定，这也弥补了《出版管理条例》对这方面规定的不足。

由此可见，出版单位的设立与全民所有制其他工业企业的设定并没有本质上的区别，如两者都要求审批，都要求有固定的工作场所、一定的资金、自己的机构和明确的经营范围，只是出版单位的准入门槛较之更高、更严格。

2. 设立出版单位的具体条件

一般市场主体要进行正常的生产经营活动，都必须具备基本的生产经营条件，包括生产经营活动的目的、财产状况、从业人员及组织机构和制度等。

作为法人，出版单位要按照《民法典》的基本原则设立。从其设立的基本条件分析，《出版管理条例》的规定符合《民法典》的精神。作为企业法人，出版单位的设立也符合《企业法》的规定。概括起来，在我国，设立出版单位应具备如下条件。

(1) 有出版单位的名称、章程。出版单位的名称是一出版单位区别于另一出版单位及其他任何主体的标志。正是由于名称对于出版单位具有代表意义，法律才要求设立出版单位必须有自己的名称。我国《民法典》第 1 编第 58 条规定，法人应当有自己的名称。《企业法人登记管理条例》第 7 条也做了类似的规定，要求申请企业法人登记的单位应当具备名称。出版单位当然也不例外，也应当有自己的名称。名称用于出版单位商业信誉的维系和表彰。由于名称具有识别作用，出版单位的诚实经营和良好业绩可以通过名称来标示和传播。久而久之，出版单位的名称便成为品牌，具有了一定的经济价值。所以，从法律上讲，出版单位的名称既是一种人身权，也是一种财产权。作为人身权的名称，一经登记注册，出版单位便对其享有专有权。出版单位不仅可以排除他人使用其名称，还可以排除他人使用容易与其名称相混淆的名称。因此，法律禁止盗用其他出版单位的名称从事出版活动，并为防止出版单位的名称混同或相似规定了相应的法律原则。作为财产权的名称，是一种可以转让的无形财产。法律禁止擅自转让、出租企业名称。

出版单位的名称要符合我国《企业名称登记管理规定》的要求：企业通常只能使用一个名称；企业名称通常应包括行政区划名称字号（或商号）、行业或者经营特点和组织形式；企业名称应当使用规范汉字；不得使用法律禁止及与自身实际情况不符的名称；企业名称应经企业登记机关核准登记。

章程是规定出版单位组织和行为准则的书面文件，经登记主管机关批准后具有法律效力。章程在出版单位的设立及运作中具有十分重要的作用。

一般说来，企业章程是规定企业权利与义务和调整企业内外关系的准则，具有规范性。它是企业申明其宗旨、资产状况、组织形式和组织机构、基本权利义务、内部管理制度及分配原则的行为准则文件。企业章程从根本上决定企业的组织原则、活动范围及发展方向等。

同时，企业章程虽然是由企业自身制定的，但当企业向登记主管机关提交之后，就意味着企业向政府提供了一种书面保证，保证按照章程所规定的准则规范从事经营活动。登记主管机关核准企业章程，就意味着代表政府接受了企业的保证，从而使企业的自律性文件上升为政府规范企业的依据。[①] 因此，企业章程对企业具有法律约束力，企业必须遵循其章程进行活动。企业如有违反企业章程的行为，政府主管部门、登记主管机关有权干预和处罚，甚至吊销营业执照。

出版单位章程，是根据出版单位的业务性质和工作需要而制定的内部总的规章制度，主要包括经济性质、业务范围、经营管理方式、组织原则等，它集中反映和规定了出版单位的基本情况和主要事项，是从事出版活动的准则和纲领，对出版单位业务工作起指导作用。

出版单位的章程应当包括以下内容：出版单位的名称和住所，经营范围，注册资本，主办单位及其主管机关的名称和法定代表人，出版单位的机构及其产生办法、职权、议事规则，出版单位的法定代表人，等等。

（2）有符合国务院出版行政主管部门认定的主办单位及其主管机关。主办单位，是指创设、开办出版单位的单位，即通常向出版行政主管部门提出出版单位设立申请的单位。主管机关，是指主办单位的上级机关，包括一切中央和地方的国家机关，如行政机关、立法机关、司法机关、党团组织机关等。仅从主办单位这一条件来看，任何单位都包括在内，并不能排除非国有单位或个人设立出版单位的可能性，但要求该主办单位还有上级主管机关，无疑就排除了非国有单位和个人申请设立出版单位的可能性。

（3）有确定的业务范围。出版单位的业务范围，是出版单位从事出版业务的范围，是其出版经营活动的界限。出版单位的业务范围，由出版单位的申请者确定，并依法由出版行政主管部门和工商行政管理部门核定。业务范围一

---

① 刘建一. 市场主体登记管理 [M]. 北京：北京工业大学出版社，1998：110.

经核定,即在出版单位的《出版许可证》和营业执照上载明,出版单位有权而且应当在此特定范围内从事书报刊、音像制品或电子出版物的出版活动。出版单位在其特定的业务范围内从事的出版活动,其权利受法律保护;其超出业务范围从事的出版活动,不受法律保护,相关的出版行政主管部门、工商行政管理部门应当依法予以查处。

(4) 有30万元以上的注册资本和固定的工作场所。出版单位要开展正常的生产经营活动,以自己的名义享有权利、承担义务,就必须有其可以独立支配的财产,包括资金、设备、固定的工作场所等。资金是保证出版活动正常进行的经济基础。注册资本包括固定资产和流动资金。对出版单位而言,除拥有相应的设备和资金以外,出版活动的场所也是必不可少的物质条件。场所是进行出版物编辑、出版、发行活动的地方,是保证出版物出版发行的基本条件。30万元注册资本一般指的是图书、报纸或期刊出版单位设立的注册资本底线。

为了保证出版单位出版发行活动的正常进行,我国《出版管理条例》对从事出版工作的单位应具备的财产最低限额做了规定。《出版管理条例》规定,设立出版单位应具有"30万元以上的注册资本和固定的工作场所",这一规定是与其业务范围相适应的,包括注册资金和工作场所,主要用于开展出版物的出版发行活动。

(5) 有适应业务范围需要的组织机构和符合国家规定的资格条件的编辑出版专业人员。出版物的出版是专业性很强的行业,根据出版活动的特征,从事出版活动应当具备适应业务范围所需要的组织机构,有取得国家出版专业技术人员职业资格的编辑出版专业人员。因此,组织机构和专业人员是出版单位的基本要素,也是决定出版活动的最主要因素。

出版单位的组织机构是对出版物进行编辑、出版、发行等活动实行计划、组织、指挥、协调和控制的内部管理组织,是依法设立出版单位的决策、管理和执行、监督体系。

专业人员包括编辑、技术人员、发行人员和管理人员四类。编辑、技术人员和发行人员是指具有相应的专业知识和技能的编辑、美术设计、制作人员、校对人员、发行人员等;管理人员是指行政人员、后勤人员和财务人员等。

《出版管理条例》要求,"设立出版单位,应有适应业务范围需要的组织机构和符合国家规定的资格条件的编辑出版专业人员"。

职业资格是对从事某一职业所必备的学识、技术和能力的基本要求。职业资格包括从业资格和执业资格。从业资格是指从事某一专业(工种)所必备的学识、技术和能力的起点标准。执业资格是指政府对某些责任较大、社会通用性强、关系公共利益的专业（工种）实行准入控制，要求依法独立开业或从事这类特定专业（工种）所需学识、技术和能力的必备标准。①

根据出版专业事关公众利益和国家安全、技术性强、对从业人员要求高的特点，2001年8月7日，国家人事部、新闻出版总署根据国务院《出版管理条例》和《音像制品管理条例》的有关精神及职业资格证书制度的有关规定，制定了《出版专业技术人员职业资格考试暂行规定》，决定从2002年起对出版专业技术人员实行职业资格证书制度，并将此纳入全国专业技术人员职业资格制度的统一规划之中。出版专业技术人员职业资格（以下简称"出版专业资格"），是国家对出版从业人员从事出版专业技术工作所必备的素质和能力的认定。出版专业资格制度的建立和实施范围是在图书、期刊、音像、电子等出版单位（包括出版社、期刊社）中从事编辑、出版、校对、发行等专业技术工作的人员。凡在出版单位工作的专业技术人员，必须通过国家统一组织的出版专业资格考试，取得规定级别的出版专业资格，持相应的《中华人民共和国出版专业资格证书》上岗。

我国从1994年开始，伴随着社会主义市场经济体制的建立和发展，已在22类专业（工种）建立了职业资格制度。各相关行业专业技术人员，通过各种考试取得了相应的职业资格证书，持证从业、上岗、执业。这种借鉴国际通行惯例，与社会经济发展密切相关的人才评价制度，已受到社会各界特别是广大专业技术人员的关注和重视。

为贯彻落实中共中央办公厅、国务院办公厅转发的《中央宣传部、国家广电总局、新闻出版总署关于深化新闻出版广播影视业改革的若干意见》文件精神，提高出版从业人员的整体素质，加强出版专业技术队伍建设，根据国务院《出版管理条例》《音像制品管理条例》《国务院对确需保留的行政审批项目设定行政许可的决定》和国家对职业资格管理的有关制度，2008年2月21日，国家新闻出版总署公布了《出版专业技术人员职业资格管理规定》。

2004年《行政许可法》实施之后，出版专业技术人员职业资格审批由规章、规范性文件设定，属于新闻出版总署保留的行政审批项目，但在国务院的保留决定中没有直接列在新闻出版总署名下，而是体现在《国务院对确需保留的行政审批项目设定行政许可的决定》的第84项，即"列入政府管理范围

---

① 那拓祺. 我国实施出版专业职业资格制度的意义和主要内容 [J]. 出版科学，2003（2）.

的专业技术人员执业资格审批",实施机关是人事部、国务院各有关主管部门,包括新闻出版总署。因此,新闻出版总署据此可以实施出版专业人员职业资格审批。①

出版专业资格分为初级资格、中级资格、高级资格。初级资格是从事出版专业岗位工作的上岗证。凡取得初级资格者,可以根据《出版专业人员职务试行条例》有关规定,受聘担任助理编辑职务。中级资格是在出版专业某些关键岗位工作的必备条件。凡取得中级资格者,可以根据《出版专业人员职务试行条例》有关规定,受聘担任编辑职务。凡在正式出版单位担任责任编辑的专业技术人员,以及新进入正式出版单位担任社长(副社长)、总编辑(副总编辑)或主编(副主编)职务的人员,除应具备国家规定的任职条件外,还应当具有中级以上(含中级)出版专业资格。

出版专业实行职业资格考试制度后,不再进行相应级别出版专业技术职务任职资格的评审工作。目前,国家暂时只实行了初、中级出版专业职业资格考试,取消了初、中级出版专业技术职务资格的评审。出版专业高级职业资格考试还没有开始实行,现在仍是采用在各省、市、区组织的出版专业水平能力测试的基础上,通过专家评委会评审的办法评定高级专业技术职务资格。

出版专业资格实行全国统一的考试制度。通过出版专业资格考试并获得该专业相应级别职业资格证书的专业技术人员,表明其已具备出版专业相应岗位职业资格和担任相应级别出版专业职务的水平和能力,用人单位可根据工作需要,从中择优聘用。《出版专业技术人员职业资格证书》由人力资源和社会保障部统一印制,人力资源和社会保障部、新闻出版总署共同用印,在全国范围内有效。

出版专业职业资格制度是一个完整的制度体系和系统工程。国家对出版专业技术人员实行资格考试、持证上岗制和资格管理,既加强了从事出版专业技术工作的出版从业人员的资格准入方面的源头控制,提高了进入出版专业领域工作的"门槛",又可通过对出版专业技术人员资格、岗位、绩效的考核和继续教育等,从制度上实施全方位的管理,达到加强对出版物市场和出版活动管理的目的。②

---

① 孔繁丽. 新闻出版总署对行政审批制度改革情况进行通报,继续深化行政审批制度改革[EB/OL].(2004-09-20)[2021-03-20]. http://chinabook.gapp.gov.cn/O/Article.aspx? ArtID=047940&CateID=P020102.

② 那拓祺. 我国实施出版专业职业资格制度的意义和主要内容[J]. 出版科学,2003(2).

(6) 法律、行政法规规定的其他条件。此项规定是一个兜底条款，旨在为以后的立法规定新的设立条件留下一定的空间。

此外，《出版管理条例》还规定了出版单位设立的特殊条件，即国家对出版单位的宏观调控。要求出版行政主管部门审批设立出版单位，除应审查其是否符合上述六项条件外，还应当审查其是否符合国家关于出版单位总量、结构、布局的规划。这里的"总量"，是指各类出版单位在全国的总数量，它往往反映全社会的出版能力。就出版单位的总量做出规划，要根据我国的实际情况，从地域分布、人口状况、市场需求、发展水平、长远规划等多方面进行综合分析。总量过多，容易造成混乱和浪费；总量太少，又不能满足市场的需要。因此，科学合理地确定出版单位的总量，有利于为出版单位的发展创造一个良好的发展空间。"结构"，是指对出版不同种类出版物的出版单位构成的划分。出版物包括印刷出版物、音像制品和电子出版物，而印刷出版物又可分为图书、报纸和期刊，音像制品可分为录音带、录像带、唱片、激光唱盘和激光视盘等。对出版不同种类出版物的出版单位的成分应进行总体规划，使其结构趋于合理，防止盲目发展和重复建设。"布局"，是指出版单位在全国各地的分布和格局。我国是一个地域辽阔、人口众多的多民族国家。由于各地区状况各异，经济、文化发展水平不同，因此，各个地区需要设立何种规模的出版单位，要根据具体情况做出统一部署。这样有利于充分发挥各地区的优势和特长，在有效利用资源的前提下，出版内容丰富、反映我国各民族文化特色的优秀出版物。

3. 设立网络出版单位的具体条件

在我国，出版单位和其他单位从事网络出版服务所需具备的条件有所不同。出版单位由于已经具有一定的出版条件，其申请从事网络出版服务的门槛较低，而其他单位若想从事网络出版服务，则需要满足更多的条件。

图书、音像、电子、报纸、期刊出版单位从事网络出版服务，应当具备以下条件。

(1) 有确定的从事网络出版业务的网站域名、智能终端应用程序等出版平台。网域名称，简称域名、网域，是由一串用点分隔的字符组成的互联网上某一台计算机或计算机组的名称，用于在数据传输时标识计算机的电子方位，每一个域名注册查询都是独一无二的、不可重复的。智能终端是指安装具有开放式操作系统，使用宽带无线移动通信技术实现互联网接入，通过下载、安装应用软件和数字内容为用户提供服务的终端产品。提供网络出版服务的机构必须具备与其业务相符的网站域名、智能终端应用程序等出版平台,这样才能通过它们创建公开的互联网资源或运行网站,从而使其他人能够轻松访问这些资源,获取网络出版服务。

(2) 有确定的网络出版服务范围。网络出版服务范围,是出版单位从事网络出版服务的范围,是其网络出版经营活动的界限。网络出版服务范围,由相关单位的申请者确定,并依法由出版行政主管部门和工商行政管理部门核定。《互联网信息服务管理办法》第11条规定:"互联网信息服务提供者应当按照经许可或者备案的项目提供服务,不得超出经许可或者备案的项目提供服务。"《网络出版服务管理规定》第20条规定:"网络出版服务单位应当按照批准的业务范围从事网络出版服务,不得超出批准的业务范围从事网络出版服务。"

(3) 有从事网络出版服务所需的必要的技术设备,相关服务器和存储设备必须存放在中华人民共和国境内。网络出版服务是技术含量较高的工作,因此,技术设备是从事网络出版服务的必要基础设施。"相关服务器和存储设备必须存放在中华人民共和国境内"则是确立行政管理部门依据《网络出版服务管理规定》实施监管时的有效范围和明确管理对象空间界限的需要,即不仅从事网络出版服务的企业主体需要在境内,其从事服务活动的设备也需要存放在境内。网络出版单位的服务器和存储设备中通常存储着大量的公民信息和相关数据,一旦泄露,公民的信息安全将受到威胁。规定网络出版服务单位的相关设备必须存放在中华人民共和国境内,既是出于管理的需要,也是对我国公民的信息安全负责。

其他单位从事网络出版服务,除以上条件外,还应当具备以下条件。

(1) 有确定的、不与其他出版单位相重复的,从事网络出版服务主体的名称及章程。出版单位的名称是一出版单位区别于另一出版单位及其他任何主体的标志。章程是规定出版单位组织和行为准则的书面文件,经登记主管机关批准后具有法律效力,章程在出版单位的设立及运作中具有十分重要的作用。由于名称和章程对于出版单位具有重要意义,因此,法律要求其他单位从事网络出版服务必须有确定的、不与其他出版单位相重复的,从事网络出版服务主体的名称及章程。

(2) 有符合国家规定的法定代表人和主要负责人,法定代表人必须是在境内长久居住的具有完全行为能力的中国公民,法定代表人和主要负责人至少1人应当具有中级以上出版专业技术人员职业资格。法定代表人是指依法代表法人行使民事权利，履行民事义务的主要负责人。一般情况下，法定代表人不仅能够对外代表商事主体行使职权，而且是商事主体内部的最高行政首长，全面负责商事主体的经营管理，同时承担相应的领导责任。网络出版服务单位必须具备法定代表人和主要负责人，才能建立完善的法人治理结构。同时《网络出版服务管理规定》对法定代表人提出了任职限制，即法定代表人必须是在境内长久居住的具有完全行为能力的中国公民。这条规定及《网络出版服务管理规定》第 10 条的规定"中外合资经营、中外合作经营和外资经营的单位不得从事网络出版服务"均对外资进入我国网络出版服务领域进行了限制。另外，法定代表人和主要负责人至少 1 人应当具有中级以上出版专业技术人员职业资格，这是根据《出版管理条例》和我国出版专业人员职业资格制度制定的。

（3）除法定代表人和主要负责人外，有适应网络出版服务范围需要的 8 名以上具有国家新闻出版署认可的出版及相关专业技术职业资格的专职编辑出版人员，其中，具有中级以上职业资格的人员不得少于 3 名。网络出版服务虽然在表现形式、传播渠道、消费体验等方面与传统出版有明显差异，但其属性并无根本变化，核心任务仍然是思想、文化和知识的传播，同样担负着传承文明、塑造灵魂、提升国民素质、满足精神需求的责任使命。因此，要为广大用户提供合法合规的网络出版物，同样需要对海量内容进行精心的选择、编辑、制作、加工。根据《出版管理条例》有关规定，依据网络出版物的特点和工作需求，拥有必要数量规模的专业编辑出版人员是保障内容质量的基础条件和基本要求。

（4）有从事网络出版服务所需的内容审校制度。网络内容纷繁复杂，网络出版服务单位必须建立符合网络出版物特点的内容审校制度，在互联网上对信息进行编辑加工之后方可提供给广大用户。

（5）有固定的工作场所。网络出版单位要开展正常的生产经营活动，就必须有固定的工作场所。场所是编辑对网络内容进行编辑、加工、传播的地方，是保证网络出版服务的基本条件。

（6）法律、行政法规和国家新闻出版署规定的其他条件。此项规定是一个兜底条款，旨在为以后的立法规定新的设立条件留下一定的空间。

（三）出版单位的设立程序

出版单位的设立程序是出版单位设立的形式要件。按照《民法典》《企业法人登记管理条例》等的规定，出版单位具备取得法人资格的实质要件的，在取得主管部门审核批准，并通过登记程序后，才能取得法人资格。

按照《民法典》对我国法人登记步骤的规定，《出版管理条例》结合出版行业特点，对出版单位的设立程序做了明确的规定。

1. 提出申请

申请设立出版单位，应按规定向新闻出版行政主管部门提交申请书、章程及有关证明材料。

《出版管理条例》第12条规定，设立出版单位，由其主办单位向所在地省、自治区、直辖市人民政府出版行政主管部门提出申请。申请书上应载明以下事项：（1）出版单位的名称、地址；（2）出版单位的主办单位及其主管机关的名称、地址；（3）出版单位的法定代表人或者主要负责人的姓名、住址、资格证明文件；（4）出版单位的资金来源及数额。设立报社、期刊社或者报纸编辑部、期刊编辑部的，申请书上还应当载明报纸或者期刊的名称、刊期、开版或者开本、印刷场所。申请书还应当附具出版单位的章程和设立出版单位的主办单位及其主管机关的有关证明材料。

《网络出版服务管理规定》第12条规定，申请从事网络出版服务，应当向所在地省、自治区、直辖市出版行政主管部门提出申请，提交的材料包括：（1）《网络出版服务许可证申请表》；（2）单位章程及资本来源性质证明；（3）网络出版服务可行性分析报告，包括资金使用、产品规划、技术条件、设备配备、机构设置、人员配备、市场分析、风险评估、版权保护措施等；（4）法定代表人和主要负责人的简历、住址、身份证明文件；（5）编辑出版等相关专业技术人员的国家认可的职业资格证明和主要从业经历及培训证明；（6）工作场所使用证明；（7）网站域名注册证明、相关服务器存放在中华人民共和国境内的承诺。图书、音像、电子、报纸、期刊出版单位从事网络出版服务的，仅提交前款（1）（6）（7）项规定的材料。

2. 审批和许可

任何单位和个人从事出版业务，必须经新闻出版行政主管部门审核批准，法律另有规定的除外。

根据《出版管理条例》的相关规定，在提交了申请书，省、自治区、直辖市人民政府出版行政主管部门审核同意后，报国务院出版行政主管部门审批。国务院出版行政主管部门应当自受理设立出版单位的申请之日起60日内，做出批准或者不批准的决定，并由省、自治区、直辖市人民政府出版行政主管部门书面通知主办单位；不批准的，应当说明理由。

报纸的审批与其他几种出版单位的审批大致相同。中央单位创办报纸由主管部门审核同意后，报国家新闻出版署审批。解放军系统的由解放军原总政治部门审核同意后，报国家新闻出版署审批。地方单位创办报纸，由主管部门向所在地出版行政管理部门审核同意后，报国家新闻出版署审批。

设立出版单位的主办单位自收到批准决定之日起 60 日内，向所在地省、自治区、直辖市人民政府出版行政主管部门登记，领取出版许可证。

申请从事网络出版服务的，在提出申请，经审核同意后，报国家新闻出版署审批。国家新闻出版署应当自受理申请之日起 60 日内，做出批准或者不予批准的决定；不批准的，应当说明理由。设立网络出版服务单位的申请者应自收到批准决定之日起 30 日内办理注册登记手续。

《出版管理条例》将出版单位审批许可的行政机关明确为国务院出版行政主管部门，既排除了出版行政主管部门以外的其他任何部门、单位、个人对出版单位的行政许可权，也排除了国家新闻出版署以外的省、市、县三级政府的出版行政主管部门对出版单位的行政许可权。这样规定充分考虑了中央事权与地方事权的划分，有利于克服地方保护主义。

3. 登记并依法领取营业执照

出版单位向所在地省、自治区、直辖市人民政府出版行政主管部门登记，领取出版许可证后，属于事业单位法人的，持出版许可证向事业单位登记管理机关登记，依法领取事业单位法人证书；属于企业法人的，持出版许可证向工商行政管理部门登记，依法领取营业执照。此时出版单位就可依照相关政策法规的要求开展经营活动了。

出版单位（报社、期刊社、图书出版社、音像出版社或电子出版物出版社等）在登记后取得法人资格，以其全部法人财产独立承担民事责任。视为出版单位的报纸编辑部、期刊编辑部不具有法人资格，其民事责任由其主办单位承担。

网络出版服务单位经批准后，申请者需及时办理注册登记手续：（1）持批准文件到所在地省、自治区、直辖市出版行政主管部门领取并填写网络出版服务许可登记表；（2）省、自治区、直辖市出版行政主管部门对网络出版服务许可登记表审核无误后，在 10 日内向申请者发放网络出版服务许可证；（3）网络出版服务许可登记表一式三份，由申请者和省、自治区、直辖市出版行政主管部门各存一份，另一份由省、自治区、直辖市出版行政主管部门在 15 日内报送国家新闻出版署备案。网络出版服务许可证有效期为 5 年。有效期届满，需继续从事网络出版服务活动的，应于有效期届满 60 日前按规定的程序提出申请。出版行政主管部门应当在该许可有效期届满前做出是否准予延续的决定。批准的，换发网络出版服务许可证。网络出版服务经批准后，申请者应持批准文件、网络出版服务许可证到所在地省、自治区、直辖市电信主管部门办理相关手续。网络出版服务单位应当在其网站首页上标明出版行政主管部门核发的网络出版服务许可证编号。

（四）对完善出版单位准入制度的思考

与很多国家出版社动辄有上千家不同，我国由于在出版物生产环节采用了相对较严格的审批制，截至 2019 年共有正式出版社 585 家①。然而，从实际运作情况来看，存在文化工作室、文化公司参与运作出版业务的现象。

1. 文化工作室参与运作出版业务的现象

这里所指的文化工作室是指那些以各种方式介入图书出版的文化公司或文化工作室。它们介入出版的共同特点是从某一环节的小范围的业务逐步扩大到出版业务的全过程。

文化公司、文化工作室参与运作出版业务的原因在于书号的稀缺。我国出版的审批制规定只有合法的出版单位才能出版图书，而出版合法与否的标志是有没有管理部门授予的书号。在巨大利润的驱动下，文化公司、文化工作室参与运作出版业务的形式应运而生。

改革开放以来，我国的其他行业逐步打破单一体制，向多样化方向发展。考虑到出版行业的特殊性，我国有关部门在出版物生产环节采用了严格的审批和管理制度，目前 500 多家出版社全部为国有国营。然而，一方面，随着出版技术的进步、出版改革的进一步发展及出版其他环节的逐步开放，出版社已不能脱离市场经济规律而发展，利益的驱动使得一部分出版社不得不为自己的生存谋求出路；另一方面，在发行、印刷环节，一批有相当积累的企业已不满足于仅仅获得有限的销售利润而开始通过各种形式介入出版物生产环节。这类文化公司以买书号、与出版社合作出书、变相买书号等形式牟取出版利润，有的偷税漏税，甚至参与非法出版物的生产，给正常的出版秩序带来严重影响。

目前文化工作室主要有以下特点。

（1）有的已初具规模，机构设置齐全，逐步形成了自己的运作体系，那

---

① 据《2019 年全国新闻出版业基本情况》的统计资料。

些已完成原始积累的文化工作室的经济实力越来越强。据估计,在北京的文化公司和文化工作室中,经营资金上千万的不在少数,而且其借鉴西方管理模式,正逐步走向规范化和现代化。

(2) 采取适应市场经济的管理模式和机制。从20世纪90年代开始,文化公司和文化工作室的人员素质得到极大提高,其人员结构呈现出层次高、年龄低的特点。一些高学历人员甚至海外归国人员的加入极大地壮大了其人员队伍,他们对编辑出版业务较为熟悉,加上经营机制和模式灵活,能够运用先进的科技手段,具有良好的市场理念,因此,与国营出版社的传统运作方式形成强烈对比。

(3) 已形成自己的发行网络。由文化公司和文化工作室参与运作的图书,一般都有自己的发行渠道。它们多选用民营渠道,有的甚至已经建立了遍布全国的发行网络,与数百家批零书店建立了业务联系。另外,它们采取让利给分销商的方式,实行利益均沾、薄利多销的方式,使自己的图书获得了良好的收益。

2. 对完善出版单位准入制度的思考

整个出版法规体系对出版单位准入制度的规定,可以看作一个渐进的过程,即由分散法规到由最高行政法规统一规定,这一趋势反映出我国出版业管理正逐步走向规范和完善。因此,有理由相信,随着出版体制改革的进一步深化及出版业管理的进一步完善,文化工作室现象必将找到合适的解决办法,以保证我国出版业健康、快速地发展。

对出版单位准入制度,可以从以下几个方面加以完善。

(1) 严格审批制度,完善审批程序。行政审批是当今世界普遍采用的行政管理方式,我国对出版单位的设立采用审批制度是符合我国国情的。但是,也应该看到,目前我国的审批制度还不够规范,审批程序还不够完善,因此,在严格执行出版单位审批制度的同时,应该对需要审批的事项做出明确、规范的规定,保证审批的合理、公开、透明、公正,保证在实施过程中能够按法律规定办事,减少人为因素的影响。

(2) 将文化公司、文化工作室纳入管理体系,对其运作予以规范。文化公司、文化工作室作为一种现象,无论其合法与否,都必须纳入正常的管理体系,不能放任其自由发展。20世纪90年代以来,唯一对其进行审批的是工商行政管理部门,但是作为文化事业尤其是出版事业的一部分,许多超范围经营的公司和工作室的生产经营状况并没有得到工商行政管理部门和出版行政管理部门的及时跟踪与监督。应该建立一种管理方式，让工商行政管理部门和出版行政主管部门各司其职，加强对文化工作室和文化公司的管理，做到对不同类型的公司和工作室分别对待，鼓励与管理并重。对于在经营中偷税漏税，造成国家财产大量流失，或者参与买卖书号的公司和工作室坚决取缔；对于对出版物生产有促进作用的，例如从事装帧设计及录入排版、印前服务等的出版社会化服务机构，只要它们遵守有关法律法规，就应该在政策上给予鼓励。除此之外，还应加强对出版社的管理，禁止买卖书号。

2009年4月6日，新闻出版总署发布了《关于进一步推进新闻出版体制改革的指导意见》（以下简称《指导意见》）。这一指导意见既是对30年出版发行体制改革的总结，也是新闻出版体制进一步改革的纲领性文件。《指导意见》明确提出："引导非公有出版工作室健康发展，发展新兴出版生产力。按照《国务院关于非公有资本进入文化产业的若干决定》（国发〔2005〕10号），鼓励和支持非公有资本以多种形式进入政策许可的领域。按照积极引导，择优整合，加强管理，规范运作的原则，将非公有出版工作室作为新闻出版产业的重要组成部分，纳入行业规划和管理，引导和规范非公有出版工作室的经营行为。积极探索非公有出版工作室参与出版的通道问题，开展国有民营联合运作的试点工作，逐步做到在特定的出版资源配置平台上，为非公有出版工作室在图书策划、组稿、编辑等方面提供服务。鼓励国有出版企业在确保导向正确和国有资本主导地位的前提下，与非公有出版工作室进行资本、项目等多种方式的合作，为非公有出版工作室搭建发展平台。"

二、出版单位的变更和终止

（一）出版单位的变更

为了适应复杂的市场形势，追求自身利益的最大化，法人可在履行有关手续的前提下变更企业形式或进行合并、分立，改变经营范围，分散经营风险，实现资源的优化配置。[1]

根据《民法典》的规定，法人的变更主要包括法人的合并（两个以上的法人合并为一个法人）、法人的分立（一个法人分成两个以上法人）、法人责任形式的变更（组织形式的变化）、法人其他重要事项的变更等。根据《企业

---

[1] 申卫星. 民法学 [M]. 北京：北京大学出版社，2003：94.

法人登记管理条例》第 17 条规定，企业法人的变更包括改变名称、住所、经营场所、法定代表人、经济性质、经营范围、经营方式、注册资金、经营期限及增设或撤销分支机构。

《民法典》第 1 编第 3 章第 64 条规定："法人存续期间登记事项发生变化的，应当依法向登记机关申请变更登记。"根据《民法典》的规定，《出版管理条例》第 17 条规定："出版单位变更名称、主办单位或者其主管机关、业务范围、资本结构，合并或者分立，设立分支机构，出版新的报纸、期刊，或者报纸、期刊变更名称的，应当依照本条例第十二条、第十三条的规定办理审批手续。出版单位属于事业单位法人的，还应当持批准文件到事业单位登记管理机关办理相应的登记手续；属于企业法人的，还应当持批准文件到工商行政管理部门办理相应的登记手续。出版单位除前款所列变更事项外的其他事项的变更，应当经主办单位及其主管机关审查同意，向所在地省、自治区、直辖市人民政府出版行政主管部门申请变更登记，并报国务院出版行政主管部门备案。出版单位属于事业单位法人的，还应当持批准文件到事业单位登记管理机关办理变更登记；属于企业法人的，还应当持批准文件到工商行政管理部门办理变更登记。"

《出版管理条例》及其他相关部门规章所规定的出版单位的变更是指出版单位在存续期内，名称、主办单位或者其主管机关、业务范围的变更，以及在财产、住所、隶属关系等方面的重大改变和更动。

出版单位名称的变更，涉及出版单位主体名称及印章的改变，如果不以适当的方式报有关出版行政主管部门备案知晓，容易导致出版行政主管部门的监管职能无法行使，影响出版市场秩序。出版单位的名称变更经国务院出版行政主管部门批准后，申请人应当持经变更后的出版许可证到原登记的事业单位登记管理机关（申请人属于事业单位法人）或到原登记的工商行政管理部门（申请人属于企业法人）办理相应的变更登记。

主办单位通常是出版单位的投资者，虽然出版单位实行独立核算，但出版单位的法定代表人或主要负责人往往由主办单位任命，出版单位的经营方针、年度计划和重大决策也往往要经主办单位同意。主办单位的上级主管机关是国家机关，对其下属的主办单位和出版单位的行为负领导责任。一旦出版单位在出版活动中有违法、违规行为，除了要依法追究出版单位的责任外，还要追究主办单位及其主管机关的责任。可见，主办单位及其主管机关在出版单位的管理中起着不可忽视的作用。因此，变更出版单位的主办单位及其主管机关时，必须按照《出版管理条例》第12条、第13条的规定经所在地省、自治区、直辖市人民政府出版行政主管部门审核同意后，转报国务院出版行政主管部门审批。出版单位的主办单位及其主管机关的变更经国务院出版行政主管部门批准后，申请人属于事业单位法人的，应当持出版许可证到原登记的事业单位登记管理机关办理相应的变更登记；属于企业法人的，应当持出版许可证到原登记的工商行政管理部门办理相应的变更登记。

由于出版单位业务范围的确定是经有关审批机关审批后确定的，因此，出版单位业务范围的变更，也应经过有关审批机关的审批。另外，一个或者若干个出版单位业务范围的变更，可能涉及某一地区甚至全国出版单位的总量、结构、布局的调整。因此，当出版单位的业务范围发生变更时应当依照规定，经所在地省、自治区、直辖市人民政府出版行政主管部门审核同意后，转报国务院出版行政主管部门审批。申请人属于事业单位法人的，应当持出版许可证到原登记的事业单位登记管理机关办理相应的变更登记；属于企业法人的，应当持出版许可证到原登记的工商行政管理部门办理相应的变更登记。

出版单位除上述变更事项外的其他事项的变更，应当经主办单位及其主管机关审查同意，向所在地省、自治区、直辖市人民政府出版行政主管部门申请变更登记，并报国务院出版行政主管部门备案。之后，属于事业单位法人的，到原登记的事业单位登记管理机关办理相应的变更登记；属于企业法人的，到原登记的工商行政管理部门办理相应的变更登记。

《期刊出版管理规定》第17条规定："期刊出版单位变更名称、合并或者分立、改变资本结构，出版新的期刊，依照本规定第十条至第十四条的规定办理审批、登记手续。"第18条规定："期刊变更名称、主办单位或主管单位、登记地、业务范围、刊期的，依照本规定第十条至第十四条的规定办理审批、登记手续。期刊变更刊期，新闻出版总署可以委托省、自治区、直辖市新闻出版行政部门审批。"第19条规定："期刊出版单位变更期刊开本、法定代表人或者主要负责人、在同一登记地内变更地址，经其主办单位审核同意后，由期刊出版单位在15日内向所在地省、自治区、直辖市新闻出版行政部门备案。"

《报纸出版管理规定》第16条规定："报纸出版单位变更名称、合并或者分立、改变资本结构，出版新的报纸，依照本规定第九条至第十三条的规定办理审批、登记手续。"第17条规定："报纸变更名称、主办单位、主管单位、刊期、业务范围，依照本规定第九条至第十三条的规定办理审批、登记手续。报纸变更刊期，新闻出版总署可以委托省、自治区、直辖市新闻出版行政部门审批。"第 18 条规定:"报纸变更开版,经主办单位审核同意后,由报纸出版单位报所在地省、自治区、直辖市新闻出版行政部门批准。"第 19 条规定:"报纸出版单位变更单位地址、法定代表人或者主要负责人、报纸承印单位,经其主办单位审核同意后,由报纸出版单位在 15 日内向所在地省、自治区、直辖市新闻出版行政部门备案。"

《网络出版服务管理规定》第 16 条规定:"网络出版服务单位变更《网络出版服务许可证》许可登记事项、资本结构,合并或者分立,设立分支机构的,应依据本规定第十一条办理审批手续,并应持批准文件到所在地省、自治区、直辖市电信主管部门办理相关手续。"

(二) 出版单位的终止

出版单位的终止,又称出版单位的消灭,是指出版单位的法人资格在法律上不再存在,丧失了作为民事主体进行出版活动的资格,其民事权利能力和民事行为能力也随之终止。

《出版管理条例》规定出版单位的终止有两种情况:第一种是出版单位终止出版活动;第二种是图书出版社、音像出版社和电子出版物出版社自登记之日起满 180 日未从事出版活动。

出版单位终止出版活动,可能有多种原因,比如,依法被撤销、解散,依法宣告破产,等等。图书出版社、音像出版社和电子出版物出版社自登记之日起满 180 日未从事出版活动是指图书出版社、音像出版社和电子出版物出版社自向所在地省、自治区、直辖市人民政府出版行政主管部门登记,领取出版许可证之日起满半年未从事出版活动。这可能有多方面的原因,如没有合格的编辑出版专业人员,没有相应的组织机构,等等。

出版单位终止出版活动的,应当向所在地省、自治区、直辖市人民政府出版行政主管部门办理注销登记,并报国务院出版行政主管部门备案。之后,出版单位属于事业单位法人的,还应当持批准文件到事业单位登记管理机关办理注销登记;属于企业法人的,还应当持批准文件到工商行政管理部门办理注销登记。出版单位终止出版活动,涉及该出版单位的出版许可证、营业执照的效力终止的问题。如果不要求出版单位终止时必须进行注销登记,则有可能使这些原本应当失去效力的证照为不法之徒所利用,从而扰乱出版管理秩序。同时,如果不要求办理相应的备案手续,也会使有关出版行政主管部门因缺乏对出版单位终止信息的掌握,而无法通盘考虑出版物出版的总量、布局和结构问题。因此，规定出版单位在终止出版经营活动时，应当到原登记的事业单位登记管理机关或工商行政管理部门办理相应的注销登记手续，并报国务院出版行政主管部门备案，是十分必要的。

图书出版社、音像出版社和电子出版物出版社自登记之日起满180日未从事出版活动的，报社、期刊社自登记之日起满90日未出版报纸、期刊的，由原登记的出版行政主管部门注销登记，并报国务院出版行政主管部门备案。另外，因不可抗力或者其他正当理由发生而在规定时间里未从事出版活动的，出版单位可以向原登记的出版行政主管部门申请延期。

根据《网络出版服务管理规定》，网络出版服务单位中止网络出版服务的，应当向所在地省、自治区、直辖市出版行政主管部门备案，并说明理由和期限；网络出版服务单位中止网络出版服务不得超过180日。网络出版服务单位终止网络出版服务的，应当自终止网络出版服务之日起30日内，向所在地省、自治区、直辖市出版行政主管部门办理注销手续后到省、自治区、直辖市电信主管部门办理相关手续。省、自治区、直辖市出版行政主管部门将相关信息报国家新闻出版署备案。网络出版服务单位自登记之日起满180日未开展网络出版服务的，由原登记的出版行政主管部门注销登记，并报国家新闻出版署备案。同时，通报相关省、自治区、直辖市电信主管部门。因不可抗力或者其他正当理由发生上述所列情形的，网络出版服务单位可以向原登记的出版行政主管部门申请延期。

（三）对完善我国出版单位退出制度的思考

2003年6月，文化转制试点单位工作会议提出将出版单位的大多数纳入经营性文化产业。作为企业的出版单位，必然要求更为规范、科学的管理方式。就退出制度来看，它关系到出版生产企业能否合法经营，关系到出版市场能否健康、有序地发展。

我国出版单位退出制度的完善主要应从法律法规上健全。法律法规具有相对规范、持久的效力，修订后的《出版管理条例》对于出版单位的准入制度已经给予了明确规定，对出版单位的退出制度虽然也进行了规定，但规定相对比较模糊。

依据《民法典》第1编第3章第68条的规定，有下列原因之一并依法完成清算、注销登记的，法人终止：（1）法人解散；（2）法人被宣告破产；（3）法律规定的其他原因。法人终止，法律、行政法规规定须经有关机关批准的，依照其规定。

在出版实践活动中，出版单位的退出大多是依法被撤销，例如年检登记不合格或者违反出版法律法规，很少是由于出版单位经营问题而退出。在今后制定法律法规时，应该加强对出版单位终止条件及终止后相关事项的处理的规定，建立出版单位优胜劣汰的良性竞争机制，解决出版单位"只生不灭"的问题。

目前，许多出版社已完成改制，组建集团。作为企业的出版单位要发展，必然要求建立一个竞争有序的市场，有进入就应该有退出，有关管理部门应该根据需要，对出版单位的退出制度做出进一步的具体规定，允许出版单位在竞争中被淘汰。

关于出版单位的设立、变更与终止问题，2007年12月26日新闻出版总署颁布、2015年8月28日修正的《图书出版管理规定》给出了更具参考意义的规定。《图书出版管理规定》第2章"图书出版单位的设立"总结了这些年来审批图书出版单位的做法和经验，对设立图书出版单位的条件，申请审批和登记的程序，图书出版单位变更、终止出版等事项的程序，组建图书出版集团的审批等做出了具体规定，具有比较强的可操作性。《图书出版管理规定》特别强调，图书出版单位是指依照国家有关法规设立，经新闻出版总署批准并履行登记注册手续的图书出版法人实体，从而可以涵盖依法从事图书出版的所有法人单位。近几年出版业改革的重大成果之一就是大批出版集团或出版集团公司的出现，"图书出版法人实体"概念的提出，对出版业改革发展现实给予了回应。

第二节　　出版单位的管理

出版单位的管理是出版行政主管部门及其他相关部门运用政治、经济、法律等管理手段依法对出版单位（包括集团及集团内的具有法人地位或能够独立承担法律责任的出版单位）进行的宏观管理。

一、出版管理机构

出版单位不仅是生产精神文化产品的文化事业的重要组成部分，同时，它还作为企业参与出版市场的竞争，因此，对出版单位的管理需要多个机构共同实施。

在西方发达国家，政府对出版单位的管理主要有两种形式。第一种是政府不设出版管理机构，其职能由政府的一些部门共同承担（分部门管理）或由行业组织承担，这一类以美国、英国、加拿大为代表。第二种是政府设立出版管理机构，但其只行使一部分管理职能，这一类以法国、日本为代表。如法国管理出版企业和国家图书馆的政府机构是文化和交流部（Ministèr de la Culture et de la Communication）下设的图书与阅览司（Direction du livre et de la Lecture），主管图书的创作、出版发行和阅览三个环节的工作。① 日本政府对出版实行多元管理，其出版管理机构的设置很有特色——部门分散且众多。从对出版市场有管理权限的相关机构看，有10个政府部门，分别是大藏省、通产省、法务省、总务省、外务省、文部省、经济产业省、特许厅、邮政事业厅、国土地理局。其中，和出版业关系最为紧密的是文部省。出版管理部门的主要职能是：文部省是日本政府主管教育与文化事业的行政机构，主要负责对中小学教科书的审定、制定并实施出版资助政策、出版机构登记等工作；大藏省是日本政府的主要财政机构，它对出版业的管理主要是负责税收政策的制定和税金的征收；通产省负责管理出版机构的登记，限制不合法的交易，同时也对出版产业发展进行一定的资助。②

作为出版单位的直接管理机构，新闻出版行政主管部门经过了数次变革。1949年中华人民共和国成立后成立了中华人民共和国出版总署；1954年10月出版总署建制撤销，改为在文化部内部成立出版事业管理局；1973年成立国务院直属的国家出版事业管理局；1982年5月又再次归并到文化部；1986年12月成立国家出版局；1987年年初在此基础上成立新闻出版署（国家版权局）。新闻出版署成立之后，各省、自治区、直辖市和一些较大的城市相继成立新闻出版局，实行分级管理制度。2001年，新闻出版署更名为新闻出版总署（国家版权局），升格为正部级。2013年，新闻出版总署、国家广电总局的

---

① 余敏. 国外出版业宏观管理体系研究 [M]. 北京：中国书籍出版社，2004：87-88.
② 余敏. 国外出版业宏观管理体系研究 [M]. 北京：中国书籍出版社，2004：159-160.

职责整合，组建成国家新闻出版广播电影电视总局。2018 年 3 月，国家新闻出版广播电影电视总局的新闻出版管理职责被划入中央宣传部。中央宣传部对外加挂国家新闻出版署（国家版权局）牌子。国家新闻出版署对出版单位的管理是宏观的：它对全国出版单位的总量、布局和结构进行规划、指导和宏观调控，制定有关出版单位管理的部门规章、政策，并在全国范围内实施；掌握出版单位的终审权，审批出版单位的设立；对出版单位进行年检；办理出版年度计划和重大选题备案；等等。省、自治区、直辖市的出版行政主管部门则主要是依照国家的法规、政策和国家新闻出版署的部门规章、政策，制定本辖区内的管理规定，对本辖区内部的出版单位实施监督管理。

二、我国对出版单位的管理形式——主办主管单位负责制

我国对出版单位管理的一个最显著的特征是主办主管单位负责制，它是我国确保意识形态安全，确保出版事业健康发展的重大政策。根据《关于出版单位的主办单位和主管单位职责的暂行规定》，主办单位是指出版单位的上级领导部门；主管单位是指出版单位创办时的申请者，并是该出版单位的主办单位（有两个或两个以上主办单位的则为主要主办单位）的上级主管部门。主办、主管单位与出版单位的关系必须是领导与被领导的关系，而非挂靠关系。①

这一制度的产生是与我国国情密切联系在一起的。中华人民共和国成立初期，出版单位有国营和私营两种——前者如人民出版社，后者如商务印书馆，但在社会主义改造过程中它们又都变为了国营出版单位。旧有的出版单位的改制和新出版单位的设置都规定了由谁所办所管。而这一模式成为以后出版单位的发展基础和管办模式，并逐步形成中央各部委所办所管、地方新闻出版部门及其他有关部门所办所管、各大学及其上级教育部门所办所管、全国性人民团体所办所管、中国人民解放军所办所管等几类主要管办系统。

进入 20 世纪 80 年代以来，许多部门虽然创办了出版单位，却疏于管理。1987 年 5 月，新闻出版署在《关于报纸、期刊和出版社重新登记注册的通知》中，把"有切实担任领导责任的主办单位和上级主管部门"作为审查合格的重要标准。在《期刊出版管理规定》和《报纸出版管理规定》中，也都延续

---

① 余敏.国外出版业宏观管理体系研究［M］.北京：中国书籍出版社，2004：159-160.

了这一标准。

1993年6月，新闻出版署发布的《关于出版单位的主办单位和主管单位职责的暂行规定》对主办主管单位的定位、相互关系及所负职责做了规定，形成了较为严密的主办主管的管理制度。

对主办单位、主管单位的要求是：主办单位所办的出版单位的专业分工范围，应与主办单位的业务范围相一致；主办单位所办的出版单位的办公场所应与主办单位在同一城市或同一行政区域。两个或两个以上单位联合申办出版单位，应确定其中一个单位为主要的主办单位及相应的主管单位。主管单位，在中央应是部级（含副部级）以上单位；在省、自治区、直辖市应是厅（局）级以上单位；在自治州、设县的市和省、自治区设立的行政公署，应是局（处）级以上单位；在县级行政区域，应是县（处）级领导机关。

主办单位的职责有以下几点。（1）领导、监督出版单位遵照中国共产党的基本路线、方针、政策和国家的法律、法规、政策，以及办社（报、刊）方针、宗旨、专业范围，做好出版工作及有关各项工作；审核出版单位的重要宣传、报道或选题计划，审核批准重要稿件（书稿、评论、报道等）的出版或发表；决定所属出版单位的出版物发行或不发行；对出版单位在出版物内容等方面发生的严重错误和其他重大问题，承担直接领导责任。（2）依照国家的有关规定为出版单位的设立提供和筹集必要的资金、设备，并创造其他必要条件，办理核准登记手续，依法取得企业法人或者事业单位法人资格。（3）依照国家的有关规定，决定出版单位经营管理国有资产的责任制形式；遵循国家有关规定和责、权、利相统一的原则，保证出版单位的经营自主权，但应对出版单位各项经营活动切实担负监督职责；监督出版单位严格执行国家财政、税收和国有资产管理的法律、法规，定期进行审计，确保出版单位财产的保值、增值。出版单位为实现社会效益目标而形成政策性亏损，主办单位应当给予相应的补贴或者其他方式的补偿。（4）审核出版单位的内部机构的设置，考核并提出任免出版单位的负责人的建议，报主管单位批准。（5）向主管单位汇报出版单位的工作情况，贯彻落实主管单位的有关决定和意见。（6）承担出版单位或出版物停办后的资产清算、人员安置和其他善后工作。（7）国家规定的和上级主管部门规定的其他职责。

主管单位的职责有以下几个方面。（1）监督出版单位及其主办单位贯彻执行中国共产党的基本路线、方针、政策和国家的法律、法规、政策；采取行政措施和经济措施保证出版单位的出版工作坚持为人民服务、为社会主义服务的方向，坚持以社会效益为最高准则；有权决定所属出版单位的出版物发行或不发行；对出版单位在出版物内容等方面发生的严重错误和其他重大问题，承担领导责任。(2) 审核批准出版单位的重大宣传、报道或选题计划，批准有重要影响的稿件的出版或发表；决定出版单位或出版物的停办或变更，并向新闻出版行政管理部门提出书面报告。(3) 对主办单位对出版单位的领导和管理工作进行检查、监督、指导，并可提出意见或做出决定。(4) 扶持、协助主办单位为出版单位提供或筹措资金，购置设备。(5) 与主办单位共同负责出版单位或出版物停办后的资产清算、人员安置和其他善后工作。(6) 国家规定的其他职责。

1997 年国务院颁布、2001 年废止同时重新发布且经过 2011 年、2013 年、2014 年、2016 年、2020 年五次修订的《出版管理条例》都将主办主管单位负责制以法规形式确定下来。

三、管理内容

由于出版单位准入制度不同，各个国家对出版单位的管理也根据各自国情的不同制定了相应的管理方式和内容。

总体来说，西方发达国家对出版单位的管理主要有以下几个方面。(1) 对出版行业的组织控制，主要包括设置连接政府与企业的董事会和任命总经理。(2) 对出版单位进行财务监督，如对预算、投资、价格、工资的监督。对政府出版机构不要求一定赢利，但赢利后必须将盈利部分上交国家财政，其所需部分由国家财政或国家财政指定的组织按年度预算予以补贴。(3) 经营指导，原则上不对出版企业内部的经营管理予以干涉，但有时会运用一些手段对经营施加影响。例如通过与出版单位签订计划合同，协调出版企业追求利润与国家政策目标之间的矛盾；签订采购合同、承包合同以规范出版单位的经营行为；向出版单位提供信息、技术帮助和进行劝告；等等。①

相较于西方国家对出版单位的管理，我国的管理也具有自己的特色。根据《出版管理条例》及其他相关法律法规的规定，我国出版行政主管部门对出版单位实施的管理主要包括以下几个方面。

(一) 出版单位总量控制和年度核验制度

出版单位总量控制和年度核验制度主要是从宏观层面对我国出版单位的数

---

① 周源. 发达国家出版管理制度 [M]. 北京：时事出版社，2001：134-137.

量和运行情况进行管理。

我国自中华人民共和国成立初就对出版单位的建立实行严格的控制,以保证出版产业作为舆论工具作用的有效性。另外,出版单位受利益驱使,很容易产生盲目性,出现总量增减不合理与结构失衡的情况,影响出版业的健康发展。《出版管理条例》第10条规定:"国务院出版行政主管部门制定全国出版单位总量、结构、布局的规划,指导、协调出版产业和出版事业发展。"因此,出版单位的数量始终保持相对稳定。

2003年,中央纪委、中共中央宣传部、农业部、新闻出版总署等13个部门联合就治理党政部门的报刊问题发出《关于进一步治理党政部门报刊散滥和利用职权发行,减轻基层和农民负担的通知》,提出压缩总量、调整结构等治理方式。这一做法正是有关管理部门根据现实状况对报刊出版单位总量、结构进行调整以适应现实需要的例证。

2007年通过、2015年修正的《图书出版管理规定》明确规定:"省、自治区、直辖市新闻出版行政主管部门依法对本行政区域内的图书出版进行监督管理,负责本行政区域内图书出版单位的审核登记、年度核验及其出版图书的审读、质量评估等管理工作。"

出版单位年度核验是指出版行政主管部门依法按年度对出版发行企业进行检验,确认出版发行企业法人继续经营资格的制度。年度核验是出版行政主管部门对出版单位经营行为的合法性进行监督管理的方式,通过年度核验对出版单位一年来遵守国家法律法规和政策规定的情况进行监督检查;纠正并处理出版单位的违法、违章行为,发现带有倾向性的问题,为研究制定相应对策打下基础。出版行政主管部门通过年度核验可以掌握出版单位的各种信息,从而对出版单位进行政策、法规指导。

1994年,新闻出版署颁行的《关于实行"出版社年检登记制度(试行)"的通知》提出对图书出版社实行年检登记制度。制度规定,自1995年开始,每逢单数年进行年检登记换证。对不完全具备条件的出版社做出缓期登记处理,并根据不具备登记换证基本条件的实际情况,分别做如下处理:批评、警告、没收利润、罚款,停止某编辑室或某一部分图书的出版权、全社停业整顿。出版社缓期登记期为6个月。缓期登记6个月仍未达到登记的基本条件的,由新闻出版署通知停办。

《图书出版管理规定》(2015)第40条规定:"图书出版单位实行年度核验制度,年度核验每两年进行一次。"年度核验结果,新闻出版总署和省、自治区、直辖市新闻出版行政主管部门可以向社会公布。

图书出版单位年度核验的程序如下。

（1）图书出版单位提出年度自查报告，填写由新闻出版总署统一印制的图书出版年度核验表，经图书出版单位的主办单位、主管单位审核盖章后，在规定时间内报所在地省、自治区、直辖市新闻出版行政主管部门。

（2）省、自治区、直辖市新闻出版行政主管部门在收到图书出版单位自查报告、图书出版年度核验表等年度核验材料的30日内予以审核查验、出具审核意见，报送新闻出版总署。

（3）新闻出版总署在收到省、自治区、直辖市新闻出版行政主管部门报送的图书出版单位年度核验材料和审核意见的60日内做出是否予以通过年度核验的批复。

（4）图书出版单位持新闻出版总署予以通过年度核验的批复文件、图书出版许可证副本等相关材料，到所在地省、自治区、直辖市新闻出版行政主管部门办理登记手续。

图书出版单位暂缓年度核验的情形：（1）正在限期停业整顿的；（2）经审核发现有违法情况应予处罚的；（3）主管单位、主办单位未认真履行管理责任，导致图书出版管理混乱的；（4）所报年度核验的自查报告内容严重失实的；（5）存在其他违法嫌疑需要进一步核查的。

暂缓年度核验的期限为6个月。在暂缓年度核验期间，图书出版单位除教科书、在印图书可继续出版外，其他图书出版一律停止。缓验期满，按照本规定重新办理年度核验手续。

图书出版单位不予通过年度核验的情形：（1）出版导向严重违反管理规定并未及时纠正的；（2）违法行为被查处后拒不改正或者在整改期满后没有明显效果的；（3）图书出版质量长期达不到规定标准的；（4）经营恶化已经资不抵债的；（5）已经不具备设立条件的；（6）暂缓登记期满，仍未符合年度核验基本条件的；（7）不按规定参加年度核验，经催告仍未参加的；（8）存在其他严重违法行为的。

对不予通过年度核验的图书出版单位，由新闻出版总署撤销其图书出版许可证，并由所在地省、自治区、直辖市新闻出版行政主管部门注销登记。

（二）出版计划和重大选题备案制

出版计划和重大选题备案主要是出版行政主管部门运用事先限制的方式来

管理出版单位的出版情况，以保障、促进社会主义出版事业的繁荣和发展。

1. 出版计划管理

出版计划主要是指出版单位年度出版计划即年度选题管理及中、长期出版计划。选题是出版的基础性工作，它决定着出版物的内容、品位和市场效益，也决定着一家出版社、一个地区，甚至整个国家出版的水平、结构和整体发展趋势。因此，对出版选题的管理是把握出版导向的关键，也是出版管理的一项常规性工作。①

1977 年，全国图书出版治理工作会议就提出要严格执行专题报批制度和重大选题备案制度。1993 年，新闻出版署发布的《关于出版计划管理问题的通知》对出版计划的内容、制定时间、报批程序等进行了规定。

1997 年《图书质量保障体系》中指出："坚持年度选题计划审批和备案制度。各省、自治区、直辖市新闻出版局和出版社的主管部门负有对所辖、所属出版社选题计划的审批责任，必须按有关法规、规定严格把关；同时要送交本省（自治区、直辖市）党委宣传部门备案。经省（自治区、直辖市）新闻出版局和出版社主管部门批准的各出版社的选题计划，必须报新闻出版署备案。新闻出版署可对导向、总量、结构和趋势等问题提出指导性意见，对不符合国家法规、规定的选题进行调整或通知撤销。"出版社的图书选题必须按规定报出版行政主管部门审批，未经批准的图书选题，一律不准进入生产过程。在实际工作中还会出现临时申报选题的情况，一般将之作为年度选题计划的增补实行，所以也比照年度选题计划的管理办法到所在省、自治区、直辖市新闻出版局审批。

针对部分音像出版单位"买卖版号"严重、无年度出版计划、出版存在随意性等问题，2003 年颁布的《关于加强音像制品年度出版计划备案工作的通知》（下文简称《通知》）特别对音像制品年度出版计划的内容、上报时间和程序等做出了详细规定。该《通知》要求音像出版单位报送音像制品年度出版计划主要内容时，应包括选题名称、制作单位、主创人员、类别、载体、出版形式、节目长度、计划出版时间、内容提要等。强调在报送出版计划前要经过充分的论证，以切实提高出版计划的质量。音像出版单位必须于每年的 12 月 20 日前向所在地省、自治区、直辖市新闻出版局报送下一年度出版计划。每年 3 月 1 日至 20 日、9 月 1 日至 20 日报送本年度出版调整计划。中央

---

① 彭国华. 新闻出版版权法制理论与实务 [M]. 长沙：湖南人民出版社，2002：99-100.

在京音像出版单位出版计划由出版单位报北京市新闻出版局审核。军队系统音像出版单位出版计划报总政宣传部新闻出版局审核。各省、自治区、直辖市新闻出版局自收到年度出版计划之日起 20 日内，要向音像出版单位回复审核意见，并于每年 2 月底前将年度选题计划汇总后报新闻出版总署备案。新闻出版总署将根据出版情况和年度出版计划向各省、自治区、直辖市新闻出版局核发音像制品版号额度。

2. 重大选题备案

备案，据《现代汉语词典》解释，是指把情况用书面形式报告给主管部门，供存档备查。备案制度是指相对人按照法律法规、行政规章及相关文件等规定，向主管部门报告制定的或完成的事项的行为。一般来说，备案只需书面告知，行政机关接到后登记在案即可。

备案制度有事先备案和事后备案两种。事先备案等同于审批，属于行政审批制度改革和行政许可法规定的范畴，如出版物重大选题备案、进口出版物备案。事后备案属于事后告知性质，不属于行政审批制度改革和行政许可法规定的范畴，如出版物出租单位设立审批、电子出版物复制单位（含磁盘、只读类光盘等）改变名称审批、地方软件登记办事机构设立审批等均为事后备案。

1997 年 10 月 10 日，新闻出版署根据《出版管理条例》的规定，为实施图书、音像制品、电子出版物重大选题备案制度，制定了《图书、期刊、音像制品、电子出版物重大选题备案办法》（下文简称《办法》），2019 年 10 月 25 日，国家新闻出版署对其进行了修订。该《办法》规定："列入备案范围内的重大选题，图书、期刊、音像制品、电子出版物出版单位在出版之前，应当依照本办法报国家新闻出版署备案。未经备案批准的，不得出版发行。"这是一种事先备案制度。

所谓重大选题，是指涉及国家安全、社会稳定等方面内容的选题。

《出版管理条例》第 20 条规定："图书出版社、音像出版社和电子出版物出版社的年度出版计划及涉及国家安全、社会安定等方面的重大选题，应当经所在地省、自治区、直辖市人民政府出版行政主管部门审核后报国务院出版行政主管部门备案；涉及重大选题，未在出版前报备案的出版物，不得出版。具体办法由国务院出版行政主管部门制定。期刊社的重大选题，应当依照前款规定办理备案手续。"

《网络出版服务管理规定》第 26 条规定："网络出版服务单位出版涉及国家安全、社会安定等方面重大选题的内容，应当按照国家新闻出版广电总局有关重大选题备案管理的规定办理备案手续。未经备案的重大选题内容，不得出版。"

重大选题具体包括12种，分别是：（1）有关党和国家重要文件、文献选题；（2）有关现任、曾任党和国家领导人讲话、著作、文章及其工作和生活情况的选题，有关现任党和国家主要领导人重要讲话学习读物类选题；（3）涉及中国共产党历史、中华人民共和国历史上重大事件、重大决策过程、重要人物选题；（4）涉及国防和军队建设及我军各个历史时期重大决策部署、重要战役战斗、重要工作、重要人物选题；（5）集中介绍党政机构设置和领导干部情况选题；（6）专门或集中反映、评价"文化大革命"等历史和重要事件、重要人物选题；（7）专门反映国民党重要人物和其他上层统战对象的选题；（8）涉及民族宗教问题选题；（9）涉及中国国界地图选题；（10）反映香港特别行政区、澳门特别行政区和台湾地区经济、政治、历史、文化、重要社会事务等选题；（11）涉及苏联、东欧等社会主义时期重大事件和主要领导人选题；（12）涉及外交方面重要工作选题。有关重大选题范围，国家新闻出版署根据情况适时予以调整并另行公布。

根据《图书、期刊、音像制品、电子出版物重大选题备案方法》（2019）对重大选题备案的具体程序规定如下。

出版单位申报重大选题备案，应当通过所在地省级出版管理部门或主管单位进行：（1）地方出版单位申报材料经主管主办单位审核同意后报所在地省级出版管理部门，非在京的中央各部门各单位出版单位申报材料经主办单位审核同意后报所在地省级出版管理部门，由所在地省级出版管理部门报国家新闻出版署；（2）在京的中央各部门各单位出版单位申报材料经主管主办单位审核同意后，由主管单位报国家新闻出版署；（3）解放军和武警部队出版单位申报材料经中央军委政治工作部审核同意后报国家新闻出版署。

申报重大选题备案时，应当如实、完整、规范填报并提交如下材料。（1）省级出版管理部门或主管单位的备案申请报告。报告应当对申报备案的重大选题有明确审核意见。（2）重大选题备案申报表。应当清楚填写涉及重大选题备案范围，需审核问题，需审核的具体章节、页码和待审核的人物、事件、文献、图片等内容。（3）书稿、文章、图片或者样片、样盘、样带。书稿应当"齐清定"、经过编辑排版并装订成册，文字符合国家语言文字规范，引文注明出处。（4）出版物"三审"意见复印件。（5）备案需要的其他材料。包括有关部门同意立项的材料，送审照片（图片）样稿，相关部门保密审核意见等。

国家新闻出版署对申报备案的重大选题进行审核，必要时转请有关部门或组织专家协助审核。国家新闻出版署自备案受理之日起 20 日内（不含有关部门或专家协助审核时间），对备案申请予以答复或提出意见。国家新闻出版署审核同意的备案批复文件，两年内有效；备案批复文件超出有效期及出版物修订再版的，应当重新履行备案程序。

（三）书号、刊号、版号管理

对出版单位的书号、刊号、版号进行管理是出版行政主管部门对出版单位进行管理的一种手段。书号是指中国标准书号，它是 1986 年国家标准局批准颁布、1987 年 1 月 1 日起实施的一项国家标准，是在中国注册的出版社所出版的每一种图书和电子出版物的每一个版本的世界性的唯一标志代码。刊号是指中国标准刊号，即中国连续出版物号，它是 1988 年国家标准局批准颁布、1989 年 7 月 1 日起实施的一项国家标准，是在中国登记的每一种报纸和期刊的每一个版本的国际性的唯一标志编码。版号是指中国标准音像制品编码，它是 1992 年国家标准局批准颁布、1993 年 1 月 1 日起实施的一项国家标准，是在中国注册的所有音像出版社都必须在其生产的每一种音像制品（包括唱片、录音带、录像带、激光视盘、激光唱片等）上，对所录入的节目及节目中每一项可以独立使用的部分编加的一个音像制品的国际性的唯一标志编码。

20 世纪 80 年代后期，由于非法出版现象愈演愈烈，有关部门出台了一系列部门规章对此现象进行治理。例如，新闻出版署 1993 年发布的《关于禁止"买卖书号"的通知》、1997 年发布的《关于严格禁止买卖书号、刊号、版号等问题的若干规定》等都对买卖书号、刊号、版号现象及处理办法进行了规定，禁止任何形式的非法出版。

随着市场竞争的加剧，某些报刊社钻法律法规的空子，将自己的一个或几个版面承包出去，或委托给其他单位或个人运作，从中营利，借以规避法律责任。为了杜绝这一现象，2001 年《出版管理条例》重新公布时，其第 22 条规定增加了有关"版面"的规定，即"出版单位不得向任何单位或者个人出售或者以其他形式转让本单位的名称、书号、刊号或者版号、版面，并不得出租本单位的名称、刊号"，堵住了这一漏洞。2011 年第一次修订的《出版管理条例》第 21 条又延续了这一规定，并新增了"出版单位及其从业人员不得利用出版活动谋取其他不正当利益"这一内容。

2008年7月15日，在我国出版界实行多年的书号发放制度彻底改革，新闻出版总署开展书号网上实名申领试点工作，由新闻出版总署条码中心等单位研制的"书号实名申领系统"投入运行。北京、上海、重庆、湖北等地56家出版社作为第一批试点单位，实行网上书号实名申领，通过网上书号实名申领信息系统申领书号。截至2009年1月5日，已申领书号5 023个。

2009年1月8日，我国图书出版全面启用"书号实名申领"系统，以书号网上实名申领取代原有的面向出版单位定额发放的书号管理办法，全国出版单位通过网络申领2009年度书号。包括前期试点单位在内的100家出版单位从1月8日起首批实行书号网上实名申领；第2批239家、第3批240家出版单位分别于2009年2月底、3月底前实现网上书号实名申领。现在，我国585家图书出版单位已全部使用书号网上实名申领信息系统。

书号实名申领是指出版单位在图书出版活动中按书稿实名申领书号，一书一号。出版单位在完成了书稿的终审终校，由总编辑签字后，按照实际书名、实际书号需求量，通过网络直接申领书号。具体的细分流程是：总署确定图书出版单位年度书号总量→中国标准书号中心核定各出版单位年度书号起止段、编制书号、配置条码→各出版行政管理部门、出版社随时进入本系统，根据权限了解书号分配量、书号使用情况→出版社完成书稿三审后，将图书信息上传进入本系统→出版行政管理部门（省局）审阅出版社上传的图书信息，核发书号→出版社通过本系统直接在网上下载条码的电子版，补充修改出版物基本信息→总署信息中心通过本系统获取制作CIP数据所需要的信息→出版社在图书出版15个工作日内将完成的"成书信息"上传至本系统，构成出版物数据库。它的重要特征是书稿必须在终审之后即时申领书号，同时，它完成了书（书名、内容、作者、出版社等图书重要信息）与书号的完全对应，从而彻底改变了出版单位在选题和书稿完成前申领书号的不确定性和随意性。

（四）质量管理

出版行政主管部门对出版物的质量管理主要包括两方面：一是出版物的编校质量；二是装帧设计质量。《出版管理条例》（2020）第28条规定："出版物必须按照国家的有关规定载明作者、出版者、印刷者或者复制者、发行者的名称、地址、书号、刊号或者版号，在版编目数据，出版日期、刊期以及其他有关事项。出版物的规格、开本、版式、装帧、校对等必须符合国家标准和规范要求，保证出版物的质量。出版物使用语言文字必须符合国家法律规定和有关标准、规范。"

2004年12月24日,新闻出版总署颁布的新的《图书质量管理规定》明确图书的质量包括内容、编校、设计、印制四个方面。内容、编校、设计、印制四项均合格的图书,其质量属合格;内容、编校、设计、印制四项中有一项不合格的图书,其质量属不合格。

其中,符合《出版管理条例》第25条、第26条规定的图书,其内容质量属合格;不符合《出版管理条例》第25条、第26条规定的图书,其内容质量属不合格。差错率不超过万分之一的图书,其编校质量属合格;差错率超过万分之一的图书,其编校质量属不合格。图书的整体设计和封面(包括封一、封二、封三、封底、勒口、护封、封套、书脊)、扉页、插图等设计均符合国家有关技术标准和规定,其设计质量属合格;图书的整体设计和封面(包括封一、封二、封三、封底、勒口、护封、封套、书脊)、扉页、插图等设计中有一项不符合国家有关技术标准和规定的,其设计质量属不合格。符合中华人民共和国出版行业标准《印刷产品质量评价和分等导则》(CY/T2—1999)规定的图书,其印制质量属合格;不符合中华人民共和国出版行业标准《印刷产品质量评价和分等导则》规定的图书,其印制质量属不合格。

新闻出版行政主管部门对图书质量实施的检查包括图书的正文、封面(包括封一、封二、封三、封底、勒口、护封、封套、书脊)、扉页、版权页、前言(或序)、后记(或跋)、目录、插图及其文字说明等。正文部分的抽查必须保证内容(或页码)连续且不少于10万字,全书字数不足10万字的必须检查全书。图书内容违反《出版管理条例》第25条、第26条规定的,根据《出版管理条例》第62条实施处罚。出版编校质量不合格图书的出版单位,由省级以上新闻出版行政主管部门予以警告,可以根据情节并处3万元以下罚款。经检查属编校质量不合格的图书,差错率在万分之一以上、万分之五以下的,出版单位必须自检查结果公布之日起30天内全部收回,改正重印后可以继续发行;差错率在万分之五以上的,出版单位必须自检查结果公布之日起30天内全部收回。对于印制质量不合格的图书,出版单位必须及时予以收回、调换。

1997年6月16日,新闻出版署出台的《图书质量保障体系》中规定图书质量保障体系交由编辑出版责任机制来实现。具体分为:(1)前期保障机制,主要是选题的策划与论证;(2)中期保障机制,主要是三审制和责任编辑制度、"三校一读"、印刷质量标准、委托书制度、图书书名页使用标准和中国标准书号及图书条码使用标准；（3）后期保障机制，主要是样书检查和评审制度，样本缴送、重版前审读制度、稿件及图书质量资料归档制度及出版社与作者和读者联系制度。

1995年的《报纸质量管理标准》中规定，对报纸质量管理使用抽查出版质量和限定最低发行量的评定方法，以确定报纸质量是否合格。报纸出版质量主要有5项评定标准：（1）办报方针、宗旨、舆论导向；（2）报纸依法出版情况；（3）报纸版面的综合质量；（4）报纸广告的质量；（5）报纸的社会信誉。

期刊的出版质量也有规定，相关规章文件有《科学技术期刊质量要求》《社会科学期刊质量管理标准（试行）》等。

2004年，新闻出版总署发出《对图书、期刊、音像制品、电子出版物进行质量检查的紧急通知》，要求属重大选题备案范围的选题，各出版单位要严把政治导向关，严格执行稿件内容三审制度，确保出版质量；各出版管理部门要切实履行管理职责，切实做好出版物质量监管工作。

（五）样本管理

样本管理是出版物质量的保障机制之一，同时它也是出版管理和国家样本保存的重要方式，有着文化保存、延续和传承的作用。

西方很多国家都通过法律规定实行出版物版本备案制度或版本呈缴制度。版本备案制，起源于16世纪的法国，当时法国国王弗兰西斯一世在1537年公布《蒙彼利埃法令》，规定法国境内的出版社及印刷商均须向皇家图书馆缴送其所出版的刊物，否则要罚重金，并将出版物全数没收。这种以法令来保存国家文献的做法，后来逐渐被世界各国认同。法兰西共和国成立以后，1881年7月29日立法规定了出版商有向行政主管机关送缴出版物样本的义务。根据1943年6月21日法律和1960年11月21日法令，法国成立了一个全国文献中心，以保证出版物和艺术作品的收藏。根据此制度，出版商和印刷厂在出版物发行和销售前48小时之内，要向国家图书馆送缴4份出版物样本（如果出版物的印数少于300册，要求送缴1份样本）和3份备案申请，另外，在巴黎和巴黎周围的出版商要向法国政府部门——法国内务部送缴1份出版物的样本和3份备案申请，其他各地方的出版商和印刷厂应向地方图书馆送缴2份备案样书。样本由邮局送缴，邮资免费。根据1949年7月16日法令，出版青少年出版物的出版商另外还有义务向法国司法部的审读委员会送缴 5 份样本。[①]

美国 1870 年由国会通过了一项法律，要求所有的作者向国会图书馆送缴图书等印刷品 2 份样本，从而使国会图书馆成为美国的国家图书馆，起到了保护和收藏作品、文献资料的作用。目前美国国会图书馆已经收集了 1.24 亿种图书、图片、地图、文献、有声记录资料等，成为世界上最大的图书馆。[②]

我国 1979 年由国家出版事业管理局修订颁布了《关于征集图书、杂志、报纸样本办法》，要求凡出版社、杂志社和报社编辑、出版的各种图书、杂志、报纸，均应在出版物出版后即向国家出版事业管理局、版本图书馆（包括二库）及北京图书馆缴送出版物样本。

1991 年《重申〈关于征集图书、杂志、报纸样本办法〉的通知》中又将音像制品的样书、样带纳入样本缴纳的范围。图书、杂志、音像出版物出版后 1 个月内缴送样本（以邮寄日期为准），报纸要在出版后 1 周内寄送，合订本（含缩印本、目录和索引）出版后 1 个月内寄送。

1996 年《关于缴送音像、电子出版物样品的通知》中对音像、电子出版物的缴送范围、办法及监缴措施做出了规定。

《出版管理条例》第 22 条规定："出版单位应当按照国家有关规定向国家图书馆、中国版本图书馆和国务院出版行政主管部门免费送交样本。"这是出版单位的法定义务。

2020 年 4 月 17 日，根据《出版管理条例》及相关法规规章，国家新闻出版署发布《关于调整向中国版本图书馆缴送出版物样本范围和数量的通知》，对出版单位自 2020 年 1 月 1 日起应向中国版本图书馆缴送出版物样本的范围和数量等进行调整，其中，对出版物样本缴送内容做了三方面的规定："（1）缴送范围。在缴送图书、报纸、期刊、音像制品和电子出版物等实物样本基础上，增加缴送其数字版样本。（2）缴送数量。统一缴送出版物实物样本 4 份、数字版样本 1 份。（3）缴送品种。缴送的出版物实物样本是指初版书、再版书、重印书、按需印刷版本、书配盘；报纸散报、合订本（含缩印本、目录和索引）；期刊单刊、合订本；音像制品和电子出版物实体版、盘配书。所缴样本品相必须完整，不得缺失。"同时规定："图书、期刊、音像制品和电子出版物自出版之日起 30 日内缴送样本；报纸自出版之日起 7 日内缴送样本，有合

---

① 余敏. 国外出版业宏观管理体系研究 [M]. 北京：中国书籍出版社，2004：96-97.
② 余敏. 国外出版业宏观管理体系研究 [M]. 北京：中国书籍出版社，2004：41.

订本的，合订本自出版之日起 30 日内缴送样本。缴送时间以邮寄日期为准。"

国家图书馆是国立的公益性文化事业单位，中国版本图书馆是保存、整理出版物的图书馆，向这两家图书馆送缴样本，主要是国家为了保存、收藏出版物，从出版事业要面向大众、服务人民，强调社会公益性的角度出发，以便于文化积累和信息服务。向国务院出版行政主管部门送缴样本，实际上是出版单位向出版行政主管部门送缴样本备案。出版行政主管部门通过审读样本，既可以发现出版物在内容上有无问题，也可以把握出版物的出版动向，便于对出版物出版后的监督管理。因此，这是出版管理的一个重要手段。

收存样本，是国家出版行政主管部门及时了解情况、加强管理的需要；是出版单位发布出版信息、进行宣传的需要；也是为后代保存出版物档案、为民族积累文化的需要。

（六）人员管理

这里的人员管理针对的主要是出版单位的人员，是在图书、期刊、音像、电子、网络出版单位中从事编辑、出版、校对、发行工作的人员及出版单位中的其他相关人员。出版行政管理部门对出版单位的人员管理包括人员准入、考核、领导任命。

1. 出版专业技术人员管理

这主要是对出版单位承担编辑、技术编辑、校对工作人员的管理。1986 年出台的《出版专业人员职务试行条例》（下文简称《条例》）中对编辑、技术、校对职务的职责、任职条件和任期都做了规定。《条例》将编辑分为编审、副编审、编辑、助理编辑四类；技术编辑职务分技术编辑、助理技术编辑、技术设计员三类；校对职务分一级校对、二级校对、三级校对三类。其中，编审、副编审为高级职务；编辑、技术编辑、一级校对为中级职务；其他为初级职务。当时对出版专业职务的聘用和任用采取评审制，出版单位聘任或任命各类专业职务，须先将拟任职人员的有关材料提交出版专业人员职务评审委员会（简称"评审委员会"）评审。经评审，证明合格，由聘用单位行政领导根据工作需要在编制限额内聘任或按干部管理权限由相应行政领导任命。

1988 年，新闻出版署针对不具备规定学历的出版专业人才制定了《关于不具备规定学历的出版专业人员聘任专业职务的实施意见》，对不具备规定学历的编辑、技术编辑、校对人员聘任专业技术职务的人员申报更高一级职务的条件及考试方式进行了规定。

2001年8月，经人事部、新闻出版总署研究决定，对出版专业技术人员实行职业资格考试，这一决定意味着我国出版单位人员准入与其他行业一样，实行职业资格证书制度。

2007年12月26日，新闻出版总署公布了于2008年6月1日起施行的《出版专业技术人员职业资格管理规定》，这一规定界定了出版专业技术人员，即包括在图书、非新闻性期刊、音像、电子、网络出版单位内承担内容加工整理、装帧和版式设计等工作的编辑人员和校对人员，以及在报纸、新闻性期刊出版单位从事校对工作的专业技术人员。

2021年1月28日，人力资源社会保障部和国家新闻出版署联合印发了《关于深化出版专业技术人员职称制度改革的指导意见》（下文简称《意见》）。该《意见》对出版专业技术人员职称的制度体系进行了完善。（1）统一职称名称。出版专业技术人员职称设初级、中级、高级，初级只设助理级，高级分设副高级和正高级。初级、中级、副高级、正高级的名称分别为助理编辑、编辑、副编审、编审。原技术设计员、助理技术编辑、三级校对、二级校对对应助理编辑，原技术编辑、一级校对对应编辑。（2）实现职称制度与职业资格制度有效衔接。健全完善出版专业技术人员职业资格考试制度，并与职称制度实现有效衔接。通过出版专业技术人员职业资格考试取得的初级、中级职业资格，即对应相应层级的职称，并作为申报高一级职称的条件。（3）出版专业技术人员各层级职称分别与事业单位专业技术岗位等级相对应。正高级对应专业技术岗位一至四级，副高级对应专业技术岗位五至七级，中级对应专业技术岗位八至十级，初级对应专业技术岗位十一至十三级。

出版专业技术人员初级、中级实行以考代评的方式，不再进行相应的职称评审或认定。初级、中级考试由全国统一组织，采用统一科目、统一大纲。人力资源社会保障部会同国家新闻出版署可以单独划定从事少数民族语言文字出版工作的出版专业技术人员考试合格标准。副高级和正高级一般采取评审方式。职称评审坚持同行评议，综合采用个人述职、面试答辩、业绩展示等多种形式，确保客观公正。

《图书出版管理规定》《电子出版物出版管理规定》都强调：图书、电子出版物出版从业人员应具备国家规定的出版职业资格条件；图书、电子出版物出版单位的社长、总编辑须符合国家规定的任职资格和条件；图书、电子出版物出版单位的社长、总编辑须参加新闻出版行政主管部门组织的岗位培训，取得岗位培训合格证书后才能上岗。

2020年9月，国家新闻出版署、人力资源社会保障部研究修订了《出版专业技术人员继续教育规定》，要求对出版专业技术人员进行以政治理论、法律法规、业务知识、技能训练和职业道德等为内容的教育活动。第13条规定："出版专业技术人员参加继续教育的时间每年累计不少于90学时。其中，专业科目学时一般不少于总学时的三分之二。出版专业技术人员参加继续教育取得的学时，在全国范围内当年度有效，不得结转或顺延至下一年度。"《出版专业技术人员继续教育规定》还强调，出版单位应当建立本单位出版专业技术人员继续教育与使用、晋升相衔接的激励机制，把出版专业技术人员参加继续教育情况作为出版专业技术人员考核评价、岗位聘用的重要依据。专业技术人员参加继续教育情况，应当作为聘任专业技术职务或者申报评定上一级职称的重要条件，作为出版专业技术人员职业资格登记注册（续展）的必要条件。省及以上新闻出版主管部门、人力资源社会保障部门应当依法对出版专业技术人员继续教育机构、出版单位执行本规定的情况进行监督。这些规定将会推进出版专业技术人员继续教育科学化、制度化、规范化，培养、造就高素质的出版专业技术人员队伍。

2. 出版单位其他人员管理

出版单位其他人员管理，主要是指对出版单位的编务、秘书、印制人员、图书发行人员、劳动工资管理人员的管理。

1988年《关于出版社编务、秘书、印制、图书发行、劳动工资管理人员聘任专业职务的意见》规定："（1）编务——总编室承担编辑业务管理工作的人员，可按照有关规定聘任编辑（管理）专业职务，其他一般行政工作人员任命行政职务；（2）秘书——编辑室的秘书为行政职务，兼做编辑工作发稿量15万字以上的，可聘任编辑专业职务；（3）印制人员——承担出版印刷技术工作的人员，可按照有关规定聘任技术编辑专业职务，其他一般印制工作人员任命行政职务；（4）图书发行人员——承担图书发行的计划及预测、经济核算、信息管理、流通活动分析等方面的经济管理工作的人员，可按有关规定聘任经济专业职务，其他一般经济管理工作人员，如门市营业员、配书员、储运人员等，任命行政职务；（5）劳动工资管理人员人事、劳资部门合署办公的处（或科）中直接从事劳动工资管理工作的现职人员，可聘任经济专业职务，单设的劳动工资处（科），其人员可聘任经济专业职务。"

3. 报纸、新闻性期刊出版单位人员管理

1999 年颁布的《新闻专业人员职务试行条例》中将新闻专业人员职务分为记者职务和编辑职务两类。记者职务设高级记者、主任记者、记者、助理记者。高级记者、主任记者为高级职务，记者为中级职务，助理记者为初级职务。编辑职务设高级编辑、主任编辑、编辑、助理编辑。高级编辑、主任编辑为高级职务，编辑为中级职务，助理编辑为初级职务。对新闻专业人员职务的聘用和任命也采用了评审制形式。

与其他出版单位不同的是，报纸、新闻性期刊对记者证进行统一换发。记者证发放范围的人员应具备以下条件：（1）遵守国家法律法规、新闻纪律，遵守新闻工作者职业道德；（2）具备大学专科以上学历及经国务院有关部门认定的新闻采编从业资格；（3）在新闻机构编制内从事新闻采编工作，或经新闻机构正式聘用从事新闻采编工作且连续聘用时间已达一年以上。新闻记者证审核发放工作实行统一领导、分级负责、严格把关的原则，由国家新闻出版署负责全国新闻记者证的核发工作。①

4. 出版单位主要领导持证上岗

出版单位各级领导干部的素质直接关系到出版单位未来发展的方向及出版物的质量。

1994 年，国家新闻出版署制定了《关于在出版行业开展岗位培训实施持证上岗制度的规定》，要求对出版单位主要岗位的工作人员进行培训，考核合格的人员取得岗位培训合格证书，持证上岗。各级组织在聘任或任命出版单位各主要岗位职务时，应从已取得岗位培训合格证书的人员中选拔，或派送拟任命人员参加岗位培训并取得相应的证书。

2002 年颁布的《新闻出版行业领导岗位持证上岗实施办法》规定需要持证上岗的出版单位人员有出版社（含图书、音像、电子出版单位，下同）社长、总编辑，期刊社主编，报社社长、总编辑，以及各相应副职。这些人员在经主管机关（部门或单位）批准任职时，须持新闻出版总署统一印制的岗位培训合格证书上岗。

《出版专业技术人员职业资格管理规定》第 5 条规定，在出版单位担任社长、总编辑、主编、编辑室主任（均含副职）职务的人员，除应具备国家规

---

① 国家新闻出版署. 12 月 2 日起全国统一换发新闻记者证　明年 3 月 31 日后旧版将作废[EB/OL].(2019-11-28)[2021-07-08].http：//www.nppa.gov.cn/nppa/contents/719/23180.shtml.

定的任职条件外,还必须具有中级以上出版专业职业资格并履行登记、注册手续。

新闻出版总署主管全国新闻出版行业的持证上岗工作,负责对全国新闻出版行业需要持证上岗的岗位及持证上岗要求和时间等做出规定。省、自治区、直辖市新闻出版局根据新闻出版总署的要求,负责本省(区、市)新闻出版单位领导岗位持证上岗实施工作,并主管本省(区、市)新闻出版单位其他岗位持证上岗工作。中央和国家机关有关部委、人民团体新闻出版主管部门协助新闻出版总署做好本系统新闻出版单位领导岗位持证上岗管理工作。

从2002年起,新闻出版管理机关须将上述人员持证上岗情况列入新闻出版单位年检内容。单位领导持证上岗率达不到80%的(非本单位原因除外),新闻出版单位年检主管机关将视不同情况给予警告;单位领导持证上岗率达不到50%的,暂缓年检。受到警告、暂缓年检处理的出版单位,要在新闻出版单位年检主管机关规定的时间内,达到持证上岗要求。

除了以上各项管理外,《出版管理条例》第49条还对日常管理做出规定:"出版行政主管部门应当加强对本行政区域内出版单位出版活动的日常监督管理;出版单位的主办单位及其主管机关对所属出版单位出版活动负有直接管理责任,并应当配合出版行政主管部门督促所属出版单位执行各项管理规定。出版单位和出版物进口经营单位应当按照国务院出版行政主管部门的规定,将从事出版活动和出版物进口活动的情况向出版行政主管部门提出书面报告。"

随着出版社改制的逐步实施及出版业、我国政府体制改革的进一步深化,我们可以看到,对出版单位的管理已经开始从过去具体对出版单位人、财、物的全面监控向制定法律法规、规定设立准入条件等宏观管理方式转变。

第三节 出版物内容的管理

出版物是出版活动的最终产品,是精神文化产品的物质载体,具有精神产品的特殊属性,因此,世界各国都很重视对出版物内容的管理。

一、出版物内容的管理方式

出版物内容的管理主要有预审制和追惩制两种方式。

1. 预审制

预审制又称事先检查，是一种事前审查的出版制度。出版物在出版发行之前，必须先将原稿或清样送经政府有关机构检查、删改和批准后方能出版发行。这种制度自 18 世纪以后已为多数国家所抛弃。

比如，英国在封建帝国非常强盛的时期，出版印刷是封建贵族的特权，为了保障这种特权，王室利用出版特许和出版物检查制度直接管理和严格控制出版行业，这样就形成了最初的管理体系。这种体系建立在预审制的基础上，一方面要求所有的出版物未经审查特许一律禁止出版，另一方面将出版的权力局限在皇家特许出版公司这一小范围内。这种出版特权一直持续到 17 世纪末期。[1] 再如，1841 年颁布的普鲁士政府书报检查法令，不仅给予书报检察官任意扼杀不合当时政府口味的报刊的权力，还给予他们追究出版物倾向性的权力，因而也被马克思、恩格斯斥为对进步出版物的扼杀。我国历史上颁行的《大清印刷物专律》（1906）、《大清报律》（1908）、《报纸条例》（1914）、《出版法》（1914）、《图书杂志审查办法》（1934）等都有要求对出版物内容进行事先检查的条文。

但目前仍有一些国家在新闻出版法中明文规定对部分出版物的内容实行预审制度。比如，在德国，出版社编写的教材只有通过州文化部或教育部审批，并以教材目录的方式正式公布之后，才能被学校和教师选择，从而最终在学校中使用。[2] 日本对出版物所采取的预审制也主要集中在教科书方面。根据日本《学校教育法》，小学、中学、大学都必须使用经文部大臣审定或以文部省名义编著的教科书。现在以文部省名义编著的教科书数量较少，大部分是经文部大臣审定的教科书。其审定主要是遵照《教科用图书审定规则》（文部省颁布令），经教科用图书审定调查审议会讨论，由文部大臣决定合格与否。合格与否的判定标准，除误记、误排等客观事项外，主要是对出版物的评价。[3]

---

[1] 余敏. 国外出版业宏观管理体系研究 [M]. 北京：中国书籍出版社，2004：67-68.
[2] 余敏. 国外出版业宏观管理体系研究 [M]. 北京：中国书籍出版社，2004：111.
[3] 余敏. 国外出版业宏观管理体系研究 [M]. 北京：中国书籍出版社，2004：172-173.

2. 追惩制

追惩制也称事后检查，是一种事后惩治的出版制度，即出版物在出版发行前不受限制，政府管理机构不做任何检查，出版物在出版发行后，通过有关机构审读样书或社会舆论监督，发现违法行为时，政府有关机构依照新闻出版法规或其他法律予以惩处。

在资产阶级革命过程中，以追求资本利润为宗旨的英国资产阶级率先提出了"出版自由"的口号。革命的成功使得英国出版业在 1695 年后摒弃了预审制，出版管理进入追惩制阶段。① 美国建国后，对出版物的内容管理一直实行追惩制。美国对出版物内容的限制主要是对淫秽、色情方面的限制；对诋毁宗教方面的限制；对影响青少年成长方面的限制；对影响国家安全方面的限制；等等。②

法国于 1870 年在法兰西第三共和国成立后结束原稿审查制，实行追惩制。法国对出版物内容的监管主要是通过法律的形式。一般情况下，如果出版物中出现了叛国、煽动暴乱、诽谤、荒淫猥劣、伪证、泄露国家机密和侵犯隐私等内容，就是违法的。③

我国对出版物内容的管理主要采用追惩制的方式，既通过制定《图书、期刊、音像制品、电子出版物重大选题备案办法》来加强对出版物重大选题的管理，也通过颁布《出版管理条例》规定出版违禁出版物的责任。

二、发达国家对出版物内容的管理

从出版物内容的管理上看，西方多数国家对出版物内容的管理主要表现在四个方面。

1. 对妨碍政治、影响国家安全出版物的管理

虽然西方国家一直标榜民主与自由，但是出版物一旦涉及国家政权、国家安全问题，其审查制度也是非常严格的。历史上莎士比亚的《理查二世》、德莱塞的《美国的悲剧》都曾因作品内容或讽刺了当政国王，或揭露了政府弊端、国家阴暗面而被查禁。

美国宪法保证公民的言论、出版自由，但对引发危害公众秩序、导致暴乱

---

① 余敏. 国外出版业宏观管理体系研究 [M]. 北京：中国书籍出版社，2004：68.
② 余敏. 国外出版业宏观管理体系研究 [M]. 北京：中国书籍出版社，2004：41-42.
③ 余敏. 国外出版业宏观管理体系研究 [M]. 北京：中国书籍出版社，2004：97.

的言论，泄露国家机密、造谣生事的言论，不仅不予保护，还要追究其法律责任。《史密斯法》（1940）规定，编辑、出版、发表、散布、出售或公开展示任何鼓吹、劝导、教授以武力、暴力摧毁、推翻美国政府、州政府或任何政府部门者都要被判重刑或罚重金。① 1982 年，里根政府说服美国国会通过《情报人员身份保护法》，任何人如果公布他们有理由知道将会泄露合众国情报人员身份的任何事情，即使他们的原始资料是公开或非保密的信息，都构成犯罪。1983 年，里根政府又颁布了《维护国家安全信息》的指令，要求任何有机会接触保密信息的联邦雇员要将任何含有情报信息的手稿在出版前提交有关机构事先检查。②

2. 限制淫秽、色情出版物

西方国家大多数对淫秽、色情出版物制定了法律予以限制。例如，美国于1942 年通过的《反猥亵法》禁止淫秽图片进入美国。英国处理淫秽出版物的法律依据是 1857 年通过的《淫秽出版物法》，1959 年，该法又经过了修订。该法第 1 款规定，无论是文章、出版物或杂志，如果从整体上来看具有腐化读者的倾向，均可认定为淫秽出版物。③ 德国《传播危害青少年之文学作品法》的内容主要是限制出版淫秽色情出版物；日本的《宪法》《青少年保护条例》《关税法》等主要是对色情、淫秽出版物在未成年人中传播进行严格限制。

西方对淫秽、色情出版物的认定大多以道德为标准，《查泰莱夫人的情人》《尤利西斯》《北回归线》都曾被认为诲淫诲盗而被禁止。但第二次世界大战以后，人们摒弃了 19 世纪以来的道德标准，有关法律也得到重新修改或界定。英国 1959 年颁布的《淫秽出版物法》力图避免完全以是否符合年轻人的道德标准来评判一部作品的优劣，而是以作品整体来评判。在对作品的文学艺术价值进行整体审查时，实行专家论证制。④

3. 对诋毁宗教出版物的管理

这一制度由来已久，早在 1557 年，教皇保罗四世就批准了第一个禁书目录。现在，管理机构除了教会外，还有各国政府有关部门。

4. 对影响青少年成长的出版物的管理

西方发达国家非常注重青少年的成长，各国都制定了很多法律法规对影响

---

① 魏玉山，杨贵山. 西方六国出版管理研究 [M]. 北京：中国书籍出版社，1995：35-36.
② 周源. 发达国家出版管理制度 [M]. 北京：时事出版社，2001：68.
③ 杨贵山，林成林，姜乐英，等. 世界出版观潮 [M]. 沈阳：辽宁人民出版社，2002：65.
④ 周源. 发达国家出版管理制度 [M]. 北京：时事出版社，2001：69.

青少年成长的出版物进行监督管理。例如，德国联邦政府非常重视保护青少年免受不良出版物的毒害。早在1949年，德国联邦政府就公布了法律，限制不良出版物的出版和传播，当时还成立了联邦和州的出版物检查局，检查局由报刊发行人、艺术家、书店协会、慈善团体、宗教团体、青年协会、教育协会等代表组成，并由联邦和州的内政部长主持。1953年，由于杂志发行人对检查制度不断抗议，德国联邦政府正式公布了《传播危害青少年之文学作品法》，禁止下流或猥亵出版物的出版和传播，并由政府、教育界、报界、宗教界等代表组成出版管理委员会来审定出版物是否与法律相抵触。1985年，德国联邦政府再次修订公布该法。新的法律规定：凡危害儿童和青少年品德的书刊，要列出名单予以公布；把这类书刊提供给未满18岁之人或使其取得者，在未满18岁之人可以进入或看到之场所陈列、张贴、展示或以其他方法使之了解者，在营业区范围之外零售或在书报亭出售者，在普通图书馆借书处提供、交付他人者，未经他人要求而提供者，为上述目的而印刷、贩运、储存或引进者，均构成犯罪，可以处一年以下监禁或课以罚金。为达到上述目的，德国联邦政府的"青年、家庭和卫生部"内设了"联邦青年刊物审定局"，负责监督检查刊物是否有害于青少年。①

在法国，要出版以青少年为对象的出版物或创办一份主要面向青少年的报纸或刊物，将受到很多限制。《1949年7月16日法》及该法在1958年的修正案针对以上情况制定了三个条件：第一，不得由个人创办，而只能由一些商业团体和行业协会创办，在创办前，必须向社会声明保证不以出版此类报刊作为营利工具；第二，担任此类报刊的总负责人不能仅为1人，至少应有3人或以上，且应为法国籍，享有公民权，并且在教育生涯中没有不轨行为而被解职或受处分的污点记录；第三，这些人应是没有丧失做父亲或母亲权利的人。②

法国政府还依照法律设立了"负责监督管理青少年读物的委员会"，该委员会的主要职能是促使当局加强立法，1949年曾通过一项法令规定出版儿童读物必须接受监督。另外，该委员会还负责检查所有出版物并向政府当局提交登载色情内容或图像及教唆犯罪的可视读物性质监督报告。

另外，法国对青少年出版物做出规定的法律还有《1965年9月28日法》《1981年7月29日法》《1980年12月23日法》等。其中，《1965年9月28

---

① 魏玉山，杨贵山. 西方六国出版管理研究 [M]. 北京：中国书籍出版社，1995：48-49.
② 周源. 发达国家出版管理制度 [M]. 北京：时事出版社，2001：88-89.

日法》和《1981年7月29日法》都规定：如果未得到监护人的书面申请或司法部门的书面批准，任何导致未成年人离开父母、监护人或未成年人的看管人的新闻报道、图片、照片或其他形式的出版物，均被禁止。《1980年12月23日法》规定：涉及少年犯罪的诉讼过程、判决书和可能描绘出犯罪少年身份的各种暗示，如姓氏字母等文字，禁止出版。①

除以上主要管理内容外，有的国家还对诽谤、隐私等进行了规定。1948年，联合国新闻自由会议在肯定"人人应有思想自由与发表自由"的同时，列举了10条禁止公开发表的内容，体现出各国出版物管理的一致性。

三、我国对出版物内容的管理

我国一直十分重视出版业对舆论宣传和精神文明建设的作用，因此，对出版物内容的管理一直都非常严格，颁布了大量的法规和规章对各种出版物的内容进行规范。

我国《宪法》第35条规定："中华人民共和国公民有言论、出版、集会、结社、游行、示威的自由。"作为出版业管理的最高法规，《出版管理条例》开宗明义地指出：公民依法行使出版自由的权利，各级人民政府应当予以保障。但同时又指出：公民在行使出版自由的权利的时候，必须遵守宪法和法律，不得反对宪法确定的基本原则，不得损害国家的、社会的、集体的利益和其他公民的合法的自由和权利。由此可见，对出版物内容进行管理是为维护社会主义国家的利益，保障人民民主、自由权利的实施，是符合人民利益的，也是完全必要的。

我国出版业的最高行政法规——《出版管理条例》对出版物内容的规定主要体现在第25条和第26条。第25条规定任何出版物不得含有下列内容：（1）反对宪法确定的基本原则的；（2）危害国家统一、主权和领土完整的；（3）泄露国家秘密、危害国家安全或者损害国家荣誉和利益的；（4）煽动民族仇恨、民族歧视，破坏民族团结，或者侵害民族风俗、习惯的；（5）宣扬邪教、迷信的；（6）扰乱社会秩序，破坏社会稳定的；（7）宣扬淫秽、赌博、暴力或者教唆犯罪的；（8）侮辱或者诽谤他人，侵害他人合法权益的；（9）危害社会公德或者民族优秀文化传统的；（10）有法律、行政法规和国家

---

① 余敏. 国外出版业宏观管理体系研究［M］. 北京：中国书籍出版社，2004：93.

规定禁止的其他内容的。第26条规定:"以未成年人为对象的出版物不得含有诱发未成年人模仿违反社会公德的行为和违法犯罪的行为的内容,不得含有恐怖、残酷等妨害未成年人身心健康的内容。"

我国出版业相关法律法规及有关部门规章对出版物内容的管理主要包括以下几个方面。

(一) 涉及国家和政府安全、社会秩序稳定等内容的出版物

1. 涉及国家安全的出版物

根据《反间谍法实施细则》第8条第3款的规定,"捏造、歪曲事实,发表、散布危害国家安全的文字或者信息,或者制作、传播、出版危害国家安全的音像制品或者其他出版物的"属于"间谍行为以外的其他危害国家安全行为",必须受到法律制裁。我国《刑法》规定,"以造谣、诽谤或者其他方式煽动颠覆国家政权、推翻社会主义制度"的行为构成煽动颠覆国家政权罪,其中"其他方式"包括新闻宣传的方法。

国家秘密对国家安全和利益至关重要,《刑法》对泄露国家重要机密的行为和为境外的机构、组织、人员窃取、刺探、收买、非法提供国家秘密的行为的制裁都有规定。2004年3月30日,中共中央宣传部、新闻出版总署发布了《关于重申严格执行有关出版管理规定的通知》,要求严格执行新闻出版保密规定,包括认真执行《国家保密局、中共中央对外宣传小组、新闻出版总署、广播电影电视部〈新闻出版保密规定〉》(国保〔1992〕34号)、《新闻出版署关于防止在出版物中泄露国家秘密的通知》(新出图〔1994〕156号)、《中央宣传部、新闻出版署关于不得在出版物上公开引用发表新华社内参涉密信息的通知》(新出联〔1998〕10号)等规定。

凡涉及国家事务重大决策中的秘密事项、国防建设和武装力量活动中的秘密事项、外交和外事活动中的秘密事项,以及对外承担保密义务的事项、国民经济和社会发展中的秘密事项、科学技术中的秘密事项、维护国家安全活动和追查刑事犯罪中的秘密事项、其他国家保密工作部门确定应当保守的秘密事项,所有出版物包括内部发行的出版物一律禁载。

凡内容涉及国家事务的重大决策、党的文献和档案、国防建设和武装力量情况、国家外交政策和对外宣传工作、国民经济和社会发展中的统计资料和数据、尖端科技和科技成果及资料、测绘和地图、国家安全活动和追查刑事犯罪活动、其他各部门各行业中不宜公开的重大事项,以及把握不准是否属于秘密

的问题，出版前必须严格执行送审报批制度。

未经批准，不得擅自公开引用、发表中央领导同志内部讲话和批示，不得擅自公开引用、发表新华社等有密级的内部刊物上的任何材料。

2001 年，新闻出版总署颁布的《关于禁止传播有害信息进一步规范出版秩序的通知》中针对经济消息报社与中国国情研究会擅自设立"国情内参社"的情况，指出"未经新闻出版行政管理部门批准，不得擅自设立以编辑出版'内参'或内部信息资料等的编辑机构；不得擅自公开发表、出版、发行内部涉密信息或境外媒体的报道、文章，以及互联网上未经证实的信息。凡将上述内容汇编出版发行的，一律按非法出版物查缴"。

2. 关于党和政府的文件、法律法规汇编等出版物

2004 年 3 月 30 日，中共中央宣传部和新闻出版总署下发的《关于重申严格执行有关出版管理规定的通知》中提到，出版党代会、人代会文件及学习辅导读物，要严格执行《新闻出版署关于出版党代会、党中央全会和全国人代会文件及学习辅导材料的暂行规定》（〔91〕新出图字第 276 号）和《中央宣传部、文化部、国家广电总局、新闻出版总署关于对编写出版十六大文件学习辅导读物等有关问题加强管理的通知》（中宣发〔2002〕6 号）等规定。

有关党的代表大会、党的中央全会和全国人民代表大会文件的内容，只能由人民出版社出版。各地人民出版社如需要安排出版，可向人民出版社租型。其他出版单位一律不得安排出版。

有关党的代表大会、党的中央全会和全国人民代表大会文件的学习辅导读物，统一由文件起草组编写，由人民出版社和新闻出版总署指定的其他出版社出版。任何单位和个人一律不得自行编写和出版。

关于法规汇编，要严格执行国务院 1990 年 7 月 29 日发布、2019 年 3 月 2 日修订的《法规汇编编辑出版管理规定》和新闻出版署 1991 年 12 月 23 日发布的《关于贯彻执行国务院〈法规汇编编辑出版管理规定〉的通知》。

法规汇编，是指将依照法定程序发布的法律、行政法规、国务院部门规章、地方性法规和地方政府规章，按照一定的顺序或者分类汇编成册的公开出版物。《法规汇编编辑出版管理规定》第 4 条规定，编辑法规汇编须遵守下列分工：（1）法律汇编由全国人民代表大会常务委员会法制工作委员会编辑；（2）行政法规汇编由司法部编辑；（3）军事法规汇编由中央军事委员会法制局编辑；（4）部门规章汇编由国务院各部门依照该部门职责范围编辑；（5）地方性法规和地方政府规章汇编，由具有地方性法规和地方政府规章制定权的地方各级人民代表大会常务委员会和地方各级人民政府指定的机构编辑。全国人民代表大会常务委员会法制工作委员会和司法部可以编辑法律、行政法规、部门规章、地方性法规和地方政府规章的综合性法规汇编；中央军事委员会法制局可以编辑有关军事方面的法律、法规、条令汇编；国务院各部门可以依照本部门职责范围编辑专业性的法律、行政法规和部门规章汇编；具有地方性法规和地方政府规章制定权的地方各级人民代表大会常务委员会和地方各级人民政府可以编辑本地区制定的地方性法规和地方政府规章汇编。

《法规汇编编辑出版管理规定》第5条规定，根据工作、学习、教学、研究需要，有关机关、团体、企业事业组织可以自行或者委托精通法律的专业人员编印供内部使用的法规汇集；需要正式出版的，应当经出版行政管理部门核准。除此规定外，个人不得编辑法规汇编。

《法规汇编编辑出版管理规定》第6条规定，编辑法规汇编，应当做到以下几点。（1）选材准确。收入法规汇编的法规必须准确无误，如果收入废止或者失效的法规，必须注明；现行法规汇编不得收入废止或者失效的法规。（2）内容完整。收入法规汇编的法规名称、批准或者发布机关、批准或者发布日期、施行日期、章节条款等内容应当全部编入，不得随意删减或者改动。（3）编排科学。法规汇编应当按照一定的类别或者顺序排列，有利于各项工作的开展。

《法规汇编编辑出版管理规定》第7条规定，出版法规汇编，国家出版行政管理部门根据出版专业分工规定的原则，依照下列分工予以审核批准：（1）法律汇编由全国人民代表大会常务委员会法制工作委员会选择的中央一级出版社出版；（2）行政法规汇编由司法部选择的中央一级出版社出版；（3）军事法规汇编由中央军事委员会法制局选择的中央一级出版社出版；（4）部门规章汇编由国务院各部门选择的中央一级出版社出版；（5）地方性法规和地方政府规章汇编由具有地方性法规和地方政府规章制定权的地方各级人民代表大会常务委员会和地方各级人民政府选择的中央一级出版社或者地方出版社出版。

3. 有关军事题材的出版物

1994年3月12日，中央宣传部、新闻出版署、总政治部联合发布了《关于加强军事题材出版物出版管理的规定》（下文简称《规定》）。该《规定》明确指出，所谓军事题材出版物，是指以我国国防建设及军队各个历史时期的战斗、工作、生活和重要人物为题材的专著、通俗读物、传记、回忆录、文学作品、美术摄影作品、辞书等工具书及报刊文章和音像制品。凡出版上述军事题材的出版物，必须符合历史真实，内容准确，并照顾到现实，不得损害军队形象，不得泄露军事秘密，不得妨碍团结和社会的稳定。凡在拟发表和出版的这类作品中有下列内容的，必须严格执行事前送审报批制度。

（1）国防和军队建设的重大方针，对国家安全环境和作战对象的分析判断，部队重大工作的规划及其实施情况。

（2）中央军委、总部的重大决策，重要军事会议，军队各级领导干部涉及秘密的内部讲话，军事谈判的方针、原则和方案，不宜公开的军队条令、条例和法规。

（3）军队建设、战斗力水平的综合情况，军队的组织编制、实力、设防部署、军事调动、军事演习、军事禁区、重要军事设施等情况，部队输送及各项勤务保障事项，集团军、师、旅、团及特殊单位的番号，各类战斗部队的名称、任务和实力，边防、海防、空防的军事部署、后勤保障的主要情况。

（4）军队历史上未公开的或有争议的重大事件，未解密的海、边、空防涉外军事斗争事件和援外军事斗争情况，军队参与稳定国内局势的情况，"文化大革命"中军队"三支两军"的情况。

（5）部队军事、政治、思想、身体素质情况的全面统计和综合分析；案件及行政责任事故统计，重大案件和事故，违法违纪的综合情况及反面典型，行政管理方面存在的严重问题，有损军政军民关系和军队形象的其他情况。

（6）军队秘密工作部门的情况，秘密情报及其来源、获取手段和能力，秘密通信的密码、资料，电子对抗及其他特种技术的手段、能力等情况。

（7）国防科学技术研究的重要成果，军队特有或新型军事装备的技术战术性能、核心部位和装备部队情况，武器装备进出口和军备控制情况，军事院校不宜公开的专业和技术、学术研究成果。

（8）国防经费的安排、使用、管理情况，国防工业的分布，重要军事物资、武器装备的生产、调拨、储备、战略、战役后方基地建设等情况。

（9）预备役人员的储备情况，战时动员及可供国家动员的人力、物力情况，民兵组织状况、装备实力及武器装备保管办法等。

（10）军队高级干部和负有特殊任务人员的驻地、行动、档案，师级以上单位和军职以上干部的全面情况。

涉及上述内容，要报送所在大军区级单位有关部门审定，或由上述部门报请中央军委、总部有关部门批准。未经批准，任何军内外单位不得向出版单位和作者提供上述有关情况。

2004年3月30日，中共中央宣传部、新闻出版总署下发《关于重申严格执行有关出版管理规定的通知》，要求军事题材出版物要严格执行《中央宣传部、新闻出版署、总政治部关于加强军事题材出版物出版管理的规定》（〔1994〕政联字第3号）、《中央宣传部、新闻出版署、总政治部关于加强军事题材出版物出版管理的补充规定》（〔1998〕政联字第5号）、《中央宣传部、新闻出版署、总政治部关于进一步加强军事新闻宣传和军事题材出版保密工作的通知》（〔2000〕政联字第2号）、《中央宣传部、新闻出版总署、总政治部关于加强军事新闻宣传管理的通知》（〔2001〕政联字第3号）和《中央宣传部、中央外宣办、新闻出版总署、总政治部关于切实加强军事新闻报道中保密工作的通知》（中宣发〔2003〕22号）等规定。凡涉及我国国防建设、军队建设等军事专业性强的选题以及反映我军各个历史时期战役、战斗、工作、生活和重要人物题材的作品，原则上归口军队出版单位出版。出版前须报新闻出版总署备案，并报总政审批。未经批准，一律不得出版。

4. 有关港、澳、台的宣传报道

涉及这方面的问题主要是对称谓的规定，在使用称谓时，港、澳、台不能与"中"并列。

如1987年新闻出版署转发外交部《关于国内出版物出现台湾伪称问题》来函的通知，强调了对台湾的称呼问题。

2002年出台、2016年修订的《关于正确使用涉台宣传用语的意见》中对台湾问题的相关规定主要是：对1949年10月1日之后的台湾地区政权，应称之为"台湾当局"或"台湾方面"，不使用"中华民国"，也一律不使用"中华民国"纪年及旗、徽、歌；对台湾当局及其所属机构的法规性文件与各式官方文书等，应加引号或变通处理；国际场合涉及我国时应称中国或中华人民共和国，不能自称"大陆"；涉及台湾时应称"中国台湾"，且不能把台湾和其他国家并列，确需并列时应标注"国家和地区"；台商在祖国大陆投资，不得称"中外合资""中台合资"，可称"沪台合资""桂台合资"等。

（二）涉及民族、宗教的出版物

我国政府十分重视民族的团结和对宗教信仰的尊重，因此，在民族和宗教出版物内容的管理上也比较严格。第八届全国人民代表大会第五次会议修订的《刑法》增列了相应的条款，即"出版歧视、侮辱少数民族作品罪"。

2004年3月30日，中共中央宣传部、新闻出版总署下发《关于重申严格执行有关出版管理规定的通知》，要求民族、宗教出版物要严格执行《中央办公厅、国务院办公厅关于转发〈国家民委、中央统战部、公安部、民政部、国家广电总局、新闻出版总署、国家宗教局关于正确处理新形势下影响民族团结问题的意见〉的通知》（中办发〔2001〕23号）、《中央宣传部、中央统战部、新闻出版署、国家民委、国务院宗教局关于对涉及伊斯兰教的出版物加强管理的通知》（新出联字〔1993〕12号）、《国家民委、中央宣传部、中央统战部、文化部、广播电影电视部、新闻出版署、国务院宗教局关于严禁在新闻出版和文艺作品中出现损害民族团结内容的通知》（〔94〕民委政字362号）等规定。

凡属宗教内部使用的经书、典籍、教义、教规等传经布道的出版物，经省、自治区、直辖市以上政府宗教事务部门批准，报同级新闻出版行政主管部门备案，办理内部准印手续，并只能在宗教场所内流通。

凡研究、评价宗教历史、人物、事件、教义、教规和经书、典籍的出版物，由人民出版社、各地人民出版社及新闻出版总署指定的中央有关社会科学专业出版社安排出版。这类作品，出版前须报新闻出版总署备案，并报主管部门审批。未经批准，一律不得出版。

凡以伊斯兰教等的经书、典籍或教义、教规为基础加工编写的通俗读物，以及以所谓传闻、轶事为根据编撰的有关宗教和少数民族风俗习惯的通俗读物，原则上不安排出版。有关伊斯兰教的连环画、画册（像）不得安排出版。

国务院2004年11月30日颁布、2017年6月14日修订的《宗教事务条例》第45条规定："宗教团体、宗教院校和寺观教堂按照国家有关规定可以编印、发送宗教内部资料性出版物。出版公开发行的宗教出版物，按照国家出版管理的规定办理。涉及宗教内容的出版物，应当符合国家出版管理的规定，并不得含有下列内容：（1）破坏信教公民与不信教公民和睦相处的；（2）破坏不同宗教之间和睦以及宗教内部和睦的；（3）歧视、侮辱信教公民或者不信教公民的；（4）宣扬宗教极端主义的；（5）违背宗教的独立自主自办原则的。"

值得注意的是，我国虽然尊重公民的宗教信仰自由，但对宣扬封建迷信的出版物是禁止的。例如，《关于严禁出版会道门经书的通知》（1995）对图书中不得有迷信、伪科学等内容做了规定。

（三）以未成年人为对象的出版物

1991年通过、2006年第一次修订、2012年修正、2020年第二次修订的

《未成年人保护法》第48条规定："国家鼓励创作、出版、制作和传播有利于未成年人健康成长的图书、报刊、电影、广播电视节目、舞台艺术作品、音像制品、电子出版物和网络信息等。"第50条规定："禁止制作、复制、出版、发布、传播含有宣扬淫秽、色情、暴力、邪教、迷信、赌博、引诱自杀、恐怖主义、分裂主义、极端主义等危害未成年人身心健康内容的图书、报刊、电影、广播电视节目、舞台艺术作品、音像制品、电子出版物和网络信息等。"

根据这一总的原则,2004年5月31日,中共中央宣传部、新闻出版总署联合发布了《关于进一步加强和改进未成年人出版物出版工作的意见》(下文简称《意见》)。该《意见》明确指出,对未成年人读物的出版实行出版资源倾斜政策,在书号、刊号、版号等方面予以支持,并予以资金扶持。

中共中央、国务院于2004年3月颁布的《关于进一步加强和改进未成年人思想道德建设的若干意见》要求,所有图书、报刊、音像、电子、网络出版单位都要增强责任感,将青少年的道德教育放在首位,加强对以青少年为读者对象的出版物、网站的管理,净化市场,通过资金扶持等手段建立有利于未成年人优秀读物出版发行的长效机制。

在互联网出版方面,《网络出版服务管理规定》第25条规定："为保护未成年人合法权益,网络出版物不得含有诱发未成年人模仿违反社会公德和违法犯罪行为的内容,不得含有恐怖、残酷等妨害未成年人身心健康的内容,不得含有披露未成年人个人隐私的内容。"

我国对面向青少年的出版物的管理相对于发达国家而言还较薄弱,但随着各项法规的颁布和实施,我们看到有关部门已经逐步认识到这一问题,在将来的立法中应会有更多有利于青少年健康成长的条款。

(四)淫秽、色情出版物

从发达国家对出版物的管理中可以看到,很多国家都专门立法限制淫秽、色情出版物。比如,英国法律规定了淫秽罪,认为出版可能使读者腐化堕落的图书报刊或音像资料是一种犯罪行为。这一法律旨在控制露骨的色情描写,同时保护作品的文学价值。①

作为对物质文明与精神文明同样重视的社会主义国家,我国对这方面的检查、打击力度也是十分大的。我国《刑法》和《治安管理条例》严厉禁止制

---

① 余敏. 国外出版业宏观管理体系研究 [M]. 北京: 中国书籍出版社, 2004: 76-77.

作、贩卖、出售、出租或传播淫秽出版物；国务院及有关部门曾多次颁布行政法规，查禁淫秽出版物，限制夹杂淫秽内容的出版物。

1988年12月27日，新闻出版署发布的《关于认定淫秽及色情出版物的暂行规定》明确规定，淫秽出版物是指在整体上宣扬淫秽行为，挑动人们的性欲，足以导致普通人腐化堕落，而又没有艺术价值或者科学价值的出版物，具有：（1）淫亵性地具体描写性行为、性交及其心理感受；（2）公然宣扬色情淫荡形象；（3）淫亵性地描述或者传授性技巧；（4）具体描写乱伦、强奸或者其他性犯罪的手段、过程或者细节，足以诱发犯罪的；（5）具体描写少年儿童的性行为；（6）淫亵性地具体描写同性恋的性行为或者其他性变态行为，或者具体描写与性变态有关的暴力、虐待、侮辱行为；（7）其他令普通人不能容忍的对性行为的淫亵性描写。色情出版物是指在整体上不是淫秽的，但其中一部分有上述（1）至（7）项规定的内容，对普通人特别是对未成年人的身心健康有毒害，而缺乏艺术价值或科学价值的出版物。淫秽出版物、色情出版物由新闻出版署负责鉴定或者认定。

国务院《关于严禁淫秽物品的规定》（1985）、文化部《关于贯彻〈国务院关于严禁淫秽物品的规定〉的通知》（1985）对淫秽出版物范围进行了认定，新闻出版署《关于严格控制人体美术图书出版的通知》（1989）中对人体美术图书出版单位、内容进行了限定，严禁在其中出现色情、淫秽的内容。

（五）法律、法规禁止的其他内容

1. 损害公民、法人合法权益的内容

1982年，《宪法》首次规定了公民人格尊严不受侵犯的条款。在此稍前的1979年，《刑法》规定了以公民人格尊严权为保护客体的诽谤侮辱罪。其后，《中华人民共和国民法通则》（1986年通过，2009年修订；2017年3月15日中华人民共和国第十二届全国人民代表大会第五次会议通过《中华人民共和国民法总则》，自2017年10月1日起施行，《中华人民共和国民法通则》同时废止；2020年5月28日第十三届全国人民代表大会第三次会议通过《中华人民共和国民法典》，自2021年1月1日起施行，同时废止《中华人民共和国民法总则》）又对保护公民、法人名誉权等做出了规定。起初，由于观念准备和知识准备的不足，新闻媒体因新闻报道被指侵权而受到起诉的案件多有发生，一度成为困扰新闻界的热门话题。1993年，最高人民法院制定了关于名誉权案件的司法解释，其中的重要内容是对审理新闻侵权行为从实体到程序进

行了具体界定，使新闻媒体知所遵循。法学界人士认为，我国对以名誉权为主的人格尊严权的法律保护之完备，在世界上也不多见。

2. 地图出版

为了加强地图编制出版管理，保证地图编制出版的质量，维护国家的主权、安全和利益，为经济建设、社会发展和人民生活服务，1994年《关于加强教学地图编制出版管理工作的通知》对教学地图的出版、印刷单位和送审程序进行了规定。1995年，国务院颁布了《中华人民共和国地图编制出版管理条例》，对地图的编制、出版进行了详细的规定。2002年，国务院法制办公室对国家测绘局《关于请对中华人民共和国地图编制出版管理条例有关条文进行解释的函》的答复中对1995年条例的第11条"全国性、世界性地图"的范围做出了解释。

2007年新闻出版总署颁布、2015年修正的《图书出版管理规定》第21条规定，我国地图出版实行资格准入制度，出版单位须按照新闻出版总署批准的业务范围出版。具体办法由新闻出版总署另行规定。

2015年11月26日公布的《地图管理条例》第27条规定，出版单位从事地图出版活动的，应当具有国务院出版行政主管部门审核批准的地图出版业务范围，并依照《出版管理条例》的有关规定办理审批手续。

3. 描写党和国家领导人的出版物、革命回忆录

20世纪80年代末曾经出现一批描写党和国家领导人的文学作品。针对此情况，中共中央宣传部、新闻出版署先后发布《关于对描写党和国家主要领导人的出版物加强管理的规定》（1990）、《关于发表和出版有关党和国家主要领导人员工作和生活情况作品的补充规定》（1993）、《关于出版反映党和国家主要领导人工作和生活情况的摄影画册的规定》（1995）、《关于重申对出版反映党和国家主要领导人工作和生活情况图书加强管理的紧急通知》（1997），对这类出版物进行了严格的规定。

2004年3月30日，中共中央宣传部、新闻出版总署《关于重申严格执行有关出版管理规定的通知》，要求涉及党和国家主要领导人的出版物，要严格执行《中共中央办公厅关于加强对涉及党和国家主要领导同志的书籍、文章和影视等作品管理的通知》（中办发〔2000〕26号）、《中共中央办公厅关于严格执行编辑出版党和国家主要领导同志讲话选编和研究著作有关规定的通知》（中办发〔1998〕32号）、《国务院办公厅关于进一步加强对有关出版物管理的通知》（国办电〔1998〕252号）、《中共中央宣传部、新闻出版署关于发表和出版有关党和国家主要领导人工作和生活情况作品的补充规定》（中宣发文〔1993〕5号）、《新闻出版署关于出版反映党和国家主要领导人工作和生活情况的摄影画册的规定》（新出图〔1995〕215号）、《新闻出版署关于期刊发表有关党和国家主要领导人工作和生活文章、图片的规定》（新出期〔1994〕721号）、《新闻出版署关于出版曾任和现任党和国家主要领导人著作的补充通知》（新出图字〔1991〕第1307号）等各项规定。

凡公开发表、出版曾任和现任中央政治局常委同志未公开发表过的文稿，包括文章、著作、讲话、书信、批示、电文、日记、诗词等，须由新闻出版总署报中央办公厅并经中央批准。未经批准，任何部门和单位都不得擅自发表。

凡公开或内部出版曾任和现任中央政治局常委同志的讲话选编、论述摘编、专题文集的出版物，统一由中央文献研究室或中央指定的单位编辑。同时，须由新闻出版总署报中央办公厅并经中央批准后方可出版。其他任何部门、单位和个人不得擅自编辑、出版。

凡研究曾任和现任中央政治局常委同志思想、生平的专著和文集，一般不出版；需要出版的，须由新闻出版总署报中央办公厅并经中央批准后方可出版。

凡编辑制作、出版发表描写曾任和现任党和国家主要领导人及其家属工作生活情况的书籍、画像、图片、文章和音像制品、电子出版物等，须由新闻出版总署报中央办公厅批准，并征得领导同志本人或家属同意。未经批准和同意，一律不得出版。汇编出版报刊等发表的涉及上述内容的作品，也必须按上述规定办理。

翻译出版国外作者和翻印台港澳作者撰写的这类图书，按照上述规定办理。

上述作品限由人民出版社、中央文献出版社或新闻出版总署指定的其他出版社出版，其他出版单位一律不得自行出版。

严禁任何单位和个人借发表、出版和制作有关涉及中央领导同志的文章、书籍和音像制品、电子出版物等名义拉赞助和广告。严禁用党和国家主要领导同志的名字、题词和照片做广告或变相广告。

4. 美术、摄影、挂历

对这类出版物的规定主要集中在20世纪90年代初，是针对当时年画、挂历、画册市场的混乱状况而制定的，具有时效性强的特点。此类部门规章包括新闻出版署发布的《关于加强挂历、年画、年历画管理的紧急通知》（1990）、《关于核定挂历、年画、年历画等出版任务的通知》（1991）、《关于严格控制裸体摄影画册的通知》（1993）等。

5. 有关国民党上层人物和对台工作秘密史料

在期刊出版中，发表反映国民党历史人物的作品，数量上应有所控制，涉及一些敏感人物和台湾地区在世的重要人物的，应报送有关部门审批。对不同历史时期和持不同政治态度的国民党历史人物，要区别对待。

凡涉及我党对台工作和国共两党秘密接触的档案史料、回忆录、访问记等，特别是有关组织系统、工作规律、策略手段，以及各方人士中的点线和秘密党员的活动、工作方法等方面的材料，一律不得公开发表。

6. 名录

相关法规文件主要有《法规汇编编辑出版管理规定》（1990）、《关于出版"名录"类图书的管理规定》（1995）、《关于对商标汇编类图书编辑出版加强管理的通知》（1995）、《国家工商行政管理局、新闻出版署关于对商标汇编类图书编辑出版加强管理的通知》（1995）等。

7. 纪实作品和回忆录

在期刊出版上，新闻出版署《关于对期刊发表纪实作品加强管理的通知》（1990）、《关于对涉及苏联、东欧国家的图书的出版加强管理的通知》（1990）、《关于发布〈报刊刊载虚假、失实报道处理办法〉的通知》（1999）等都规定期刊应严格遵守办刊宗旨，不准超出规定的范围随意转向纪实刊物，凡是违反《中华人民共和国保守国家秘密法》的纪实作品，一律不准刊登。

8. 辞书

为提高辞书出版质量，规范辞书出版秩序，新闻出版总署依据《出版管理条例》颁行了《关于规范图书出版单位辞书出版业务范围的若干规定》（2006）。该规定明确了我国对辞书出版实行准入制度，并对辞书出版物的质量做出了严格要求。对辞书质量不合格或所出辞书中存在抄袭、剽窃等侵犯著作权行为的出版单位，可以视其情节轻重，给予暂停其辞书出版业务两年或直接撤销其辞书出版业务的处罚。

除了以上内容外，国家新闻出版署和其他相关部门还对涉及"文化大革命"的出版物、期刊刊载法制题材、报刊虚假报道等涉及出版物内容方面的问题进行了规定。

由于对出版物内容管理的法规文件过于芜杂，而且一些规定带有时效性，有的已不适用，因此，对这方面的规定应当及时予以清理，便于编辑出版人员更好地遵守现行法律法规的规定，出版更多优秀的出版物。

第五章

出版合同的法律规定及其应用

我国《宪法》规定公民有言论自由和出版自由，公民的言论和出版自由是建立在合理的出版管理体制之下的，按照我国相关出版政策法规的规定，只有具有合法资格的出版主体才能进行出版活动。这也就是说，只有将个人出版权让渡给合法的出版者，使之与合法的出版资质相结合后才能形成完全合法的出版物。在这种让渡的过程中，双方必须明确各自的权利和义务。为了对权利和义务进行事前的规范，出版合同就出现了。从这个意义上说，出版合同的实质就是这种权利让渡的双方合意。

在出版活动中，出版合同是维护出版者和著作权人双方权益的依据，是一种重要的出版民事行为，对于保障双方在出版活动中行使各项权利、约束双方在出版过程中执行各项义务具有十分显著的作用。

第一节　出版合同的概念和订立原则

出版合同是民事合同中相对独立的一种，在我国现行的法律条文中尚未对其进行明确的规定，但出版合同已经在实践中得到广泛应用，并由于出版活动的多样性而形成了一些不同的种类。

一、出版合同的概念和特征

《民法典》第3编第1分编第464条明确规定，合同是民事主体之间设立、变更、终止民事法律关系的协议。作为现代民法中最重要的法律概念之一，合同的概念包含了以下三层含义。

（1）签订合同是一种民事法律行为。签订合同本身是一种法律行为而非事实行为，合同双方是平等的民事主体。民事法律关系的特征之一就是主体地位平等，以区别于行政合同。合同主体包括自然人、法人和非法人组织，这些主体都有权根据自己的经济目的订立合同。合同双方当事人身份是平等的，这是指合同双方当事人享有独立的法律人格，在具体的民事财产流转关系中彼此互不隶属，能够独立地表达自己的意思，依法取得的权利平等地受到法律的保护，任何一方都不能在合同关系中享有特权，不能凌驾于另一方主体之上。

(2) 签订合同的目的是设立、变更和终止民事权利义务关系。当事人订立合同一般都是为了实现一定的经济目的，这种经济目的的实现需要相关权利、义务的设定来完成。这种设定不仅指设立，也可以是变更和终止。设立民事权利、义务关系，是指当事人订立合同旨在形成某种法律关系；变更民事权利、义务关系，是指当事人通过订立合同，在继续保持原合同关系效力的前提下，使原有的法律关系发生变化，从而形成新的法律关系；终止权利、义务关系，是指当事人通过订立合同，旨在消灭原法律关系。

(3) 合同应是两个以上意思表示一致的协议。合同的成立必须有两个或者两个以上的当事人，各方都要根据自己的目的相互做出意思表示，即要约和承诺的过程，同时，合同各方当事人的意思表示必须一致。达成协议，合同才能成立，合同当事人在设立、变更和终止权利义务关系时必须平等协商。

到目前为止尚没有法律对出版合同的定义做出明确界定。根据《民法典》第3编第1分编第467条的相关规定，对于《民法典》或者其他法律没有明文规定的合同，适用第3编通则的规定，并可以参照适用第3编或者其他法律最相类似合同的规定。《民法典》在第3编第2分编中规定了几种常见的和典型的合同类型，如买卖合同、建设工程合同、技术合同等，将其作为有名合同确定下来并一一予以单独规定，这其中并不包括出版合同。

在对现实的出版合同性质加以界定之后，一些学者认为出版合同具有独立的有名合同的特征，并对其加以概括和归纳。① 另外，我国《著作权法》第4章第1节中对图书出版者和著作权人订立出版合同中的相关权利和义务进行了一定的规定。因此，可以借鉴《民法典》第3编第1分编"通则"中普通合同的定义及第2分编中各独立有名合同的定义的逻辑方法，结合《著作权法》中对合同双方权利、义务的具体设定来对出版合同进行定义。

在出版活动中，出版合同的双方分别为出版者和著作权人，出版者是具有合法出版资格的组织，著作权人包括作者和其他依法享有著作权的自然人、法人或非法人组织。双方围绕作品的出版进行权利、义务的设定，最基本与核心的权利依《著作权法》相关规定（《著作权法》第32条至第37条）可以概括为：出版者出版图书应当和著作权人订立出版合同并支付报酬，图书出版者对著作权人交付出版的作品，按照合同约定享有专有出版权，著作权人应该按照合同约定的期限交付作品，出版者则应当按照合同约定的出版质量和期限出版

---

① 郭明瑞，王轶. 合同法新论·分则 [M]. 北京：中国政法大学出版社，1998：187.

图书。值得说明的是，由于出版的概念在本书中界定为广义的出版，因此，本书所列的出版物形式不仅包括一般的印刷出版物，还包括其他公开复制发行的出版物类型。

通过以上分析，我们认为出版合同是作者或者其他著作权人在规定期限内向出版者交付作品、出版者以出版物形式将作品公开复制发行并支付报酬的合同。

根据这一概念的表述，出版合同可以总结为具有以下几个特征。

（1）合意性。我国公民依照宪法拥有言论自由和出版自由，但在我国现行的管理体制下，只有依法经过审批并登记注册、具有出版资格的出版主体才能进行合法的出版活动。这样，要行使出版权的个人或组织就必须将个人出版权让渡给拥有合法资格的出版者，两者相联系，然后才能形成合法的出版物。可以说，出版合同就是这种权利让渡的双方合意。

（2）有偿性。根据我国《著作权法》第 30 条和第 31 条的规定，著作权人许可他人使用自己的作品，出版者应当支付相应的报酬，他人使用著作权人的作品，不得侵犯作者获得报酬的权利。这是民法中的等价有偿原则在出版合同中的具体体现。

（3）诺成性。诺成，是指不需交付实物，只要有承诺，合同关系即宣告确立。如某位作者想与某家出版社订立图书出版合同，这位作者不需要将书稿交到出版社手里，只要作者与出版社之间双方的意思表示一致，合同便宣告成立。把未来的作品当作合同标的时，具有一定的风险性和不可预知性。因此，在实际的出版活动中，有些出版单位为了防止这种"空头合同"的出现，往往在订立图书出版合同之前先和作者订立约稿合同。

（4）双务性。出版合同是一种典型的双务合同，即合同双方的当事人在合同签订后，在法律上都负有特定的义务。在合同中明确设立著作权人和出版者之间的权利、义务，是出版合同的核心条款。而且，作为一种在平等民事主体间订立的协议，权利和义务应该由双方共同进行协商。

（5）期限性。2010 年 2 月 26 日第 2 次修正的《著作权法》取消了以前"合同约定图书出版者享有专有出版权的期限不得超过 10 年，合同期满可以续订"的规定。但是，由于著作权的特殊性，著作权人的权利有一定的保护期，因此，出版合同除了在合同中对交付作品和出版作品的时间进行约定之外，还受到权利保护期的限制。对于超出保护期的作品，著作权人的一些权利，《著作权法》不再予以保护；作品进入公共领域，出版者的相关权利也自动不再受到保护。

二、出版合同订立的基本原则

契约建立在诚实信用的基础上,是对双方行为的约束。在出版合同的订立过程中,合同双方必须遵循平等、自愿、公平、诚信和公序良俗等基本原则。

1. 平等原则

我国《民法典》第1编第4条规定,民事主体在民事活动中的法律地位一律平等。平等原则是指在法律上出版合同当事人是平等主体,没有高低、从属之分,不存在命令者与被命令者、管理者与被管理者的区别。这意味着不论所有制性质,也不论双方实力大小和强弱,其地位是平等的。在此基础上,要求出版合同中当事人权利和义务对等,双方必须就合同条款充分协商,取得一致,这样出版合同才能成立。

在现实的出版活动中,合同双方在经济实力上往往并不相当,比如个人与出版社签订出版合同,或者小型出版社与跨国集团签订出版合同,但无论经济实力如何悬殊,都应该在签订出版合同的时候坚持双方在法律地位上的平等,这样双方才有对合同条款进行平等协商的可能。

2. 自愿原则

《民法典》第1编第5条规定,民事主体从事民事活动,应当遵循自愿原则,按照自己的意思设立、变更、终止民事法律关系。自愿原则体现了民事活动的基本特征,是民事法律关系区别于行政法律关系、刑事法律关系的特有原则。自愿原则意味着合同当事人即市场主体自主自愿地进行交易活动,当事人根据自己的知识、认识和判断,以及相关的环境去自主选择自己所需要的出版合同,追求自己最大的利益。其主要内容包括以下几点。

(1) 订不订立合同自愿。当事人依自己意愿自主决定是否签订合同。

(2) 与谁订合同自愿。在签订合同时,有权选择对方当事人。

(3) 合同内容由当事人在不违法的情况下自愿约定。

(4) 在合同履行过程中,当事人可以协议补充、变更有关内容或解除合同。

(5) 可以约定违约责任,也可以自愿选择解决争议的方式。

总之,只要不违背法律、行政法规的规定,合同的签订、履行、解除等,均由当事人自愿决定。

3. 公平原则

《民法典》第1编第6条规定，民事主体从事民事活动，应当遵循公平原则，合理确定各方的权利和义务。

公平原则要求当事人之间的权利、义务要公平、合理并大体上平衡，合同上的责任和风险要合理分配，具体包括以下几点。

（1）在订立合同时，要根据公平原则确定双方的权利、义务，不得滥用权力和优势，强迫对方接受不合理的内容。

（2）根据公平原则合理分配合同风险。

（3）根据公平原则确定违约责任。

当事人应当遵循公平原则确定各方的权利和义务。签约时，权利、义务要对等，不能一方享受权利多而尽义务少，双方利益要平衡。

4. 诚信原则

《民法典》第1编第7条规定，民事主体从事民事活动，应当遵循诚信原则，秉持诚实，恪守承诺。该原则的具体内容包括以下几点。

（1）在订立合同时，不得有欺诈或其他违背诚信的行为。

（2）在履行合同中，应当根据合同的性质、目的和交易习惯，履行及时通知、协助、提供必要的条件、防止损失扩大、保密等义务。

（3）合同终止后当事人也应当遵循诚信原则，及时履行通知、协助、保密等义务（后契约义务）。

当事人行使权利、履行义务应当遵循诚信原则，是指当事人在从事民事活动时应诚实守信、善意履行义务。市场经济是建立在法律和诚信机制之上的，诚信原则是对法律条款的重要补充。在我国尚未建立有效的诚信监督的情况下，合同双方要注意自律，应注意把握以下几点：（1）签约或联系签约时，负有忠实义务，应如实向对方陈述合同内容的真实情况，不得弄虚作假或假借签约恶意进行磋商，对各自的实际经营管理水平和状况做真实的表述；（2）在执行合同的过程中，双方有义务相互协作，向对方告知执行的进度，同时，将合同执行中遇到的困难，如履约内容的变化、自身经营困难，及时告知对方；（3）对合同中没有涉及的条款，则应本着诚信原则来执行，比如，对出版物的销售量、脱销、库存、最终利润等情况都应该本着诚信的原则诚实告知；（4）合同终止后，双方要对彼此的经济情况等商业秘密保密。

5. 公序良俗原则

《民法典》第1编第8条规定，民事主体从事民事活动，不得违反法律，不得违背公序良俗。

这是《民法典》的一项重要原则。一般来说，出版合同的订立和履行，属于双方当事人之间的民事权利、义务关系，只要当事人的意思不与强制性规范、社会公共利益和社会公德相违背，国家就不予干预，由当事人自主约定，采取自愿原则。但是，由于出版活动的特殊性，出版合同的订立和履行，不仅仅是当事人之间的问题，常常会涉及社会公共利益和社会公德，涉及国家经济秩序和第三人的权益。因此，出版合同规定的内容应当是在法律允许的范围内的，对于损害社会公共利益、扰乱社会经济秩序的内容，政府可依法予以干预。比如，合同内容必须遵守宪法和法律，不得反对宪法确定的基本原则，不得损害国家的、社会的、集体的利益和其他公民的合法的自由和权利。尊重社会公德，不得扰乱社会经济秩序。同时，根据《出版管理条例》的要求，出版活动应当将社会效益放在首位，实现社会效益与经济效益相结合。

第二节　　出版合同的种类和主要内容

出版合同在实践中运用得十分广泛，每种出版形式都有其较为特殊的合同要求，这些不同的要求构成了不同种类的出版合同。另外，合同双方也许会根据自己的情况设置一些特殊的条款，这些都使得现实的出版合同之间产生各种明显或者不明显的差异。因此，需要了解现实中出版合同的种类及一般合同的主要内容。

一、出版合同的种类

出版合同可以从不同的角度进行不同的分类。

1. 图书出版合同、报刊出版合同、音像制品出版合同和电子出版物出版合同

这是按照作品出版的最终形式划分的。在这种分类标准之下对出版合同进行分类，首先必须弄清楚出版物的科学分类。

一般来说，目前绝大部分的出版物可被分为两大类——平面出版物和非平面数字出版物。平面出版物即一般的印刷出版物，它包含了一般意义上的纸质图书，以及期刊和报纸等定期出版物。非平面数字出版物的种类要复杂一些，在传统的称谓上将其分为音像制品和电子出版物，主要区别在于：音像制品一般利用电磁方式进行信息的储存，如磁带、录像带、电影拷贝等；电子出版物则利用二进制的数字方式进行数据存储和传输，如 CD、E-book、网络出版物等。值得说明的是，随着数字技术在各个行业的普遍运用，电子出版物与新技术革命越来越紧密相关，任何一项数字技术的发展都可能衍生出新的出版物形式。因此，对于电子出版内涵和外延的界定，并没有统一的观点，它更像是与技术紧密联系的一个广泛的概念，不仅指利用多媒体技术、计算机技术进行的出版活动，也指利用互联网、无线通信网络等方式进行的出版活动。

在这种标准下，我们可以将出版合同分为图书出版合同、报刊出版合同、音像制品出版合同和电子出版物出版合同等。其中，图书出版合同是指著作权人在规定期限内向出版者交付作品，出版者承担以纸质印刷品的形式将作品公开复制发行并支付报酬的合同；音像制品出版合同是指著作权人在规定期限内向出版者交付作品，出版者承担以音像制品的形式将作品公开复制发行并支付报酬的合同；电子出版物出版合同是指著作权人在规定期限内向出版者交付作品，出版者承担以电子出版物的形式将作品公开复制发行并支付报酬的合同。

2. 本版出版合同和外版出版合同

这是按照作品的来源划分的。本版出版合同，是指授权方是境内的著作权人与出版单位签订的合同；外版出版合同，是指授权方是境外的著作权人与出版单位签订的合同。与有形财产的产权不同的是，著作权[①]和邻接权的保护是有地域限制的。一般来说，一国法律承认和保护的著作权只在该国地域范围内具有法律效力。签订了双边或多边协议的国家，由于著作权保护的内容和水平不尽相同，因此，对利用著作权进行生产的出版产业提出了更高的要求。

在我国的出版活动中，占主流地位的是本版出版物。但自从我国在 1992 年 10 月先后加入《伯尔尼公约》和《世界版权公约》后，在与协约各国开展版权引进的过程中开始受到国际条约的约束。在出版领域，我国在文学、外语教育、科技、经济管理、医学、法律、儿童读物等领域的版权引进，从 2000 年开始已经持续了十余年的高增长，2010 年版权引进量突破 1 万。在经济与

---

① 在我国《著作权法》中，著作权和版权是同义语。本书在表述上尽量统一使用"著作权"，但在涉及国外方面的论述时，会依据英美法系的习惯，使用"版权"这一表述方式。

文化全球化的背景之下，出版社需要经常开展对外版权贸易，也需要签订外版出版物的出版合同。

3. 书面出版合同、口头出版合同和在线合同

按照出版合同的订立方式，出版合同可以分为书面出版合同、口头出版合同和在线合同。一般来讲，由于合同双方义务履行的期限较长，因此，为了避免纠纷，通常采取书面形式订立出版合同。但是，与其他种类的合同一样，出版合同并不一定以书面形式或其他特定形式为要件，双方以诚信原则为基础，口头方式成立的出版合同同样是有效的。另外，随着互联网技术的普及，在线合同也逐渐成为一种为人们所认可的合同形式。在线合同（on-line contract）主要是指通过网络设施而成立的合同。在线合同可以有两种方式，第一种是利用电子邮件订立的合同，电子邮件与普通邮件有相同的功能，缔约方可以通过电子邮件进行多次的交流和讨价还价，这与电话、传真等工具没有什么本质的区别。这种利用电子邮件订立的合同是书面合同的衍生形式。第二种是点击成交合同（click-wrap contract），这种合同是通过互联网在服务者和用户之间形成的合同。

4. 已创作出作品的出版合同和未创作出作品的出版合同

按照作品的完成情况，出版合同可以分为已创作出作品的出版合同和未创作出作品的出版合同。对于已经或者接近完成的作品，经过编辑加工就可以出版，这种合同是一般的图书出版合同。另一种适用于尚未创作的作品，根据出版社的约请，作者和出版社订立合同，然后根据合同创作出一部作品，这种合同是包含约稿条款的出版合同。在我国，一些出版社习惯将后一种出版合同分解为两个独立的合同，即约稿合同和出版合同。这两种合同在出版实践中都是十分重要的。

5. 有效的出版合同和无效的出版合同

按照合同的效力，出版合同可以分为有效的出版合同和无效的出版合同。有效的出版合同发生法律效力，受法律保护；无效的出版合同不发生法律效力，法律不予以保护。根据《民法典》第1编第6章第3节的规定，无民事行为能力人实施的民事法律行为无效；行为人与相对人以虚假的意思表示实施的民事法律行为无效；违反法律、行政法规的强制性规定的民事法律行为无效，但是，该强制性规定不导致该民事法律行为无效的除外；违背公序良俗的民事法律行为无效；行为人与相对人恶意串通，损害他人合法权益的民事法律行为无效。同时，《民法典》第3编第1分编第506条还规定，合同中的下列免责条款无效：（1）造成对方人身损害的；（2）因故意或者重大过失造成对方财产损失的。

二、出版合同的主要内容

尽管实际中出版合同各有不同，但是一份较为完整和正式的出版合同至少应该包括六个方面的主要内容，即合同名称、合同序言、授权条款、授权方的义务与权利、相应的出版者的义务与权利及合同的其他条款。

1. 合同名称

合同首先需要具名合同的种类，如图书出版合同、翻译出版合同、音像出版合同、网络出版合同等。一个清楚的名称能够显示出合同最本质、核心的内容。

2. 合同序言

序言部分一般出现在正式条款之前，对合同双方和合同的主要内容进行说明。这一部分要明确和详细地列出以下几个方面的内容。

（1）授权人（著作权人或其他授权人）的简明信息。最典型的授权方是作品的著作权人，但也不排除一些其他的授权人，常见的如作者的经纪人、作品的代理人，另外，还有作者转让权利的受让方，如外方的出版社，买断了作者经济权利的经纪人，等等。这一条需要列出授权人的姓名和详细的地址信息，如果授权人不是作者，一般还需要加注作者的相关信息，以方便合同双方更加畅通地联系或事后追究责任。

（2）出版者的简明信息。即具有合法出版资格的出版者的名称及其详细地址。

（3）作品信息。即出版的作品名称（可以是暂名）和出版形式。如果是译作，那么在标注作品名称的时候应加注原著名称及翻译的著作名称。如果合同名称中没有对出版物形式加以体现，就需要对出版物的形式加以规定。出版物的形式随着技术的发展有了越来越多的门类，最近几年出现了电子书、以手机短信为主要形式的"手机小说"等，在签订出版合同的时候就要求对具体形式加以规定。

3. 授权条款

著作权是作者依法享有的一系列专有权利的统称。作品一经创作，作者即享有该作品的著作权。法学家一般认为，著作权中的财产权利（与之相对应的是著作权中的人身权利）是可以转让或许可他人使用的，这些权利在一定年限后进入公共领域，成为公众可以免费使用的资源，以最大限度达到个人权利和公共权利之间的平衡。我国的《著作权法》列举了一些著作权人的财产权利，并规定这些权利可以转让给他人或许可他人使用。出版者要出版作品，前提就是以合法的方式得到作者对于作品的全部或者部分财产权利的授权，这种授权的内容可能是基于复制、发行权的图书出版权、音像制品出版权，可能是基于信息网络传播权的电子出版权（其中含网络出版权），同时还可能是附属于出版权的其他一些权利，如引进版图书的翻译权、电影剧本的小说改编权、舞蹈编排的表演和摄制权等。

值得说明的是，随着我国对著作权人权益保障意识的加强和对外知识产权合作程度的加深，著作权的内涵和外延都发生了一定的变化。著作权作为一种权利被划分得越来越细致，因此，作者有更多的授权选择。这需要在出版合同中加以详细说明。

4. 授权方的义务与权利

授权方一般被要求保证作品是自己创作的，如发生抄袭和其他侵权行为，有义务赔偿出版者的损失；授权方不得将同一作品（全部或一部分，或稍加改动）另外授权给第三者出版；授权方有义务在合同规定的时间内向出版者提供作品的清样；等等。

同时，授权方有权利按照国家规定的标准或国际惯例取得与授权相应的稿酬；授权方有权要求出版者尊重作者的人身权利，不得擅自做实质性修改；作品出版后经证实在市场上已脱销，授权方有权要求出版者重印；等等。

5. 出版者的义务与权利

出版者不得擅自向第三者转让出版权；出版者有向授权方依合同约定支付报酬的义务；出版者加工或修改作品应征得作者同意；出版者有义务合理处置作品的原稿；出版者有义务在作品出版后向授权方赠送一定数量的样书；等等。

同时，在合同有效期内，出版者有按照合同预定的授权形式出版该作品的权利；因授权方的过失（如抄袭、假冒作者等）造成的损失，出版者有权向授权方索赔；等等。

6. 其他条款

合同双方认为需要明确的其他条款，包括合同的有效时间（权利、义务的开始和终止时间）、合同条款的解释方法、合同的变更和转让、合同纠纷的解决办法等。

第三节　图书出版合同及条款阐释

我国现有的出版管理是依据出版物的不同类型来开展的，因此，结合出版物的具体类型来分析出版合同的条款具有很强的现实意义。同时，在文化产业国际化发展的背景下，结合越来越广泛开展的外版引进活动，对各种类型出版物的外版引进合同加以介绍，对参与具体的出版工作具有一定的指导意义。

按照第一节的分类，出版物类型包括图书、报刊、音像制品和电子出版物。由于报刊属于定期连续出版物，它的组稿形式与一般出版物有很大的不同，因此，本书不多涉及。以下给出其他三种不同类型出版物的出版合同样本，并对各条款加以注解和分析；同时，在各类型后加上外版引进合同的相关内容介绍。

一、图书出版合同标准样式和条款解释

图书出版是出版门类中数量最多的一类。以下依据国家版权局1999年3月修订的《图书出版合同（标准样式）》对图书出版合同条款依次进行说明和解释。

1. 图书出版合同（标准样式）

甲方（著作权人）：_____　地址：_____
乙方（出版者）：_____　地址：_____
作品名称：_____
作者署名：_____
甲乙双方就上述作品的出版达成如下协议。

授权内容　第一条　甲方授予乙方在合同有效期内，在（中国大陆、中国香港、中国澳门、中国台湾，或其他国家和地区，全世界）以图书形式出版发行上述作品（汉文、_____文）文本的专有使用权。

第二条 根据本合同，出版发行的作品不得含有下列内容：
（1）反对宪法确定的基本原则的；
（2）危害国家统一、主权和领土完整的；
（3）泄露国家秘密，危害国家安全或者损害国家荣誉和利益的；
（4）煽动民族仇恨、民族歧视，破坏民族团结，或者侵害民族风俗、习惯的；
（5）宣扬邪教、迷信的；
（6）扰乱社会秩序，破坏社会稳定的；
（7）宣扬淫秽、赌博、暴力或者教唆犯罪的；
（8）侮辱或者诽谤他人，侵害他人合法权益的；
（9）危害社会公德或者民族优秀文化传统的；
（10）有法律、行政法规和国家规定禁止的其他内容的。

著作权人的责任

第三条 甲方保证拥有第一条授予乙方的权利。因上述权利的行使侵犯他人著作权的，甲方承担全部责任并赔偿因此给乙方造成的损失，乙方可以终止合同。

第四条 甲方的上述作品含有侵犯他人名誉权、肖像权、姓名权等人身权内容的，甲方承担全部责任并赔偿因此给乙方造成的损失，乙方可以终止合同。

第五条 上述作品的内容、篇幅、体例、图表、附录等应符合下列要求：
_____
_____

第六条 甲方应于_____年_____月_____日前将上述作品的誊清稿交付乙方。甲方不能按时交稿的，应在交稿期限届满前_____日通知乙方，双方另行约定交稿日期。甲方到期仍不能交稿的，应按本合同第十一条约定报酬的_____%向乙方支付违约金，乙方可以终止合同。甲方交付的稿件应有作者的签章。

出版者的责任	第七条	乙方应于_____年_____月_____日前出版上述作品，最低印数为_____册。乙方不能按时出版的，应在出版期限届满前_____日通知甲方，并按本合同第十一条约定报酬的_____%向甲方支付违约金，双方另行约定出版日期。乙方在另行约定期限内仍不能出版的，除非因不可抗力所致，乙方应按本合同第十一条约定向甲方支付报酬和归还作品原件，并按该报酬的_____%向甲方支付赔偿金，甲方可以终止合同。
	第八条	在合同有效期内，未经双方同意，任何一方不得将第一条约定的权利许可第三方使用。如有违反，另一方有权要求经济赔偿并终止合同。一方经对方同意许可第三方使用上述权利，应将所得报酬的_____%交付对方。
署名及修改	第九条	乙方尊重甲方确定的署名方式。乙方如需更动上述作品的名称，对作品进行修改、删节、增加图表及前言、后记，应征得甲方同意，并经甲方书面认可。
审校	第十条	上述作品的校样由乙方审校。(上述作品的校样由甲方审样。甲方应在_____日内签字后退还乙方。甲方未按期审校，乙方可自行审校，并按计划付印。因甲方修改造成版面改动超过_____%或未能按期出版，甲方承担改版费用或推迟出版的责任。)
稿酬（版税）	第十一条	乙方采用下列方式及标准之一向甲方支付报酬： （1）基本稿酬加印数稿酬：_____元/每千字×_____千字+印数（以千册为单

位）×基本稿酬×_____%；

或

（2）一次性付酬：_____元；

或

（3）版税：_____元（图书定价）×_____%（版税率）×印数。

第十二条　以基本稿酬加印数稿酬方式付酬的，乙方应在上述作品出版后_____日内向甲方支付报酬，但最长不得超过半年。

或

以一次性支付方式付酬的，乙方在甲方交稿后_____日内向甲方付清。

或

以版税方式付酬的，乙方在出版后_____日内向甲方付清。

预付报酬　　乙方在合同签字后_____日内，向甲方预付上述报酬的_____%（_____元）。

乙方未在约定期限内支付报酬的，甲方可以终止合同并要求乙方继续履行付酬的义务。

第十三条　甲方交付的稿件未达到合同第五条约定的要求，乙方有权要求甲方进行修改，如甲方拒绝按照合同的约定修改，乙方有权终止合同并要求甲方返还本合同第十二条约定的预付报酬。如甲方同意修改，且反复修改仍未达到合同第五条的要求，预付报酬不返还乙方；如未支付预付报酬，乙方按合同第十一条约定报酬的_____%向甲方支付酬金，并有权终止合同。

重印　　第十四条　上述作品首次出版_____年内，乙方可以自行决定重印。首次出版_____年后，乙方重印应事先通知甲方。如果甲方需要对作品进行修改，应于收到通知后_____日内答复乙方，否则乙方可按原版重印。

|核查|第十五条|乙方重印、再版，应将印数通知甲方，并在重印、再版_____日内按第十一条的约定向甲方支付报酬。|

第十六条　甲方有权核查乙方应向甲方支付报酬的账目。如甲方指定第三方进行核查，须提供书面授权书。如乙方故意少付甲方应得的报酬，除向甲方补齐应付报酬外，还应支付全部报酬_____%的赔偿金并承担核查费用。如核查结果与乙方提供的应付报酬相符，核查费用由甲方承担。

脱销　　第十七条　在合同有效期内，如图书脱销，甲方有权要求乙方重印、再版。如甲方收到乙方拒绝重印、再版的书面答复，或乙方收到甲方重印、再版的书面要求后_____月内未重印、再版，甲方可以终止合同。

原稿处理　第十八条　上述作品出版后_____日内乙方应将作品原稿退还甲方。如有损坏，应赔偿甲方_____元；如有遗失，赔偿_____元。

样书　　第十九条　上述作品首次出版后_____日内，乙方向甲方赠样书_____册，并以_____折价售予甲方图书_____册。每次再版后_____日内，乙方向甲方赠样书_____册。

其他授权（修订本、缩编本、选集、文集、全集、电子版及其他）　第二十条　在合同有效期内乙方按本合同第十一条（1）基本稿酬加印数稿酬方式，或者按本合同第十一条（2）一次性付酬方式向甲方支付报酬的，出版上述作品的修订本、缩编本的付酬的方式和标准应由双方另行约定。

第二十一条　在合同有效期内，甲方许可第三方出版包含上述作品的选集、文集、全集的，须取得乙方许可。

在合同有效期内，乙方出版包含上述作品的选集、文集、全集或者许可第三方出版包含上述作品的选集、文集、全集的，须另行取得甲方书面授权。乙方取得甲方授权的，应及时将出版包含上述作品选集、文集、全集的情况通知甲方，并将所得报酬的_____%交付甲方。

第二十二条　在合同有效期内，甲方许可第三方出版上述作品的电子版的，须取得乙方的许可。

在合同有效期内，乙方出版上述作品电子版或者许可第三方出版上述作品电子版的，须另行取得甲方书面授权。乙方取得甲方授权的，应及时将出版上述作品电子版的情况通知甲方，并将所得报酬的_____%交付甲方。

权利限制　第二十三条　未经甲方书面许可，乙方不得行使本合同第一条授权范围以外的权利。

[甲方授权乙方代理行使（本合同第一条授权范围以外）使用上述作品的权利，其使用所得报酬甲乙双方按_____比例分成。]

争议解决　第二十四条　双方因合同的解释或履行发生争议，由双方协商解决。协商不成将争议提交_____仲裁机构仲裁（向人民法院提起诉讼）。

合同变更　第二十五条　合同的变更、续签及其他未尽事宜，由双方另行商定。

生效条款　第二十六条　本合同自签字之日起生效，有效期为____年。

第二十七条　本合同一式两份，双方各执一份为凭。

甲方： 乙方：
（签章） （签章）

____年____月____日　　____年____月____日

2. 图书出版合同条款解释
第一条

这一条是合同中的核心条款，该条在标准合同中使用了可选择的表述，对作品的专有使用权予以图书形式使用的规定，对使用范围予以地域和语言方面的规定。一般来说，合同有效期在第二十六条中进行明确规定。

一般而言，对地域的规定可分为中国大陆、中国香港、中国澳门、中国台湾，其他国家和地区，全世界；对语言的规定可分为简体中文、繁体中文或其他语言。本合同中使用的"专有使用权"与《著作权法》中使用的"专有出版权"的这一概念有相同之处。根据《著作权法实施条例》（2002年8月2日颁布，2011年1月8日第一次修订，2013年1月30日第二次修订）第28条的规定，"图书出版合同中约定图书出版者享有专有出版权但没有明确其具体内容的，视为图书出版者享有在合同有效期限内和在合同约定的地域范围内以同种文字的原版、修订版出版图书的专有权利"。合同标准样式中并没有使用这个说法，而只用了"专有使用权"，实际上是将使用的权利扩大了。但是，相同的是，在合同有效期内，著作权人不得在未经协定的情况下许可第三方以相同方式出版。同时，本条中应该对专有使用权的地域、期限进行明确约定，例如，是在中国大陆范围内，还是包括台、港、澳地区，或是全球范围内，等等。

值得注意的是，一般来说，合同中如果没有特别约定，著作权人还保留表演、录音、摄制电影、播放、展览、改编、翻译或以其他任何方式使用其作品的权利。由于行使这些权利超出了推销或直接利用有关图书的范围，因此，出版合同中不宜包括这些权利。如果出版社希望代理出版权以外的一些权利（如翻译权），应与著作权人在出版合同中明确约定。

第二条

这一条规定了作品的禁止范围。总体来说，这种禁止的规范依据的是我国的成文法，包括宪法和其他法律法规。西方国家的法律精神讲求的是"法不禁止则自由"，即法律没有明文禁止的就是被允许的。但是，我国的出版行业无论是主体的设置还是重大选题的出版都依从审批制，这些禁止的范围罗列的只是对作品最基本的要求。《出版管理条例》规定，出版物禁载的内容有10项，可以参见本书第四章关于出版物内容管理的叙述。

第三条、第四条

著作权人要担保交付的书稿是自己独立创作的，从而保证自己拥有授予出版者的各项权利，并且不存在侵权或违约的情况。著作权人如果违反这种担保义务，比如，作品侵犯了他人的著作权、名誉权、肖像权、姓名权等人身权内容，著作权人就要对出版者承担损害赔偿的义务，承担全部责任并赔偿因此给出版者造成的损失；同时，出版者可以因此终止出版合同。

出版合同中如果没有这种担保条款，当发生侵权情况时，出版者往往会被认为有过错，从而与著作权人共同承担侵权责任。

第五条

这一条双方可对作品的内容、篇幅、体例、图表、附录等具体执行项目进行约定。

出版者在后期编辑和制作阶段，一般会对作品的内容进行调整，对作品的体例进行设计，因此，对作品内容和体例的修改权限应在这一条中规定清楚；如果没有进行规定，合同在第九条中进行相关规定，即出版者如果需要对作品进行修改、删节、增加图表及前言、后记，应征得著作权人的同意。

第六条

这一条对作品的交付时间和一些交付细节予以规定。对于著作权人逾期不交稿的行为，出版者可规定违约金等违约条款。另外，应该注意的是，著作权人交付的稿件应有作者的签章。

第七条

这是出版合同的核心条款之一，该条对出版者的基本责任进行了规定，即约定了出版作品的时间和首印数。

对于出版者逾期不出版的行为，著作权人可约定违约金等违约条款。如果违约行为不是不可抗力所致，出版者应按合同第十一条约定向著作权人支付报酬（支付的方式有三种可供选择，即基本稿酬加印数稿酬，或一次性付酬，或按本条规定的首印数付给版税），向著作权人归还作品原件，同时，向著作权人支付一定的赔偿金，而且著作权人可以终止合同。

第八条

这是对第三方使用专有出版权的规定。在合同有效期内，第三方使用合同规定的专有出版权必须得到著作权人和出版者双方的同意。如有一方未得到另一方的允许而私自向他人授予专有出版权，另一方有权要求经济赔偿并终止合同；如果一方经另一方同意许可第三方使用上述权利，应将所得报酬按一定比例交付对方。

第九条

著作权人的署名权是著作权人的人身权，他人不得侵犯。

另外，从我国的出版实践来看，大部分书稿要经过出版社的编辑加工。作者创作出的作品不用修改就完全符合出版要求的是少数。然而，修改作品也不免涉及著作权中的人身权。有时编辑觉得需要修改的地方，也许正是作者刻意写成的。如果编辑不经作者许可就自己改动，有可能歪曲了作品的原意。《著作权法》既考虑到修改权是作者的权利，也考虑到出版实践的需要，因而在第36条规定，出版者如果要修改稿件，须经作者许可，并且在合同中写明。出版者如需更动作品的名称，对作品进行修改、删节、增加图表及前言、后记，应征得著作权人的同意，并经著作权人认可。

第十条

这一条对校样的审校进行了可选择的规定。作品的校样一般由出版者进行审校；如果由著作权人进行审校，著作权人应该在规定时间内将审校的作品签字后交给出版者。著作权人没有按期审校的，出版者可自行审校，并按计划付印。

因为著作权人的修改造成版面改动过大或未能按期出版的，由著作权人承担改版费用和推迟出版的责任。

第十一条

本条是出版合同的核心条款之一。本条对著作权人经济利益的规定及其实现进行了具体约定。著作权人的经济利益是通过稿酬实现的，根据国家版权局、国家发展和改革委员会2014年9月23日公布的《使用文字作品支付报酬办法》，我国现在以纸介质出版方式使用文字作品支付报酬可以选择版税、基本稿酬加印数稿酬或者一次性付酬等方式。

第一，版税，即按照版税率支付的稿酬。计算公式是：图书定价×实际销售数或者印数×版税率。值得注意的是，由于图书市场风险很大，如果对未销售出去的图书支付高额版税，对出版者来说无疑是不公平的。著作权人和作品使用者可以根据实际需要，在不违反《著作权法》和有关合同的法律的前提下，适当调整合同样式的条款——如将版税支付的标准改为实际销售量而不是印数；或者在对库存出版物进行特价处理的时候按照实际销售价格而不是单本定价进行版税计算。

第二，基本稿酬加印数稿酬。计算公式是：每千字稿酬×字数（以千字为单位）+印数（以千册为单位）×基本稿酬×_____%。基本稿酬加印数稿酬，是指使用者按作品的字数，以千字为单位，向著作权人支付一定报酬（即基本稿酬），再根据图书的印数，以千册为单位按基本稿酬的一定比例向著作权人支付报酬（即印数稿酬）。作品重印时只付印数稿酬，不再付基本稿酬。

第三，一次性支付稿酬，是指使用者根据作品的质量、篇幅、作者的知名度、影响力，以及使用方式、使用范围和授权期限等因素，一次性向著作权人支付的报酬。

如果合同中未约定付酬标准，《使用文字作品支付报酬办法》第 9 条进行了相应规定："使用者未与著作权人签订书面合同，或者签订了书面合同但未约定付酬方式和标准，与著作权人发生争议的，应当按本办法第四条、第五条规定的付酬标准的上限分别计算报酬，以较高者向著作权人支付，并不得以出版物抵作报酬。"

第十二条

无论采取哪种方式计算稿酬，双方均可对预付款进行协商，即在合同签订后的一定期限内，由出版者向著作权人支付一定比例的预付报酬。如《使用文字作品支付报酬办法》第 4 条规定，"采用版税方式支付报酬的，著作权人可以与使用者在合同中约定，在交付作品时或者签订合同时由使用者向著作权人预付首次实际印数或者最低保底发行数的版税"。

如果出版者未按合同在约定期限内支付稿酬，著作权人有权终止合同并要求出版者继续履行支付稿酬的义务。

第十三条

如果著作权人交付的作品未达到合同第五条所约定的要求，即在内容、篇幅、体例、图表、附录等具体执行项目上有差距，出版者有权要求其进行修改。

如果著作权人拒绝按照合同的约定修改，出版者有权终止合同并要求著作权人返还合同第十二条约定的预付报酬。如果著作权人同意修改，但是经反复修改仍未达到合同第五条要求，预付报酬不返还给出版者；如未支付预付报酬，出版者应该按照合同第十一条约定支付预付酬金，并有权终止合同。

第十四条、第十五条

这两条是关于重印和再版的条款。出版者与著作权人约定图书再版的，出版者在再版图书之前，应征询作品著作权人有无修改意见。如果著作权人能在规定的期限内完成修改工作，出版者应按照修改后的版本出版。这条规定对于科技作品尤为重要。因为科学技术的发展非常迅速，作者总是希望能够出版反映最新科技发展水平的作品。在一些特殊的情况下，出版者在很短时间内再版、重印，比如，仅隔两个月的时间，也可不必征询作者意见就再版、重印，但这种情况也应当在合同中写明。

第十四条规定，在首次出版后的约定年限内，出版者有权自行决定重印。约定年限到达之后，重印时应事先通知著作权人。如果著作权人需要对作品进行修改，收到通知后应于规定期限内通知出版者；如果未在规定期限内通知出版者，出版者有权自行按原版重印。

第十五条规定，出版者重印和再版，应将确切印数通知著作权人，并在重印、再版后的规定期限内按约定向著作权人支付相应报酬。

第十六条

这是出版合同中的诚信条款。由于著作权人在信息方面处于弱势地位，因此，合同规定著作权人有权自行或指定第三方核查出版者应支付报酬的账目。如果指定第三方进行核查，著作权人需要提供书面授权书。一旦发现出版者故意少付报酬，则出版者除补齐应付报酬外，还应支付一定金额的赔偿金并承担核查费用，赔偿金可在合同中事先约定。如核查结果与出版者提供的应付报酬相符，核查费用则由著作权人承担。

第十七条

出版合同还应考虑到图书发行后发生脱销现象应如何处理。这一条款规定，如果图书在合同有效期内脱销，著作权人有权要求出版者重印或再版。

《著作权法》第34条规定："图书脱销后，图书出版者拒绝重印、再版的，著作权人有权终止合同。"按照这条规定，作者在发现作品脱销后，有权向出版社提出重印或再版的要求。关于脱销，《著作权法实施条例》第29条有专门的解释，即著作权人寄给图书出版者的两份订单在六个月内未能得到履行，就视为脱销。如果在一定期限内出版社仍未重印或再版，或者明确拒绝重印或再版，著作权人就有权终止合同。也就是说，著作权人不能一发现脱销就单方终止合同，而是要给对方一个重印、再版的机会。

如果出版者没有正当理由而拒绝重印、再版，著作权人有权终止合同。

第十八条

这一条规定了原稿的处理。出版者有责任在作品出版后的约定期限内将作品原稿退还给著作权人。从法律上讲，作品的原件，特别是美术作品原件，属于著作权人的个人财产。有的出版者由于保管不善，将作品原件损坏或者遗失，如果合同中没有免责条款，出版者应适当赔偿著作权人。赔偿的数额由双方协商，协商不成的，由司法机关裁判。有的出版者需要将原稿保留一段时间存档待查，而有的著作权人自愿放弃原稿的所有权，这些例外都应在合同中明确约定。原稿如有损坏或遗失而无法退还的，出版者应予以适当赔偿。

第十九条

这是关于图书出版后赠送样书的条款。作品出版后，著作权人一般都有权得到一些样书。著作权人可得样书及能买优惠价图书的数量，都应在合同中明确约定。对于个别成本较高的画册、大型工具书等图书，样书的数量可以规定得少一些或者不给著作权人样书，但不能由出版者单方面决定，而应由双方约定。合同一般规定在作品首次出版和再版后一定时间内，出版者应向著作权人赠送若干本样书，并以一定折扣价向其销售若干本图书。

第二十条至第二十三条

这四条规定了与专有出版权相关的其他权利的授予方式。随着出版技术的发展、出版形式的增多和出版物外延的扩大，与专有出版权相关的权利，随着出版者实践活动的越来越复杂，其授予也显得越来越重要。前三条规定了出版作品修订本、缩编本、选集、文集、全集、电子版本等常见形式的权利授予应遵循的基本原则。第二十三条则原则性地涵盖了其他未尽的权利，在实际的合同操作中可加以详细列举。

第二十条规定，在合同有效期内，出版作品的修订本、缩编本的付酬的方式和标准应由双方另行约定。

第二十一条规定，在合同有效期内，如果著作权人许可第三方出版包含上述作品的选集、文集、全集，应取得出版方的许可。

在合同有效期内，出版者自行或者许可第三方出版包含上述作品的选集、文集、全集，应取得著作权人的书面授权；如果出版者取得著作权人的相关授权，应及时将相关的出版情况通知著作权人，并按照事先的约定向著作权人支付相应的报酬。

第二十二条规定，在合同有效期内，著作权人许可第三方出版上述作品的电子版的，须取得出版者的许可。

在合同有效期内，出版者自行或许可第三方出版上述作品电子版的，应取得著作权人的相关书面授权；如果出版者取得著作权人的相关授权，应及时将电子版的出版情况通知著作权人，并按照事先的约定向著作权人支付相应的报酬。

第二十三条对其他授权进行了笼统的原则规定，即未经授权，除合同第一条规定的专有出版权以外，其他的权利仍属于著作权人所有。如果著作权人授权出版者代理行使合同第一条授权范围以外的使用上述作品的其他权利，所得报酬双方按约定比例分成。

第二十四条

这是合同的争议条款。该条说明，如果双方因合同的解释或履行发生争议，由双方协商解决；协商不成可以将争议提交仲裁机构仲裁或者向人民法院提起诉讼。

第二十五条

这是对合同未尽事宜进行说明的条款。这一条说明了合同的基本原则，那就是双方本着意思表示一致和协商解决的精神。对于合同的变更、续签及其他未尽事宜，双方可以另外订立补充协议进行约定。

第二十六条

这是对生效时间进行说明的条款。该条款说明了合同生效的起止时间。合同从签字时生效，有效期限由双方共同约定。

第二十七条

这一条款规定合同一式两份，双方各执一份为凭。

二、引进版图书出版合同和条款阐释[①]

除了本国的版权资源以外，我国的出版机构也开始重视境外版权的引进和开发。境外图书市场上有诸多的成熟品种，将这些图书的相关版权引进并进行出版是降低市场风险的一种策略，同时也能吸收国外图书在某些方面的优势，增强国内出版社的优质版权资本的储备，提高出版业的市场化程度和项目运作水平，帮助快速建立比较成熟的出版品牌。我国出版实践中引进和开发境外版权最典型和最常见的方式有两种：一是出版翻译版的中文图书；二是出版与原文相同语言的引进版的图书。这两种图书出版活动也有相应的合同对其进行约束。

[①] 这一部分参考和总结了莱内特·欧文的《中国版权经理人实务指南》（法律出版社，2004）第六章"购买版权合同样本"。

在这两种方式中,翻译版图书的出版更为普遍,以下首先对翻译版权引进的出版合同进行分析,随后对相同语言影印版的出版合同进行分析。由于两种合同有一定的相似性,合同样本后的分析将略去两者相同的部分,只对影印版出版合同中特别的条款进行说明和注解。

(一) 翻译版权引进的图书出版合同和条款解释

1. 翻译版权引进的图书出版合同样本

该合同的签订适用于直接从国外著作权人手中购买翻译版权、由被许可方进行出版的情形。

甲方(外方著作权人):_____ 地址:_____

乙方(我国出版者):_____ 地址:_____

作品名称:_____

作者署名:_____

本合同于_____年_____月_____日由_____(中国出版社名称、地址)(以下简称为"出版者")与_____(外国出版社名称、地址)(以下简称为"版权所有者"①)双方签订。

版权所有者享有_____(作者姓名)(以下简称"作者")所著_____(书名)第_____版的版权(以下简称"作品"),现双方达成协议如下。

授权内容　第一条　根据本协议,版权所有者授予出版者独家许可,准许其以该出版社的名义,以图书形式(简/精装)翻译、制作、出版该作品中文(简体)版_____册(以下简称翻译本),限在中华人民共和国大陆发行,不包括香港、澳门和台湾地区。未经版权所有者的书面同意,出版者不能复制版权所有者对该作品的封面设计,也不能使用版权所有者的标志、商标或版权页。本协议授予的权利不涉及该作品的其他后续版本。

本合同自签订之日起有效期为_____年,双方可共

---

① 版权和著作权为同义词,在引进版的合同中采取这一名称主要是考虑到这是引进版版权合同的习惯用法。

同协商延期。

付款　　**第二条**　出版者采用下列（一）或（二）的方式及标准向版权所有者支付报酬。

（一）一次性付款

出版者应出版_____册翻译本，同时应按照第十八条的规定一次性支付版权所有者费用，版税按翻译本定价的_____%计算，并以下列方式支付：

（1）合同签订时支付_____美元；

（2）翻译本出版时或_____日期之前支付_____美元，以时间早者为准，如果在该协议履行期间出版者有任何过错，此款项不予退还。

如果出版的翻译本实际价格高于原估价，版权所有者将按一定的比例提高收费，相当于翻译本定价增加的部分，该费用于出版时支付。

（二）预付款和版税

出版者要按照本合同第十八条的规定向版权所有者支付下列款项。

（1）合同签订时支付根据本合同的约定支付给版权所有者的预付金_____美元。

如果在该协议履行期间出版者有任何过错，这笔预付款不予退还。

（2）出版者根据中国图书定价对所有销售的翻译本支付版税：

① 销售_____千册，版税为_____%；

② 销售_____千册至_____千册，版税为_____%；

③ 销售超过_____千册，版税为_____%。

（3）对于出版者以成本价或低于成本价销售的库存翻译本，无须支付版税；但是在该翻译本首次出版后两年内不得廉价销售此类库存书。

（4）版税结算报告：

每年_____月_____日前，出版者对翻译本的销量结算一次/两次，并自结算之日起三个月内付清按合同规定应支付的款项。结算报告内容包括：

① 在本会计年度初期的库存；
② 本会计年度内的印数；
③ 本会计年度内的销售量；
④ 本会计年度内免费赠送的样书的册数；
⑤ 本会计年度末期的库存。

生效	第三条	直至版权所有者收到第二条所列款项，本协议生效。
翻译	第四条	出版者负责安排一位合格的翻译者，保证准确无误地翻译该作品，并将译者的名字和资历报告给版权所有者。得到版权所有者的书面同意之前，不得对作品进行省略、修改或增加。版权所有者保留要求出版者提交译稿样本的权利，在其同意后，出版者方可印刷。
许可使用	第五条	如需要，翻译本出版者应取得原作品中的第三方控制的版权资料的使用许可，并应当为这些许可或权利支付费用。直到版权所有者收到出版者的书面确认——出版者获得了许可，版权所有者才会向出版者提供生产资料用于复制该作品中包含的插图。（或者：如需要，版权所有者负责取得原作品中的第三方控制的版权资料的使用许可。对于获得这些许可而支付的费用，由版权所有者向出版者收取，具体事宜由双方另行协商。直到版权所有者获得使用许可，才会向出版者提供生产资料用于复制该作品中包含的插图。）
翻译本质量	第六条	出版者应确保翻译本的印刷、纸张和装帧质量，尽可能达到最高标准。
版权声明	第七条	出版者所有翻译本的封面、书脊、护封（如果有的话）和扉页上都必须醒目地印上作者的姓名，并在扉页背面注明"ⓒ（原书版权详细信息）"以及下列声明："此_____（书名）的翻译版由_____（外国出版社名称）许可出版。"出版者也应对翻译文本进行版权声明。
样书	第八条	翻译本出版后，出版者应向版权所有者提供_____

		本免费样书，并说明该翻译本的实际出版日期和定价。
出版期限	第九条	如果出版者未能在_____日期前出版该翻译本，该合同中的所有授权将由版权所有者收回，而出版者向版权所有者支付的或应付的任何款项不受影响。
附属权	第十条	未事先征得版权所有者的书面同意，出版者不能处分该翻译本的任何附属权利。
权利收回	第十一条	如果本合同中所规定的款项逾期3个月仍未支付，授予的许可将立刻失效，转让的任何权利将收归版权所有者，而无须进一步通知。
保证与赔偿	第十二条	版权所有者应向出版者保证其有权利和能力签订本合同，根据英国法律，该作品决不会侵害任何现存版权，或违背任何现存协议，该作品中不含有任何会引起刑事或民事纠纷从而造成损失的内容，否则因此而给出版者造成的损失、伤害或开支，版权所有者应给予赔偿。
转让许可	第十三条	得到版权所有者的书面同意之前，出版者不得将所获得的版权许可转让或惠及他人，也不能以出版者以外的任何名义出版该翻译本。
权利保留	第十四条	除本合同中明确授予出版者的权利外，该作品的其他所有权利由版权所有者保留。
版权登记	第十五条	出版者应将翻译本的详细情况向中国国家版权局登记以得到正式批准，在中华人民共和国范围内依相应法规尽一切努力保护翻译本的版权。出版者还同意对侵犯该翻译本版权的任何个人或组织提起诉讼，费用自理。
重印	第十六条	当翻译本已绝版或市场已脱销，出版者应当通知版权所有者，则所有权利收归版权所有者，如果双方达成协议，出版者则享有优先权对该翻译本进行重印；但在得到版权所有者的书面同意或达成协议前，出版者不得自行重印。
权利收回	第十七条	如果出版者宣布破产，或不遵守本合同的任何规

			定，且在接到版权所有者书面通知（用挂号信寄到本合同第一段所写地址）后的一个月内仍不纠正，本合同即自动失效，授予出版者的版权许可将收归版权所有者，而不影响出版者向版权所有者支付的或应付的任何款项。
付款		第十八条	本合同规定的应付给版权所有者的款项都应按支付当天汇率以英镑/美元支付，不得以兑换或代办费为理由扣除。付款可以支票或银行汇票支付，寄至＿＿＿＿＿＿＿＿（外国出版社财务部门的名称和地址），或直接通过银行转账，汇至版权所有者的账号＿＿＿＿＿＿＿＿（外国出版社账号银行的名称和地址）。如果出版社依法应扣税，他们应声明并提供代扣税的相关凭证。
法律适用和仲裁		第十九条	本合同受中华人民共和国法律约束，双方因本合同而发生的任何争议或分歧，将提交中国国际经济与贸易仲裁委员会，该委员会的裁决是最终决定，双方必须遵守。但本合同任何条款不限制版权所有者采取必要措施，包括提起诉讼，以防止该翻译本在本合同第一条所限定的市场范围外发行。
变更与生效		第二十条	（1）如果版权所有者全部或部分业务被收购，版权所有者可以不经出版者的同意转让本合同。 （2）本合同包含了双方充分而完全的共识和理解，取代了之前就本合同有关事宜达成的所有口头的、书面的协议与承诺，除经双方书面协商外，不得改变。 （3）只有出版者在本合同制定之日起＿＿＿＿＿＿＿＿天之内签字，本合同才被视为具有法律效力。

版权所有人：＿＿＿＿＿＿＿＿　　　出版者：＿＿＿＿＿＿＿＿
（签章）　　　　　　　　　　　　（签章）

＿＿＿年＿＿＿月＿＿＿日　　　　＿＿＿年＿＿＿月＿＿＿日

2. 翻译版权引进的图书出版合同条款解释

前言部分

这部分给出了合同双方的名称和地址，以及翻译作品的详细资料。

对于很快会被修订的非小说作品，西方国家的出版社通常会将版权许可仅限于当前版本。

第一条

这一条有三个方面的主要内容。

首先，说明了被授予的专有权在语言、地域和印数（一般是首印数）等方面的规定。该条款要求以图书形式出版该作品，如果权利限定以精装或平装的图书形式出版，就意味着版权所有者有权将另一种装帧形式授权给另一家出版社。当然，有条件的出版社也可以同时要求这两种版本的授权。

其次，这一条对于原版封面的使用进行了限制，这是因为封面的图形或者设计可能属于外部资料。一本书中的文本、图片或者设计可能来自不同的版权所有者，因此，在进行版权引进的时候首先需要对原书的版权归属进行拆分，相对于主要文本内容的其他资料可以统称为外部资料，即原出版社对这些资料的使用是受到外界著作权人的限制的。比如，一本英国原版的图书的封面图片只得到图片版权所有者在英国地区的英语版本图书的授权，在这种情况下，如果我国的出版者引进这个版本的图书，那么，想要使用封面图片，就只能直接与图片版权人交涉。因此，对于国内出版社来说，要注意文本之外各种资料的版权归属，即注意授权方有没有权利许可或转让这些资料的使用权。

再次，标志、商标和版权页等细节问题也是外版书出版中必须事先澄清的一个条款。因为一些出版社（作为版权所有者）非常看重自己的名称和标志，从品牌维护的角度考虑可能会明确要求被许可方使用其名称和标志，并要求为使用其名称收取一定费用或额外的版税。

第二条

这是合同的核心条款，规定了双方的付款方式。一般有两种方式可以选择：一种是一次性付款的方式；另一种是预付款加版税的方式。

一次性付款是根据约定印数和中文翻译版的定价的版税百分比而定的。一次性支付事实上分两次进行：一部分在合同签订时支付，剩余部分在出版时（或依约定）支付。约定日期一般是预计出版日期，这对于出版者来说是一种鞭策。同时，如果出版者违约，付款将作为违约金被没收。

采用预付款加版税的方式来支付时，预付款和版税率都是可以协商的。值得说明的是，一般来说，根据销售数量的增加而调整的版税率往往会随之增加。这是因为，销售量增加证实了内容的质量，版权所有者理应为此得到更多的版税。同时，被许可方有义务向许可方提供所需的销售、库存等情况，并整理成半年度或年度的结算报告。

另外，支付的货币和方式可以由双方协商。

第三条

首笔款项被支付，合同即发生法律效力。

第四条

这一条说明了翻译中应该注意的问题。对译者的要求是能够准确地翻译，未经许可不得修改。当然，为适应本国国情进行的本土化修改应该在谈判之初尽早提出。为了保障版权所有者能够掌握修改的情况，该条还规定外国出版者可以要求获得一份译稿以进行审查。

第五条

这一条规定了外版图书中外部资料（materials from external sources）的使用。西方对知识产权十分重视，其图书中包含的插图等外部资料须从原版权人手中获得相应的使用权后方能出版。因此，我国出版者在引进外版图书的翻译权时必须与外方认真核对，明确书中使用的外部资料是可以自动再次使用，还是需要获得同意并支付一定费用后才能使用。

根据这一条的规定，清理（reclearance）外部资料版权的责任和费用由中国出版者承担，而外国出版者则有责任提供外部版权资料所有者的名单、地址及详细的外部版权资料明细。当然，双方也可以协商由外国出版者出面代理中国出版者清理这些外部版权，并同时向中国出版者收取相应的许可费和手续费。

第六条

这是翻译条款，合同要求中国出版者应该根据当地的条件，在翻译本的制作质量方面尽可能达到最高标准。

第七条

原作者的姓名应该得到尊重和认可；原版图书的版权信息必须打印在版权页上，这是对原出版者的承认和尊重。同时，中国出版者还要注明对中文版图书的版权所有声明。

第八条

这条规定了翻译本出版后应该免费送给版权所有者样书的数量，并要求向其提供出版日期、定价等信息。

第九条

这条规定了现实的出版时间。如果中国出版社因为不可抗力推迟出版日期，应适当提前通知外方。

第十条

根据合同的第一条规定，授权仅限于图书形式，因此，中文版的其他附属权利，如图书俱乐部权、电子出版权等都不包含在授权范围内。如果需要得到相应的附属权利，中国出版者应该与外方协商达成一致。一般来说，附属权利被授予后，双方将按照一定的比例分配所得的相应收入，这个分配比例依不同的附属权利种类而有差异，但大多有国际惯例加以约束。这里由于篇幅限制就不展开了。

第十一条

合同可以因为逾期不付款而自动取消。

第十二条

这一条是对中国出版者的保证和损失补偿条款。该合同样本中的阐述是根据英国法律做出的，这一条的表述一般要根据版权许可国家的不同而进行调整。

第十三条

未经外国出版者的许可，本许可不得转让。

第十四条

许可仅限于第一条中所列出的权利。

第十五条

这一条是有关该合同在中国有关行政部门进行合同登记的条款。该条款的依据是《国家版权局关于对出版外国图书进行合同登记的通知》（1995年1月15日）。该通知对以图书形式出版外国及中国台湾、香港和澳门地区作品的合同登记办法规定如下：（1）凡图书出版单位出版外国图书（包括翻译、重印出版），应与外国作品的著作权人签订出版合同，并将合同报著作权行政管理部门进行登记；（2）各省、自治区、直辖市版权局（以下简称地方版权局）负责对本地区（包括中央级出版社）出版外国作品的合同进行登记；（3）图书出版单位应在合同签字之日起七日内将出版合同正本送地方版权局登记，地方版权局在合同上加盖合同登记章后，退回国内出版单位。

版权登记制可以使中国被许可方能够对中国市场同一选题的任何未获授权

版本提起诉讼，使合同双方获得更多的法律保障。

第十六条

一本书的重印在很大程度上证明了原作品的价值，因此，许可方可能很希望就下一次印刷协商新一轮的付款，而且重印版的版税一般都会比初版的高。

第十七条

这是关于合同取消的条款。当被许可方破产或违约时，合同自动取消。由于版权引进的合同一般由国外出版者或版权代理人提供，他们很少会自动提出相应的适用于他们的取消条款，因此，中国的出版者可以在订立合同的时候要求添加附加条款"如果许可方破产或违约，该合同自动取消"。

第十八条

这是关于汇款的条款。由于两国或中国内地与中国香港、台湾及澳门地区间货币种类和税收政策存在不同，关于汇款和税收的细节问题应该在合同中约定。

关于货币种类和汇款方式，双方应达成一致。一般来说，该条中应明示许可方收款部门的详细地址等准确信息。

关于扣税问题，被许可方应该提供银行的扣税证明（一般是复印件），以便使外国的授权方能在自己的国家要求返还已扣除的企业所得税。以中国和英国之间的税收协定为例，对英国出版社授权中国出版社的版税收入，中国先扣除3%的营业税，然后再从余额中扣除3%的所得税。① 我国的出版社在缴纳了这两种税收后，需要将所得税的税收证明复印件发给英国的授权方，他们可凭此证明向当地税务部门要求抵扣公司税中的所得税部分，而不用在中国和英国两次重复缴纳。但是，营业税不在这个范围内，英国出版社仍须在英国的税务部门再缴纳一次。

当然，这种税收扣税的程序和税收比例，各国情况不同，双方应该在合同谈判的时候商议清楚，以便于长期稳定合作。

第十九条

这一条说明本合同在中国法律下执行，适用中国仲裁程序。这种规定在国际出版实践中是十分特殊的，因为世界版权许可中的惯例做法是适用版权输出方的国家法律。因此，这样的合同条款有时会遭到一些西方版权所有者的反对，尤其是美国的版权所有者，所以需要在谈判时予以必要的解释。

---

① 郑成思. 版权公约、版权保护与版权贸易 [M]. 北京：中国人民大学出版社，1992：52.

第二十条

由于西方国家出版社之间的并购活动相对频繁，因此，当许可方的全部或部分业务被收购时，本合同允许许可方转让许可合同。

这一条还规定，合同应该在指定期限内签订——西方国家的出版社之间一般为6个星期，但是对中国的许可一般会放宽到12个星期，这主要是因为中国出版社一般要办理登记手续，办理这种手续需要一定的时间。

（二）原语言影印版权引进的图书出版合同和解释

原语言影印版权引进的合同与翻译版权合同最大的区别在于授权的内容和版税的不同。

1. 关于授权内容的条款

授权内容一般是合同的第一条。在原语言影印版权引进的合同中，这一条可以表述为：

根据本协议，版权所有者授予出版者独家许可，准许其以该出版社的名义，以图书形式（简/精装）制作、出版该作品＿＿＿＿文（语言）影印版册（以下简称影印版），限在中华人民共和国大陆发行，不包括台湾、香港和澳门地区。在许可影印本封底和扉页背面要清楚地注明该限定发行区域："仅限在中华人民共和国大陆地区销售，不包括台湾、香港和澳门地区。"未经版权所有者的书面同意，出版者不能复制版权所有者对该作品的封面设计，也不能使用版权所有者的标志、商标或版权页。本协议授予的权利不涉及该作品的其他后续版本。

这一条可以选择的表述是：中国出版社与外国出版社合作，以两者的名义出版该影印本。因为对于一些注重品牌的出版社或者图书品种（比如，字典或者学术图书），外国出版社会要求中国出版社这样做，以维护自己出版物的品牌。以共同名义出版必须事先征得外国出版社的同意。

另外，这一条对销售地区进行了较为严格的规定，这是因为影印版流入别的市场对原版图书会有不利的影响。中国大陆地区由于购买能力的限制，原版书的需求量一般很小，影印版恰好是这个市场的有利补充；而在其他一些地区，比如，中国香港和新加坡等地，华人对原版图书的需求量很大，一旦影印版图书流入，其低廉的价格一定会对这部分市场产生很大的冲击。基于此种考虑，许可方严格限制了销售区域。从法律角度来说，这是一种对平行进口问题的解决方式。

2. 关于版税的条款

在版税的规定方面，影印版权的版税可能总是高于翻译版权许可的版税率，因为被许可方不需要任何编辑或翻译成本而仅需复制。如果版税结算是依据图书销售价格而不是定价做出的，版税率可能达到10%~15%。如果双方决定联合出版，中国出版社需要使用一些著名的图书品牌，如"牛津""剑桥""朗文"等，必须经过这些品牌公司的同意，有时可能需要为使用这些品牌名称（band）而支付版税之外的费用。

第四节　音像制品出版合同和电子出版物出版合同及其条款阐释

出版合同的本质是著作权人和合法的出版者达成的合法使用出版权的协定。无论是哪种形式的出版物，其出版合同的实质内容都是著作权人对出版权的让渡，让渡给具有合法出版资格的出版者。因此，各种出版物的出版合同都有相近似的一些内容和条款。

前一节对图书的本版和引进版的合同文本进行了详细的分析，以下对音像制品出版合同和电子出版物出版合同的阐释，就不再重复与图书出版合同相同或相近的内容，而只是对一些比较特殊的条款进行分析和说明。

另外，外版引进的音像制品和电子出版物的出版，由于一般不涉及改编和翻译等问题，而只是进行境外音像制品原版的复制，内容比较简单，因此，就不再另外介绍。而随着我国在国际知识产权保护中参与力度的加强，近几年来，通过对出版境外音像制品和电子出版物合同登记来进行整体的出版管理显得越来越重要，所以本书将对这一问题进行简单的介绍和分析。

一、音像制品出版合同及条款阐释

1. 音像制品出版合同条款

前言部分　　甲方（著作权人）：_____　　地址：_____

乙方（出版者）：_____　　地址：_____

作品名称：＿＿＿＿＿＿＿＿＿＿＿＿＿＿＿＿＿＿＿＿＿＿

载体形式：＿＿＿＿＿＿＿＿＿＿＿＿＿＿＿＿＿＿＿＿＿＿

甲乙双方就上述作品的出版达成如下协议。

授权内容	第一条	甲方授予乙方在合同有效期内，在＿＿＿＿＿＿地区以＿＿＿＿＿＿形式出版上述作品的专有使用权。
		导演和主要表演者姓名：＿＿＿＿＿＿＿＿＿＿＿＿＿＿
	第二条	合同出版发行的作品不得含有下列内容：
		（1）反对宪法确定的基本原则的；
		（2）危害国家统一、主权和领土完整的；
		（3）泄露国家秘密、危害国家安全或者损害国家荣誉和利益的；
		（4）煽动民族仇恨、民族歧视，破坏民族团结，或者侵害民族风俗、习惯的；
		（5）宣扬邪教、迷信的；
		（6）扰乱社会秩序，破坏社会稳定的；
		（7）宣扬淫秽、赌博、暴力或者教唆犯罪的；
		（8）侮辱或者诽谤他人，侵害他人合法权益的；
		（9）危害社会公德或者民族优秀文化传统的；
		（10）有法律、行政法规和国家规定禁止的其他内容的。
著作权人的责任	第三条	甲方保证拥有第一条授予乙方的权利。如因上述权利的行使侵犯他人权益，甲方承担全部责任并赔偿因此给乙方造成的损失，乙方可以终止合同。
		乙方导演由＿＿＿＿＿＿＿＿担任。
		主要演员（录音演员）包括＿＿＿＿＿＿＿＿等。
		上述作品的内容、长度、体例、图表、使用说明、附录等应符合下列要求：＿＿＿＿＿＿＿＿＿＿＿＿＿＿＿＿＿＿＿＿＿＿＿＿＿＿＿＿＿＿＿＿＿＿＿＿＿＿
	第五条	甲方应于＿＿＿＿年＿＿＿＿月＿＿＿＿日前将上述作品的清样交付乙方。甲方因故不能按时交稿，或在交稿期限届满前＿＿＿＿＿＿日通知乙方，经双方另行约定交稿日期，甲方到期仍不交稿时，乙方可

以终止合同。

甲方交付的稿件应有作者的签章。

| 出版者的责任 | 第六条 | 乙方应于_____年_____月_____日前出版上述作品，首次制作量为_____。
因故不能按时出版，应在出版期限届满前___日通知甲方，双方另行约定出版日期。乙方到期仍不能出版，甲方可以终止合同。乙方应按第十条约定报酬标准的_____%向甲方支付赔偿金。|

第七条　在合同有效期内，未经双方同意，任何一方不得将第一条约定的权利许可第三方使用，如有违反，另一方有权要求经济赔偿并终止合同。一方经对方同意许可第三方使用上述权利，应将所得报酬的_____%交付对方。

对署名和修改等精神权利的规定　第八条　乙方尊重甲方确定的署名方式，乙方不得更动上述作品名称，不得对作品修改、删节、增加图表、音效及前言、后记。乙方如果要更动上述作品的名称，对作品进行修改、删节、增加图表、音效及前言、后记，应得到甲方的认可。

审校　第九条　作品的校样及制作按以下条款规定处理。

（1）上述作品的校样由乙方审校；制作时由乙方监制。

或

（2）上述作品的校样由甲方审校。甲方应在_____日内签字后退还乙方。甲方未按期审校，乙方可自行审校，并按计划投入制作。因甲方修改造成制作内容增加超过_____%或未能按期出版，甲方承担修改制作费用或推迟出版的责任。

稿酬　第十条　乙方按以下条款规定的报酬方式及标准之一向甲方支付报酬。

（1）按作品长度付报酬：

① 文字稿本内容按字数计算稿酬：

_____千字×_____元/千字

② 与音像制品配套的文字内容说明：

有单独定价的：_____千字×_____元/千字

（没有单独定价的：不另计稿酬）

③ 图片按框（栏）数计算稿酬：

_____框×_____元/框，其中设计费占_____%，绘制费占_____%。

④ 按照时长计算：

_____分钟×_____元/分钟

或

（2）一次性付酬：_____元。

或

（3）版税：

音像制品实际销售价格（或定价）×版税率×销售数，双方可约定最低制作量（或发行量）为_____。

乙方在上述作品出版发行后第_____月付清所有稿酬。

	第十一条	甲方交付的稿件未达到合同第三条约定的要求，而且甲方拒绝按照合同的约定修改，乙方有权终止合同。如反复修改仍未达到合同的第三条要求，乙方按合同第十条约定报酬的_____%向甲方支付酬金。
重印、再版	第十二条	上述作品首次出版_____年内，乙方可以自行决定复制。首次出版_____年后，乙方复制应事先通知甲方。如果甲方需要对作品进行修改，应于收到通知后_____日内答复乙方，否则乙方可按原版复制。
	第十三条	乙方复制、再版，应将数量通知甲方，并在作品再版_____日内按第十条的约定向甲方支付报酬。
样品	第十四条	上述作品出版后_____日内，乙方向甲方赠样品_____套，并以_____折价售予甲方

		_____套。
争端解决	第十五条	双方因合同解释或履行发生争议，由双方协商解决。协商不成，由著作权合同仲裁机构仲裁。
合同变更	第十六条	合同的变更、续签及其他未尽事宜，由双方另行商定。
合同有效期	第十七条	本合同自签字之日起生效，有效期为_____年。
签字	第十八条	本合同一式两份，双方各执一份为凭。

甲方：　　　　　　　　　　　乙方：
（签章）　　　　　　　　　　（签章）

____年____月____日　　　____年____月____日

2. 音像制品出版合同条款解释

第一条

这一条规定了授权方授权的地区和出版形式。音像制品的主要出版形式，随着技术的发展，外延不断扩大。为了和电子出版物相区别，通常所指的音像制品主要包括磁制录音带、磁制录像带、激光唱盘、激光视盘及其他音像制品。

第三条

音像制品出版合同中不仅要包括授权方和出版者双方的名称、地址，出版的音像制品名称，还要注明有关权利人名称或姓名，如导演和主要表演者姓名等。

第十条

音像制品中需要付费的资料一般包括配套文字、音乐、图片和影像等。

一般来说，音像制品中所使用的配套文字，其稿酬都在图书制品的2～5倍以上。如果这些文字形成了相对独立的出版物，那么就依照图书出版中的基本稿酬计算；如果这些文字仅附属于音像制品，那么可以按照字数给予一定比例的稿酬。对于音乐和图像，则一般根据时间的长度来计算稿酬。

如果是按照作品的销售量或者制作的数量计算版税，版税率也有不同规定。一般来说，纯语言录音带的版税率为3%左右；含音乐录音带的版税率为3.5%左右（其中，音乐部分占版税所得60%左右，文字部分占版税所得40%

左右）；用作教材的录音带版税率为 1.5%左右。

3. 出版境外音像制品合同登记

1995 年 1 月 15 日，国家版权局发出《关于对出版境外音像制品合同进行登记的通知》。该通知规定，音像出版单位出版境外音像制品，应取得境外作品著作权人或音像制品制作者的授权，并签订合同。

合同应包括双方当事人名称、地址，出版的音像制品名称，著作权人和有关权利人名称或姓名，导演和主要表演者姓名，发行数量、出版范围和合同有效期限，等等。合同签订后应将合同报国家版权局进行登记。由境外音像制品权利人授权或转让其他人后再授权音像出版单位出版的，还应出示原授权或转让合同。

对于合同登记的特殊要求包括以下几点。

（1）音像出版单位向国家版权局申请登记时，应呈送合同正本和副本各一份。

（2）凡属国家版权局指定境外认证机构事先认证范围的，音像出版单位还应要求对方提供由认证机构开具的权利证明书。目前，国家版权局已指定香港影业协会和国际唱片业协会（International Federation of the Phonographic Industry, IFPI）为其会员的认证机构。上述两个协会会员的有关情况可向国家版权局查询。

（3）国家版权局在收到合同之日起七个工作日内完成合同登记，并定期将登记合同主要事项（双方当事人、授权内容）予以公告。

（4）音像出版单位应在音像制品上注明合同登记号。对不进行合同登记而出版境外音像制品的音像出版单位，国家版权局将视情况给予警告、罚款等行政处罚，并建议音像行政管理机构等部门对其给予行政处罚。因履行未经登记的合同而造成侵权的，国家版权局将根据《著作权法》及《著作权法实施条例》从重给予行政处罚。对构成犯罪的，移交司法机关处理。

（5）音像出版单位在委托音像复制单位复制出版境外音像制品时，除按照《音像制品管理条例》的规定与音像复制单位签订委托合同外，还应向音像复制单位出示经过登记的出版合同。

（6）为配合出版外国图书而出版外国音像制品的合同，由出版单位所在地的各省、自治区、直辖市版权局进行登记，具体规定按国家版权局《关于对出版外国图书进行合同登记的通知》（国权〔1995〕1 号）执行。

二、电子出版物出版合同及条款解释

电子出版是指以数字代码方式将图、文、声、像等信息编辑加工后存储在磁、光、电介质上,通过计算机或其他具有类似功能的设备读取使用,并可复制(或下载)发行的大众传播媒体。电子出版既包括图书、期刊、报纸等出版物在生产过程中的计算机编辑排版,也指采用电子技术手段从事出版物生产制作,并且最终产品也是电子(数字)形式出版物的出版活动,还包括以电子(数字)形式出版和传播信息的其他任何活动,这些电子(数字)形式如文本、超文本、可视图文(videotext)、电子邮件、电视、广播等的制作、传递、浏览、阅读、下载、联网打印等。①

根据 2008 年 4 月 15 日起实施的、2015 年 8 月 28 日修正的《电子出版物出版管理规定》,电子出版物是指以数字代码方式,将有知识性、思想性内容的信息编辑加工后存储在固定物理形态的磁、光、电等介质上,通过电子阅读、显示、播放设备读取使用的大众传播媒体。很明显,网络出版也是电子出版的一种方式。

1. 电子出版物出版合同条款

甲方(著作权人):＿＿＿＿＿＿＿＿
地址:＿＿＿＿＿＿＿＿
乙方(出版者):＿＿＿＿＿＿＿＿
地址:＿＿＿＿＿＿＿＿
作品名称:＿＿＿＿＿＿＿＿＿＿＿＿＿＿
载体形式:＿＿＿＿＿＿＿＿＿＿＿＿＿＿
制作者署名:＿＿＿＿＿＿＿＿＿＿＿＿＿
甲乙双方就上述作品的出版达成如下协议。

授权内容　第一条　甲方授予乙方在合同有效期内,在＿＿＿＿范围内以＿＿＿＿形式出版发行上述作品的专有使用权。

第二条　上述作品不得含有任何通过电脑技术处理而包含在作品及各类文件中的违背党和国家的方针政策

---

① 黄凯卿. 电子出版学科建设浅议[J]. 出版科学,2003(3).

及法律法规禁止的内容。

著作权人责任　第三条　甲方保证拥有上述作品中所有素材（包括图片、动画、影像、声音、文字等）及作品本身的使用权和支配权。甲方保证拥有第一条授予乙方的权利。因上述权利的行使侵犯他人著作权或名誉权、姓名权、肖像权等其他权利的，甲方承担全部责任并赔偿因此给乙方造成的损失，乙方有权终止合同。

第四条　甲方不得将上述作品的全部或部分内容，以原名或更换名称授予第三者另行出版。甲方若违反本合同，须承担全部责任并赔偿因此给乙方造成的损失，乙方可以终止合同。

作品要求　第五条　上述作品的内容、表现形式、所有文件及硬件配套设备等应符合下列要求：

（1）作品样盘无硬伤，内容符合第二、三条的要求；

（2）所有文件不带任何形式、类型的病毒；

（3）甲方向乙方提供必要的硬（软）件测试工具和环境，并保证所有硬（软）件能够正常使用；

（4）安装程序、执行程序、源程序、各类帮助和辅助文件（程序）能正常运行，其中的各项功能可以正常运行；

（5）样盘中携带说明文件（readme 文件），阐述和解释有关作品操作运行及测试的具体问题和注意事项。

样盘　第六条　甲方应按第五条的要求，于____年____月____日前将上述作品样盘交付乙方。甲方如不能按时交付作品样盘，应在上述期限届满前一个月通知乙方，双方另行协商约定交付作品样盘的时间。甲方到期仍不能交付的，乙方可以终止合同。

修改　第七条　乙方收到作品样盘后应于____天内通知甲方，并

		在____个月内审查、测试完毕，通知甲方是否采用或退回甲方修改；乙方如对作品提出修改意见，甲方应及时进行修改，并在双方商定的期限内将改正后的作品样盘交给乙方，乙方再次审查、测试。甲方拒绝修改，或在商定期限内无故不退回修改的作品样盘，应赔偿乙方所有经济损失，乙方可以终止合同。
出版和违约责任	第八条	乙方应在收到甲方符合要求的作品样盘后_____个月内出版上述作品。乙方不能按时出版的，应在出版期限届满前_____个月通知甲方，双方另行协商约定出版时间，乙方到期仍不能按时出版的，乙方应向甲方支付约定报酬_____%的赔偿金。 已经进入生产流程的作品，由于甲方原因不能出版，甲方除支付乙方生产费用外，还应向乙方支付约定报酬_____%的赔偿金。
不得向第三方授权	第九条	在合同有效期内，未经双方同意，任何一方不得将第一条约定的权利许可给第三方使用。如有违反，另一方有权要求经济赔偿并终止合同。如乙方在合同有效期内允许第三者以对外版权贸易等形式使用本作品，应事先征得甲方同意，并将与第三者合作所得纯利润的_____%付给甲方。
署名和修改等人身权利	第十条	乙方按照与甲方商定的署名方式出版本作品，合同签订后，乙方如需更动上述作品的名称，对作品进行重大修改，应征得甲方同意。
稿酬	第十一条	乙方采用下列方式及标准之一向甲方支付报酬： （1）一次性付酬：_____元； （2）版税：光盘销售收入×_____%（版税率）。
技术支持	第十二条	对于电子出版物的售后服务及技术支持，采用下面形式之一：

		（1）由甲方承担所有电子出版物的售后服务及技术支持；
		（2）由乙方承担所有电子出版物的售后服务及技术支持；
		（3）由甲、乙双方共同承担所有电子出版物的售后服务和技术支持。
产品升级	第十三条	如甲方欲对上述作品升级，乙方有优先出版的权利，具体事宜另行签订合同。
争端解决	第十四条	双方因合同的解释或履行发生争议，由双方协商解决。协商不成将争议提交版权管理机构调解或仲裁机构仲裁（或向人民法院提起诉讼）。
合同变更等	第十五条	合同的变更、续签及其他未尽事宜，由双方另行商定。
合同有效期	第十六条	本合同自签字之日起生效，有效期为本作品出版后_____年。
	第十七条	本合同一式两份，双方各执一份为凭。
签字	甲方： （签章）	乙方： （签章）
	____年____月____日	____年____月____日

2. 电子出版物出版合同条款解释

第一条

按照《电子出版物出版管理规定》，电子出版物包括只读光盘（CD-ROM、DVD-ROM 等）、一次写入光盘（CD-R、DVD-R 等）、可擦写光盘（CD-RW、DVD-RW 等）、软磁盘、硬磁盘、集成电路卡等，以及新闻出版总署认定的其他媒体形态。因此，在合同第一条中，需要按此分类明确说明授权出版的电子出版物类型。

第二条

作品内不得包含以下内容：（1）反对宪法确定的基本原则的；（2）危害

国家统一、主权和领土完整的；（3）泄露国家秘密、危害国家安全或者损害国家荣誉和利益的；（4）煽动民族仇恨、民族歧视，破坏民族团结，或者侵害民族风俗、习惯的；（5）宣扬邪教、迷信的；（6）扰乱社会秩序，破坏社会稳定的；（7）宣扬淫秽、赌博、暴力或者教唆犯罪的；（8）侮辱或者诽谤他人，侵害他人合法权益的；（9）危害社会公德或者民族优秀文化传统的；（10）有法律、行政法规和国家规定禁止的其他内容的。

第五条

这一条对作品的要求做出了如下规定。

内容方面，除满足第二条、第三条的要求外，文件中不得携带任何形式、类型的病毒。

硬件方面，授权方应该向制作出版方提供必要的测试工具和环境，并保证所有硬件能够正常使用。

软件方面，各种内容、程序和辅助文件能正常运行，样盘中携带必要的说明文件（readme 文件），阐述和解释有关作品操作运行及测试的具体问题和注意事项。

第十二条

提供必要的技术支持是电子出版物出版合同中一项特殊的条款。电子出版物的技术含量较高，它的内容在从设计、传输、识别、复制到使用的各个环节都有或低或高的技术门槛，因此，在授权方、制作出版方和使用方等各方面有时需要一定的技术帮助和支持，这对电子出版物的研发和服务都提出了更高的要求，所以常常需要双方协商向用户提供必要的技术支持。技术支持的方式可以是电话咨询、上门调试、网上服务等。

第十三条

产品升级是电子出版物的又一个特色。升级一方面来自电子出版物自身内容调整的需要，这有些类似于图书出版的再版，即对其中的部分内容进行增改、强化其功能；另一方面则是由于运行的硬件环境发生了改变，需要对产品进行升级，以利于提高它的适应性。

3. 出版境外电子出版物的合同登记

与音像出版物一样，我国国家版权局对出版和复制境外电子出版物的合同管理也专门下发通知，对合同进行统一管理，以规范电子出版物的引进，加强对境外著作权的保护。

国家版权局 1996 年 8 月 8 日颁布的《关于对出版和复制境外电子出版物

和计算机软件进行著作权授权合同登记和认证的通知》中，对电子出版物引进的授权合同的管理做出了以下规定。

（1）电子出版物出版单位引进出版境外电子出版物，应在出版之前将著作权授权合同一式两份（正、副本）报所在地省、自治区、直辖市版权局（下称地方版权局）登记；地方版权局应将著作权授权情况报国家版权局进行认证。

经登记和认证，取得由国家版权局统一印制的著作权合同登记批复（下同）后，方可出版。

（2）电子出版物复制单位接受境外委托复制电子出版物和计算机软件，应在复制前将著作权授权合同一式两份（正、副本）报地方版权局登记；地方版权局应将著作权授权情况报国家版权局进行认证。经登记和认证取得著作权合同登记批复后，方可复制。

（3）电子出版物复制单位接受境内电子出版物出版单位委托，复制引进出版的电子出版物，应要求其出具著作权合同登记批复；否则，不得复制。

（4）电子出版物复制单位接受境内非电子出版物出版单位委托复制计算机软件，应要求其出具计算机软件登记证书或其他著作权证明文件及当地新闻出版局核发的电子出版物复制委托书；否则，不得复制。

（5）地方版权局应对报登的著作权授权合同是否规范、齐备进行审查。对不符合要求的，应限期补正；补正后仍不符合要求的，不予登记。对符合要求的，地方版权局应将著作权授权情况报国家版权局进行认证；对通过认证的，予以登记合同，发给著作权合同登记批复，并将著作权授权合同正本退还报登单位；对未通过认证的，不予登记合同。

（6）著作权合同登记批复由国家版权局统一印制，委托各地方版权局代发给出版或复制单位。

（7）引进出版的电子出版物应在出版物及其装帧纸上标明著作权合同登记号；未标明合同登记号的，著作权行政管理部门可作为涉嫌侵权制品予以扣缴。

（8）对不进行著作权授权合同登记出版和复制电子出版物和计算机软件而造成侵权的单位，一经发现，著作权行政管理部门将依《著作权法》从重给予行政处罚。对构成犯罪的，将移交司法机关处理。

第六章

出版物印刷的法律规定及其应用

作为出版的重要环节和国民经济的重要部门的印刷业，对其加强法制建设，依法管理，对保障出版业的健康发展、繁荣人民群众的文化生活、促进社会主义精神文明和物质文明建设，具有重要意义。

与出版物印刷相关的法律规定对印刷业经营者的权益给予了特别的关注，要保障经营者投资出版物印刷业的自主权，保障印刷业经营者依法从事印刷业经营活动的权利，保障印刷业经营者的合法权利在受到侵犯时寻求法律保护的权利。同时，印刷业的发展又与社会公共利益密切相关。通过印刷业管理的法制建设，严把印刷关口，有关责任部门应保证我国的印刷品符合我国法律法规的规定，为人民群众提供丰富健康的精神产品，既保证印刷业的发展规模和结构能适应人民群众对出版物消费的需求，又要在出版物印刷环节形成强大的监督、过滤机制，把淫秽、反动、迷信的出版物阻挡在印刷经营活动之外。

为了加强印刷业的管理，国务院于 2001 年 8 月 2 日公布了《印刷业管理条例》（2016 年第一次修订，2017 年第二次修订，2020 年第三次修订），该条例的施行对我国印刷业的健康发展起到了积极的促进作用。随后，新闻出版总署于 2001 年 11 月 9 日发布了《印刷业经营者资格条件暂行规定》（2015 年第一次修正，2017 年第二次修正），2002 年 1 月 29 日与原对外经济贸易合作部联合发布了《设立外商投资印刷企业暂行规定》（2015 年修正）。这些法规、规章和印刷行业管理的各项制度形成了较为系统的法规体系，使出版物印刷企业的设立、变更、经营管理和质量控制都有章可循。

第一节　出版物印刷企业的设立、变更与终止

出版物印刷企业的依法设立是对印刷行业进行依法管理的第一个步骤。保障印刷企业正常设立是维护印刷业经营者的合法权益的基础，同时，加强印刷企业的设立管理也是从整体上对出版印刷行业的规模和结构进行宏观调控的手段之一。

一、我国出版物印刷企业设立的基本制度

我国印刷行业企业的设立实行经营许可制度。简单地说，只有依据《印

刷业管理条例》相关规定取得出版物印刷经营许可证的印刷单位，才有资格从事出版物的印刷经营活动。

（一）印刷经营许可制度是一种典型的行政许可制度

行政许可制度，是有关行政许可证的申请、行政许可证的审查、行政许可证的颁发、行政许可证的使用、行政许可证的效力及行政许可证的撤销等的法律制度。行政许可制度是国家管理社会生活和经济生活的一项重要制度。随着市场经济的发展和社会的进步，国家越来越重视对经济生活、社会生活的调控，许可制度就是国家调控经济生活和社会生活的重要手段。行政机关在审查许可证的申请过程中，可能根据经济生活和社会生活的总体情况做出许可的决定，也可以做出不许可的决定。

比如，在印刷业管理中，当全社会的印刷企业趋于饱和状态的时候，出版行政主管部门就可以通过做出不许可的决定来调控印刷企业的总量。当印刷企业关停较多，不能满足经济、社会生活需求时，出版行政主管部门就可以通过做出许可的决定来增加印刷企业的总量。此外，出版行政主管部门还可以通过许可证的发放对印刷企业的结构、布局进行宏观调控。这种宏观调控作为市场调节的重要手段和有效补充，可以避免由市场机制的延迟反映造成的重复建设或市场空白。

（二）实行印刷经营许可制度的原因和历史背景

印刷业是我国国民经济的重要产业，肩负着社会主义物质文明建设和精神文明建设的双重任务。改革开放以来，印刷业取得了快速发展。

综合整理国家新闻出版署、国家统计局和中国印刷及设备器材工业协会的相关统计数据，基本情况如下。数据显示，2019 年，印刷复制（包括出版物印刷、包装装潢印刷、其他印刷品印刷、专项印刷、印刷物资供销和复制）实现营业收入 13 802.63 亿元，与上年相比，增长 0.55%；利润总额 774.12 亿元，降低 7.32%。出版物印刷（含专项印刷）营业收入 1 715.17 亿元，增长 0.21%；利润总额 103.04 亿元，降低 6.43%。包装装潢印刷营业收入 10 860.30 亿元，增长 1.63%；利润总额 599.74 亿元，降低 5.86%。其他印刷品营业收入 1 049.25 亿元，降低 6.38%；利润总额 70.64 亿元，降低 19.68%。[1]

---

[1] 中国新闻出版广电网. 2019 年全国新闻出版业基本情况［EB/OL］.（2020-11-04）［2020-11-10］.https：//www.chinaxwcb.com/info/567233.

印刷业在发展的同时，也面临许多不容忽视的问题：一是一些地区盲目发展印刷企业，重复建设严重，低水平生产能力过剩；二是一些印刷企业受经济利益的驱动，从事非法印刷，有的甚至印刷含反动、淫秽、迷信内容和国家明令禁止印刷的其他内容的出版物，有的印刷假证件、侵权注册商标标志、虚假广告和仿冒他人包装装潢的印刷品；三是一些单位和个人无证无照或者证照不全，非法经营印刷业务，造成印刷市场混乱。现实情况表明，对印刷业放任自流显然是不行的。

由于印刷企业加工的产品尤其是出版物印刷品具有精神产品属性，因此，需要把社会效益放到第一位，不能把它完全交给市场。此外，近年来，印刷企业的盲目发展，已经造成总量失控、供求严重失衡，导致过度的恶性竞争，致使印刷市场秩序混乱，非法印制活动蔓延。在这种情况下，更加需要加强政府的宏观调控及监督管理。印刷经营许可制度，恰恰在避免低水平的重复建设、掌握印刷企业的经营动态、规范印刷业经营者的经营活动等方面发挥着重要而独特的作用。

（三）出版物印刷经营许可制度的基本原则

1. 合法原则

法律是行政许可产生的唯一根据，任何单位或者个人无权擅自设定行政许可。行政许可的实施，包括从申请人提出许可证申请开始直到行政机关颁发许可证为止的全过程，都必须依法进行。同时，行政许可的争议和纠纷，要依照法律规定予以处理与解决，包括对行政许可决定不服的行政复议、行政诉讼，以及申请者因行政机关违法实施行政许可而受到损害时的损害赔偿请求，均应依照法律规定的原则和程序进行。

2. 公开原则

公开原则是行政许可的核心原则，是行政许可制度科学化、民主化的标志。公开原则要求行政许可的规定应当是向全社会公布的，未经公布，不得作为行政许可的依据。公开原则还要求行政机关实施行政许可的过程要向社会公开，即要求行政机关将有关行政许可的事项、依据、条件、程序、期限、费用，以及申请行政许可需要提交的全部材料和填写行政许可申请书的示范文本等情况，在办公场合公示，并根据申请人的要求，就公示材料的内容向申请人做出明确的说明和详尽的解释；公开原则在程序上的体现，主要是听证程序在行政许可制度中的运用，即要求在行政机关颁发许可证时，如果申请人或者利害关系人要求听证，行政机关就应当组织听证，而且，行政许可制度还要求除了涉及国家机密、商业秘密或者个人隐私的行政许可事项以外，听证均应公开举行。

3. 效率原则

效率原则要求行政机关在法定的期限内做出行政许可决定。在法定期限内不能做出行政许可决定，需要延长审查期限的，必须经行政机关的负责人批准，并应当将延长审查期限的情况书面告知申请人。

二、出版物印刷企业设立的基本条件

企业设立，是指企业的发起人依据法定程序创办企业并取得营业主体资格的行为。企业在设立阶段，需要进行可行性研究，需要研究、决定企业的名称、章程，需要确定企业的业务范围，等等。这一系列工作直接关系到企业是否能够取得营业主体资格，能否独立地享有民事权利、承担民事义务，并以自己的名义、独立的财产承担民事责任。

出版物印刷企业的设立条件，是根据企业法人设立的一般条件，结合出版物印刷行业的特殊性而确定的。根据《中华人民共和国公司法》（以下简称《公司法》）《印刷业管理条例》《印刷业经营者资格条件暂行规定》等法律法规的要求，设立出版物印刷企业，应当具备下列基本条件。

（一）出版物印刷企业的名称

企业名称，也称为商号，是一个企业区别于其他企业的标志。

根据相关法律法规的规定，出版物印刷企业的名称一般应由四个方面的内容组成：地名、字号、经营行业（有的出版物印刷企业可能还经营其他种类的印刷业务）、企业的组织形式。

地名是指该印刷企业所在地的省、市、县的名称。属于全国性印刷企业的，经批准可以冠以"中国"或"中华"等字样。

字号是指企业名称中的标志性字段，在实际生活中有的时候常常用字号代替企业名称，如"联想""海尔"等，还有我们常说的"老字号"，如"狗不理""同仁堂"等，可见字号的特殊性和重要性。一般来说，字号不能使用译音、数字、伟人姓名、地名或带有封建色彩的词语。

如果该印刷企业是公司，应在名称中标明具体的经营形式，如"有限责任公司"或者"股份有限公司"；如果不属于公司，不得标明此类字样。

以湖北省新华印刷厂为例，该企业的名称中，"湖北省"表示地名，字号为"新华"，行业类型为"印刷"，经营形式"厂"标明其不是公司制的组织形式。需要指出的是，设立印刷企业应当在报出版行政主管部门审批前，先行向工商行政管理部门申请印刷企业名称的预先核准。预先核准的印刷企业名称保留期为6个月，任何人不得使用预先核准的企业名称开展印刷经营活动。

（二）出版物印刷企业的组织形式和章程

近几年来，从事出版物印刷的经营主体呈现出组织形式多元化的特色。从所有制形式上看，国有、集体、股份制、私营、外资、个体等都有。从数量上看，集体、股份制、私营、个体已占绝大多数。根据我国国家发展和改革委员会、商务部发布的《外商投资准入特别管理措施（负面清单）》（2020年版）的规定，出版物印刷业须由中方控股。2001年颁布、2016年第一次修订、2017年第二次修订、2020年第三次修订的《印刷业管理条例》根据我国印刷业发展的实际情况，适当扩大了印刷业的对外开放，允许设立从事包装装潢印刷品和其他印刷品经营活动的外资企业。这是由于出版物印刷是纯粹的精神产品的复制过程，是思想文化传播的重要阵地，对我国的社会主义精神文明建设影响很大，而我国与西方在意识形态、文化传统等各方面都存在不小的差异，如果管理不善，就可能会导致外国经营者在经营过程中印刷一些不为我国社会公众所接受的不良印刷品甚至违禁印刷品，有害于我国的精神文明建设。因此，保持对出版物印刷的对外开放的一定限制是必要的。有鉴于此，《印刷业管理条例》规定，对出版物印刷的资金形式，限于设立外国投资者与中国投资者共同投资的企业而不包括外商独资。《设立外商投资印刷企业暂行规定》要求，申请设立外商投资印刷企业的组织形式为有限责任公司。

企业章程是根据不同企业组织形成的法律性文书，以其成员的权利、义务、责任为主要内容，旨在指导和约束企业行为，协调企业成员之间的利益关系，维护交易秩序。

根据我国现行企业法的规定，各组织形式的出版物印刷企业章程应当包含以下内容。

1. 有限责任公司形式的出版物印刷企业的章程内容

设立有限责任公司形式的印刷企业，根据《公司法》第25条规定，其章程应当包含以下内容：公司名称和住所；公司经营范围；公司注册资本；股东的姓名或者名称；股东的出资方式、出资额和出资时间；公司的机构及其产生办法、职权、议事规则；公司法定代表人；股东会会议认为需要规定的其他事项。

此外，《公司法》还要求公司股东在章程上签名、盖章。

2. 股份有限公司形式的出版物印刷企业的章程内容

设立股份有限公司形式的印刷企业，根据《公司法》第 81 条规定，其章程应当包含以下内容：公司名称和住所；公司经营范围；公司设立方式；公司股份总数、每股金额和注册资本；发起人的姓名或者名称、认购的股份数、出资方式和出资时间；董事会的组成、职权和议事规则；公司法定代表人；监事会的组成、职权和议事规则；公司利润分配办法；公司的解散事由与清算办法；公司的通知和公告办法；股东大会会议认为需要规定的其他事项。

3. 其他类型印刷企业法人的章程内容

根据《中华人民共和国企业法人登记管理条例施行细则》的规定，设立其他类型的出版印刷企业法人，其章程应包括以下内容：宗旨；名称和住所；经济性质；注册资金数额及其来源；经营范围和经营方式；组织机构及其职权；法定代表人产生的程序和职权范围；财务管理制度和利润分配形式；劳动用工制度；章程修改程序；终止程序；其他事项。

（三）经营范围

印刷企业经营的业务种类可以分为以下三类。

第一类是出版物的印刷。这部分的印刷业务主要包括报纸、期刊、书籍的印刷，地图、年画、图片、挂历、画册的印刷，以及音像制品、电子出版物的装帧封面的印刷，等等。

第二类是包装装潢印刷品的印刷。主要包括商标标识、广告宣传品的印刷，作为产品包装装潢的纸、金属、塑料等的印刷品的印刷，等等。

第三类是其他印刷品的印刷。主要包括文件、资料、图表的印刷，票证、证件、名片的印刷，等等。

设立印刷企业必须有确定的业务范围，即印刷企业的创办人要从上述业务中选择一项或若干项甚至全部，作为印刷企业的业务范围。但不管怎样，从事出版物印刷的企业都要确保其具有合法的出版物印刷资质。

经营范围多样化是我国印刷行业近年来发展的一个主要特点，十多万家注册的印刷企业中相当多的企业是兼营类的，经营范围既有出版物的印刷，也有包装装潢印刷品的印刷，还有其他印刷品的印刷。

（四）生产经营条件

出版物印刷企业设立的另一个必要条件是具备适应业务范围需要的生产经营场所和必要的资金、设备等生产经营条件。

1. 生产经营场所

出版物印刷企业属于生产性企业，必须要有固定的生产经营场所。生产经营场所不仅要符合国家安全标准和消防安全规定，还应符合关于企业法人登记管理方面的规定。

《印刷业经营者资格条件暂行规定》要求"印刷业经营者，包括从事出版物、包装装潢印刷品印刷经营活动的企业，从事其他印刷品印刷经营活动的企业、单位或者个人，以及专项排版、制版、装订企业或者单位"都必须具备"有适应业务需要的固定生产经营场所"，并且经营其他印刷品印刷业务的企业、单位的经营场所不能在有居住用途的场所内。

2. 资金、设备

印刷企业要开展正常的生产经营活动，以自己的名义享有权利、承担义务，就必须有自己可以独立支配的财产，除厂房之外，还需要有必要的生产设备和资金。

《公司法》规定，只有当一个公司法人达到一定的经济实力时，才能从事与之相适应的经营行为。为此，《公司法》对公司成立时应具备的注册资本金额进行了强制性规定。《公司法》第 26 条、第 80 条对不同种类企业法人的最低资本做了不同的规定，要求企业法人登记要有符合规定数额并与经营方式相适应的注册资金。

这只是《公司法》对一般的生产经营性公司注册资金的要求。对于出版物印刷企业来说，其所必需的资金、设备还应与该企业的业务范围相适应。一般来讲，业务范围广，需要的资金和设备相应要多一些；业务范围窄，需要的资金和设备相应要少一些。

根据印刷业的实践，《印刷业经营者资格条件暂行规定》明确了对不同印刷企业资金和设备的要求，具体如下。

经营出版物印刷业务的企业，应当具备有能够维持正常生产经营的资金；有必要的出版物印刷设备，具备 2 台以上最近十年生产的且未列入《淘汰落后生产能力、工艺和产品的目录》的自动对开胶印印刷设备。

经营包装装潢印刷品印刷业务的企业，应当具备有能够维持正常生产经营的资金；有必要的包装装潢印刷设备，具备 2 台以上最近十年生产的且未列入《淘汰落后生产能力、工艺和产品的目录》的胶印、凹印、柔印、丝印等及后序加工设备。

经营其他印刷品印刷业务的企业、单位，应当具备有适应业务需要的生产设备和资金。

经营专项排版、制版、装订业务的企业、单位，应当具备有能够维持正常生产经营的资金；有必要的排版、制版、装订设备，具备 2 台以上最近十年生产的且未列入《淘汰落后生产能力、工艺和产品的目录》的印前或印后加工设备。

另外，设立外商投资的印刷企业，外方投资者应当符合下列三个要求之一：能够提供国际先进的印刷经营管理模式及经验；能够提供国际领先水平的印刷技术和设备；能够提供较为雄厚的资金。

（五）组织机构和人员

1. 组织机构

印刷企业的组织机构是指依法设立的企业的决策、管理和执行、监督体系。《印刷业管理条例》第 10 条规定，个人不得从事出版物、包装装潢印刷品的印刷经营活动。因此，从事出版物印刷的经营实体应该是具有一定形式和规模的组织机构与人员。

典型的企业法人组织机构是公司企业中的股东会、董事会、监事会。根据《公司法》规定，有限责任公司的组织机构包括股东会、董事会和监事会（或监事），股份有限公司的组织机构包括股东大会、董事会、经理和监事会。

股东大会是公司的最高权力机关，由全体股东组成，依照《公司法》行使以下职权：决定公司的经营方针和投资计划；选举和更换由非职工代表担任的董事、监事，决定有关董事、监事的报酬事项；审议批准董事会的报告；审议批准监事会或者监事的报告；审议批准公司的年度财务预算方案、决算方案；审议批准公司的利润分配方案和弥补亏损方案；对公司增加或者减少注册资本做出决议；对发行公司债券做出决议；对公司合并、分立、解散、清算或者变更公司形式做出决议；修改公司章程；公司章程规定的其他职权。

董事会设董事长一人，董事长为公司的法定代表人。董事会对股东会负责，行使下列职权：召集股东会召开会议，并向股东会报告工作；执行股东会的决议；决定公司的经营计划和投资方案；制订公司的年度财务预算方案、决算方案；制订公司的利润分配方案和弥补亏损方案；制订公司增加或者减少注册资本及发行公司债券的方案；制订公司合并、分立、解散或者变更公司形式的方案；决定公司内部管理机构的设置；决定聘任或者解聘公司经理及其报酬事项，并根据经理的提名决定聘任或者解聘公司副经理、财务负责人及其报酬事项；制定公司的基本管理制度；公司章程规定的其他职权。

经理由董事会聘任或解聘，对董事会负责，其职权包括：主持公司的生产经营管理工作，组织实施董事会决议；组织实施公司年度经营计划和投资方案；拟订公司内部管理机构设置方案；拟订公司的基本管理制度；制定公司的具体规章；提请聘任或者解聘公司副经理、财务负责人；决定聘任或者解聘除应由董事会决定聘任或者解聘以外的负责管理人员；董事会授予的其他职权。

监事会由股东代表和适当比例的公司职工代表组成，具体比例由公司章程规定。监事会中的职工代表由公司职工民主选举产生。有限责任公司，股东人数较少和规模较小的，可以设一至两名监事。监事会或者监事行使下列职权：检查公司财务；对董事、高级管理人员执行公司职务的行为进行监督，对违反法律、行政法规、公司章程或者股东会决议的董事、高级管理人员提出罢免的建议；当董事、高级管理人员的行为损害公司的利益时，要求董事、高级管理人员予以纠正；提议召开临时股东会会议，在董事会不履行《公司法》规定的召集和主持股东会会议职责时召集和主持股东会会议；向股东会会议提出提案；依照《公司法》第151条的规定，对董事、高级管理人员提起诉讼；公司章程规定的其他职权。

另外，根据《公司法》第66条至第70条规定，国有独资公司只设立董事会、监事会和经理，不设股东会。国有独资公司的董事会由国有资产监督管理机构委派或更换；董事长由国有资产监督管理机构从董事会成员中指定；经理必须经国有资产监督管理机构同意；监事会由国有资产监督管理机构委派的人员组成，并有公司职工代表参加。

较为特殊的是，《设立外商投资印刷企业暂行规定》要求，从事出版物、其他印刷品印刷经营活动的中外合营印刷企业，合营的中方投资者应当控股或占主导地位。其中，从事出版物印刷经营活动的中外合营印刷企业的董事长应当由中方担任，董事会成员中方应当多于外方。

2. 人员

印刷企业的人员应由两部分组成：一部分是企业的决策、管理人员；一部分是从业人员。《公司法》第146条规定，有下列情形之一的，不得担任公司的董事、监事、高级管理人员；无民事行为能力或者限制民事行为能力；因贪污、贿赂、侵占财产、挪用财产或者破坏社会主义市场经济秩序，被判处刑罚，执行期满未逾五年，或者因犯罪被剥夺政治权利，执行期满未逾五年；担任破产清算的公司、企业的董事或者厂长、经理，对该公司、企业的破产负有个人责任的，自该公司、企业破产清算完结之日起未逾三年；担任因违法被吊销营业执照、责令关闭的公司、企业的法定代表人，并负有个人责任的，自该公司、企业被吊销营业执照之日起未逾三年；个人所负数额较大的债务到期未清偿。

此外，根据《印刷业管理条例》第45条规定，印刷企业被处以吊销许可证行政处罚的，其法定代表人或者负责人自许可证被吊销之日起10年内不得担任印刷企业的法定代表人或者负责人。依据《印刷业经营者资格条件暂行规定》，经营出版物印刷业务的企业，法定代表人及主要生产、经营负责人必须取得省级新闻出版行政主管部门颁发的印刷法规培训合格证书。而经营包装装潢印刷品印刷业务和其他印刷品印刷业务的企业，按照该规定，法定代表人及主要生产、经营负责人必须分别取得地市级以上和县级以上出版行政主管部门颁发的印刷法规培训合格证书。

（六）符合国家统一规划要求

审批设立出版物印刷企业，除满足前面所列举的要求之外，还应当符合国家有关印刷企业总量、结构和布局的规划，这是设立出版物印刷企业的特殊条件。因为设立印刷企业这一行为，不能简单地看作印刷企业创办人的行为。出版印刷业的发展与社会公共利益密切相关，必须把维护社会公共利益放在首位。

国家对印刷企业的设立进行宏观调控，主要表现在审批设立印刷企业，审查其是否符合国家有关印刷企业总量、结构和布局的规划。这一规定表明，国家对印刷企业的设立是控制的，不仅控制印刷企业的总量，还控制印刷企业的结构和布局。

三、出版物印刷企业设立的程序

按照《印刷业管理条例》的规定，个人不得从事出版物包装装潢印刷品印刷经营活动。要设立从事出版物印刷品印刷经营活动的企业，应该严格按照条例规定的程序，在一定的期限内进行印刷企业设立的申请、审批。同时，外商投资的印刷企业在设立过程中，也要遵守《设立外商投资印刷企业暂行规定》中做出的规定。

（一）一般（非外资）印刷企业的设立程序

从事印刷经营活动的一般印刷企业设立需要取得印刷经营许可证。

企业申请从事出版物印刷经营活动，应当持营业执照向所在地省、自治区、直辖市人民政府出版行政部门提出申请，经审核批准的，发给印刷经营许可证。

企业申请从事包装装潢印刷品和其他印刷品印刷经营活动，应当持营业执照向所在地设区的市级人民政府出版行政部门提出申请，经审核批准的，发给印刷经营许可证。

印刷经营许可证应当注明印刷企业所从事的印刷经营活动的种类。印刷经营许可证不得出售、出租、出借或者以其他形式转让。

这里的"所在地"，是指拟设立企业的所在地，并非申请人的所在地。印刷企业的业务范围，可以通过在印刷经营许可证上标注业务范围来区别。

印刷经营许可制度在法律性质上是一种行政许可，在具体实践中，就体现为印刷经营许可证的发放。法律、行政法规在赋予行政机关行政权力的同时，也对其权力给予了必要的限制。其中，重要的限制之一就是规定行政机关必须在合理的期限内完成所承担的各项职责。《印刷业管理条例》第11条规定，出版行政主管部门在受理设立印刷经营活动的申请时，"应当自收到依据《印刷业管理条例》第十条提出的申请之日起60日内作出批准或者不批准的决定。批准申请的，应当发给印刷经营许可证；不批准设立申请的，应当通知申请人并说明理由"。

（二）外商投资出版物印刷企业的设立程序

对于外商投资的印刷企业，其设立程序应该严格按照《设立外商投资印刷企业暂行规定》执行。

1. 向出版行政主管部门提出申请

申请设立外商投资的印刷企业，必须向出版行政主管部门提出申请，并获得国家新闻出版署的批准文件。

向出版行政主管部门提出的申请分为两个步骤——省级新闻出版行政主管部门的初审和国家新闻出版署的终审。

首先，应向所在地省级新闻出版行政主管部门提出申请，提交设立外商投资印刷企业申请书和各方投资者法定代表人签署的项目建议书及项目可行性研究报告。项目建议书应当载明下列事项：各方投资者的名称、注册地、住所；申请设立外商投资印刷企业的名称、法定代表人、住所、经营范围、注册资本及投资总额；各方投资者的出资方式和出资额等。其他的申请文件还包括各方投资者的注册登记证明（复印件）、法定代表人身份证明（复印件），以及国有资产管理部门对拟投入的国有资产评估报告的确认文件。

省级新闻出版行政主管部门自收到规定的全部文件之日起10个工作日内提出初审意见，报送国家新闻出版署审批。报送国家新闻出版署审批时，省级新闻出版行政主管部门须提交申请人申请设立的文件，省级新闻出版行政主管部门的初审意见，法律法规和国家新闻出版署规定的其他文件。国家新闻出版署应自收到规定的全部文件之日起30个工作日内做出批准或者不批准的书面决定。

2. 向外经贸行政部门提出申请

申请人获得国家新闻出版署批准文件后，必须向外经贸行政部提出申请，取得原对外贸易经济合作部的外商投资企业批准证书。

首先，申请人应该按照有关法律法规向所在地省、自治区、直辖市、计划单列市的外经贸行政部门提出申请，并提交下列文件：申请人申请设立的文件及国家新闻出版署的批准文件；由各方投资者法定代表人或其授权的代表签署的外商投资印刷企业的合同、章程；拟设立外商投资印刷企业的董事会成员名单及各方投资者董事委派书；工商行政管理部门出具的企业名称预先核准通知书；法律法规和外经贸行政部门规定的其他材料。

省、自治区、直辖市、计划单列市的外经贸行政部门对投资总额在3 000万美元以下、拟从事包装装潢印刷品印刷经营活动的外商投资印刷企业进行审批，应自收到规定的全部文件之日起30个工作日内做出批准或者不批准的书面决定。批准设立申请的，发给外商投资企业批准证书，并报原对外贸易经济合作部备案。

省、自治区、直辖市、计划单列市的外经贸行政部门对拟从事出版物、其他印刷品印刷经营活动的中外合营印刷企业及投资总额在3 000万美元以上（含3 000万美元）拟从事包装装潢印刷品印刷经营活动的外商投资印刷企业进行审批，应自收到规定的全部文件之日起10个工作日内提出初审意见，报送原对外贸易经济合作部审批。

报送原对外贸易经济合作部审批的材料包括：省、自治区、直辖市、计划单列市的外经贸行政部门须提交申请人申请设立的文件，省、自治区、直辖市、计划单列市的外经贸行政部门的初审意见，法律法规和原对外贸易经济合作部规定的其他文件。原对外贸易经济合作部应自收到规定的全部文件之日起30个工作日内做出批准或者不批准的书面决定。批准设立申请的，发给外商投资企业批准证书。

3. 申领印刷经营许可证、特种行业许可证和营业执照

获得批准设立的申请人，持国家新闻出版署的批准文件及外商投资企业批准证书到省级新闻出版行政主管部门申领印刷经营许可证，并按照《印刷业管理条例》的有关规定申领特种行业许可证和营业执照。具体程序与从事出版物业务的非外资印刷企业相同。

四、出版物印刷企业的变更

出版物的印刷直接关系到精神产品的生产和流通。一般情况下，企业经营业务范围发生变更，只需要到工商行政管理部门进行变更登记即可，无须重新办理审批手续。但是，如果印刷企业发生变更，必须重新办理审批登记手续。

印刷业经营者业务变更的情况包括申请兼营或者变更从事出版物、包装装潢印刷品或者其他印刷品印刷经营活动；兼并其他印刷业经营者或者因合并、分立而设立新的印刷业经营者；印刷业经营者变更名称、法定代表人或者负责人、住所或者经营场所等主要登记事项；印刷业经营者终止印刷经营活动；等等。

（一）申请兼营或者变更从事出版物、包装装潢印刷品或者其他印刷品印刷经营活动

从事出版物印刷的印刷企业，其经营的业务范围主要包括报纸、期刊、书籍、地图、年画、图片、挂历、画册及音像制品、电子出版物的装帧封面的印刷等。经营其他印刷业务范围的企业想要经营出版物印刷业务，或者经营出版物印刷的企业想要终止本业务，都必须按照《印刷业管理条例》中的相关程序进行业务变更或终止。已经取得印刷经营许可证的印刷业经营者要增加或变更其所从事的印刷经营活动，仍然必须就增加或者变更的印刷经营活动接受出版行政主管部门的审查，在取得出版行政主管部门的许可后，依照前文所介绍的《印刷业管理条例》中对印刷企业设立的有关规定办理手续。

已设立的中外合营印刷企业申请兼营或者变更从事出版物、包装装潢印刷品或者其他印刷品印刷经营活动的，应经国家新闻出版署批准后，再报原对外经济贸易合作部批准，并依法办理相应的注册登记、变更手续。

在印刷经营活动中，印刷企业如果未取得出版行政主管部门的许可，擅自兼营或者变更从事出版物印刷经营活动，县级以上地方人民政府出版行政主管部门有权按照《印刷业管理条例》第37条的规定对其进行处罚。

（二）兼并其他印刷业经营者或者因合并、分立而设立新的印刷业经营者

1. 合并

合并是指两个或更多的法人合并设立一个新的法人，或者将某个法人并入另一个法人。因此，合并可分为吸收合并和新设合并两种方式。吸收合并，也称为兼并，是企业合并的一种方式，即一个企业并入另一个企业，前者的法人资格消灭，后者的法人资格继续存在。企业兼并是一种比较重大的企业变更事件，它可能会导致印刷企业在经营规模、经营形式、营业范围、营业场所及主要负责人等方面产生重大变化。尤其是兼并不同种类的印刷企业时，还会产生被兼并后所从事的印刷经营活动的种类发生改变的情况。比如，有的包装装潢印刷品印刷企业基于业务调整的需要，兼并出版物印刷企业，就扩大了业务范围。因此，虽然印刷企业之间的兼并从严格的法律意义上来说并不造成一个新的印刷企业的产生，但要求兼并后的印刷企业依法重新办理印刷企业的设立审批手续是十分必要的。

另一种企业合并是新设合并，指两个以上的企业在合并的各方均归于消灭的同时，另外创设一个新的企业。当印刷经营者合并时，则合并后设立的印刷业经营者属于因"合并而设立新的印刷业经营者"，应当依照《印刷业管理条例》的有关规定重新办理设立审批手续。而合并后归于消灭的印刷业经营者，则应办理注销登记手续和备案手续。

2. 分立

与合并的情形类似，企业分立也有新设分立和分支分立之分。这里必须指出的是，企业分立行为不同于企业投资行为——企业通过投资行为成为其他企业的股东，企业的注册资本并不减少；而企业分立必然导致企业的注册资本的减少。

新设分立，是指一个企业将其全部资产分割，设立两个或两个以上的企业，分立以后，原企业即归于消灭。例如，甲企业分立为乙、丙两企业，甲企

业不复存在。分立后新成立的印刷业经营者应当依照《印刷业管理条例》第10条的设立规定重新办理设立审批手续；分立前的印刷业经营者，则在分立后归于消灭，办理注销登记手续和备案手续。

分支分立，是指一个企业（甲）以其部分资产分割出来设立乙企业，同时甲企业继续存在。分支分立派生出来的新的印刷业经营者也应当依照《印刷业管理条例》第10条的规定重新办理设立审批手续；分立前的印刷业经营者分立后继续存在的，因其减少了注册资本，应当依法办理变更登记手续。

已设立的中外合营印刷企业兼并其他印刷业经营者，或者因合并、分立而设立新的印刷业经营者，应经国家新闻出版署批准后，再报国家原对外经济贸易合作部批准，并依法办理相应的注册登记、变更手续。

在印刷经营活动中，如果合并、分立而设立新的印刷业经营者时没有依照以上规定办理手续，县级以上地方人民政府出版行政主管部门有权按照《印刷业管理条例》第37条的规定对其处罚。

（三）登记事项变更

企业登记事项涉及国家对企业的监督管理，因此，当这些事项发生变化时，企业应当向有关机关办理变更登记手续，以方便国家有关部门掌握相关情况，调整对企业的监督管理措施。

印刷业经营者变更名称、法定代表人或者负责人、住所或者经营场所等主要登记事项，或者终止印刷经营活动，应当报原批准设立的出版行政部门备案。

1. 印刷业经营者名称的变更

印刷业经营者名称的变更，是指印刷企业法人名称的变化或者印刷业个体经营者字号的变化。名称的变化涉及印刷企业合同主体名称及印章的改变。企业名称的改变，如果不以适当方式报有关监管机关知晓，容易造成企业游离于国家机关的监管之外，对市场经济秩序的维护十分不利。

2. 印刷业经营者法定代表人或者负责人的变更

印刷业经营者法定代表人或者负责人的变更，是指印刷企业的法定代表人或者印刷业个体经营者负责人的变化。印刷业经营者法定代表人或者负责人的变更，也是有关国家机关直接管理对象的变化。因此，应当到有关国家机关办理变更登记手续。

3. 印刷业经营者住所或者经营场所等的变更

印刷业经营者的住所，是指印刷业经营者的机关所在地。在法律上，企业的住所就是企业的所在地。如果企业没有住所，那么企业的经营场所所在地即为企业所在地。企业的经营场所是指企业的主要营业场所。企业的住所或者经营场所对于国家实行对该企业的监督管理有十分重要的意义。实际上，国家对企业实行的监督管理，以属地管理为主，其内容主要有税务监管、治安管理、工商管理等，还有诉讼中管辖法院的确定等。明确企业的住所或者经营场所对于国家准确、及时地对企业实施监督管理有着重要意义。所以，当印刷业经营者改变其住所或者经营场所时，应当办理相应的变更登记手续。

五、印刷企业终止印刷经营活动

出版物印刷企业终止印刷经营活动应当向原办理登记的工商行政管理部门办理注销登记，并报原批准其设立的出版行政主管部门备案。

出版物印刷企业终止印刷经营活动，涉及该企业的印刷经营许可证、营业执照的效力终止问题。如果不规定出版物印刷企业终止印刷经营活动时要进行必要的注销登记，则有可能使这些原来应该失去效力的各种证照被不法之徒利用，从事非法的印刷经营活动，扰乱印刷业经营秩序，同时也增加了有关管理机关的执法和监督难度，使管理机关由于缺乏对印刷企业终止经营信息的掌握，无法对违法乱纪行为加以查处。因此，规定印刷业经营者在终止印刷经营活动时应当办理注销登记手续是十分必要的。

审批设立的外商投资印刷企业按照《设立外商投资印刷企业暂行规定》，经营期限一般不能超过30年。经营期限届满，因特殊情况确需延长经营期限的，应当在经营期限届满的180天前提出申请，并报送原审批机关审批。

第二节　出版物印刷企业的经营管理制度

印刷企业的业务范围主要分为出版物印刷、包装装潢印刷品印刷和其他印刷品印刷。出版物印刷业是复制精神产品的行业，作为一个重要的印刷门类，出版物印刷企业应该建立基本的经营制度以规范日常行为。为了从源头上净化文化市场，保证社会主义精神文明建设的健康发展，印刷业经营者必须建立、健全各项制度，做到依法经营。同时，也只有建立、健全各项经营管理制度，才能为国家有关部门依法监督检查并查处非法出版物印刷活动提供线索、保存证据，使有关国家行政机关掌握出版物印刷品印刷的各有关当事人及出版物的传播方向和范围，控制非法出版物的传播，查处相关的违法犯罪人，同时也有利于印刷业经营者加强自律、自查，防范违法行为的发生。

具体来说，出版物印刷业经营者应当建立健全合同制度、承印验证制度、承印登记制度、印刷品保管制度、印刷品交付制度、印刷活动残次品销毁制度等，并且遵守和执行有关行业规范。

一、合同制度

委托印刷单位和出版物印刷企业在印刷出版物的活动中，对出版物每一个印刷品种，都应当按照国家有关规定签订出版物印刷合同，以保障双方权利和义务的实现，同时也为事后责任的确定提供一个依据。这一制度的基本内容应该符合我国《民法典》有关内容的要求和本行业的特殊性。具体来说，出版物印刷行业的合同制度应该满足以下一些要求。

首先，需要有合格的合同主体。《民法典》第1编第144条规定，无民事行为能力人实施的民事法律行为无效。因此，民事主体应当具有相应民事权利能力和民事行为能力。这是对一般民事合同订立主体的要求。结合《印刷业管理条例》的规定，订立委托出版物印刷合同的，必须是具有一定法定资格的特殊主体。这一方面要求委托单位和承印企业必须具有民法意义上的权利能力和行为能力；另一方面，还要求委托单位必须是依照国家有关出版管理方面的法律、行政法规而取得出版许可的出版单位，承印企业则必须是依照《印刷业管理条例》的有关规定取得出版物印刷经营许可的印刷企业。未依法取得出版许可的单位及未依法取得印刷经营许可的企业，或者仅依法取得包装装潢印刷品或者其他印刷品经营许可的企业，不具备签订出版物委托印刷合同的主体资格。

其次，合同的形式应该符合《民法典》有关内容的相关规定。《民法典》第3编第1分编第469条规定："当事人订立合同，有书面合同、口头合同和其他形式。"这里，书面形式是合同书、信件、电报、电传、传真等可以有形地表现所载内容的形式。以电子数据交换、电子邮件等方式能够有形地表现所载内容，并可以随时调取查用的数据电文，视为书面形式。书面形式一般适用于内容复杂、标的金额较大、不能及时清结的交易。这种形式的优点是具有确定性，便于履行和监督。口头形式是指当事人通过口头语言来表现合同内容的形式，适用于能够及时清结的交易，其优点是比较方便、快捷、灵活，缺点是发生争议时无法查证核实。其他形式，包括除书面形式、口头形式以外的一切形式，比较常见的是默示形式（即以行为成立合同）和在线合同。

虽然没有对委托印刷合同采取何种形式做硬性规定，但是，委托印制单位和承印企业约定采用书面形式的，则应当采用书面形式。

同时，合同内容应该符合《民法典》有关内容的规定。合同内容是由合同的主要条款构成的，它规定了当事人双方的权利和义务。《民法典》第3编第1分编第470条、第2分编第771条分别规定："合同的内容由当事人约定，一般包括以下条款：（一）当事人的名称或者姓名和住所；（二）标的；（三）数量；（四）质量；（五）价款或者报酬；（六）履行期限、地点和方式；（七）违约责任；（八）解决争议的方法。""承揽合同的内容一般包括承揽的标的、数量、质量、报酬，承揽方式，材料的提供，履行期限，验收标准和方法等条款。"

根据上述规定，委托印刷合同应当具备下列内容：（1）委托印刷合同双方当事人的名称和住所；（2）委托印刷的出版物；（3）委托印刷的出版物的数量；（4）委托印刷的出版物应达到的质量；（5）印刷方式；（6）印刷材料，如出版物纸型和印刷底片的提供；（7）履行委托印刷合同的期限，如委印单位一方何时交付出版物纸型和印刷底片，承印企业一方何时交付印刷成品，等等；（8）验收出版物的标准和方法等。

另外，委托印刷合同的订立要符合《民法典》有关内容规定的订立程序。合同是双方或者多方当事人的民事法律行为，它在当事人相互交换意思表示并取得一致后方可成立。这就要求当事人在平等互利的前提下进行不断协商，这种不断协商的过程在法律上被称为要约与承诺。《民法典》第3编第1分编第471条规定："当事人订立合同，可以采取要约、承诺方式或者其他方式。"要约是希望和他人订立合同的意思表示；承诺是受要约人同意要约的意思表示。从理论上说，无论所订立的合同是书面合同还是口头合同，或是其他形式的合同，均应遵从这一合同订立程序。

二、承印验证制度

印刷业经营者在承接印刷各种印刷品时,应当依法验证委印单位及委印人的各种证明文件,并依法收存相应的复印件备查。依据《印刷业管理条例》等法规、规章的规定,印刷企业在承接出版物时,应当验证的证明文件主要有图书、期刊印刷委托书,报纸出版许可证,准印证,批准文件,有关著作权的合法证明文件,等等;印刷企业在承接包装装潢印刷品时,应当验证的证明文件主要有商标注册证、注册商标图样、注册商标使用许可合同、广告经营资格证明、委托印刷证明、委印单位的营业执照或者委印人的居民身份证等;印刷业经营者在承接其他印刷品时,应当验证的证明文件主要有委托印刷证明、准印证、批准文件、主管部门的证明、委印人的居民身份证等。验证以上证明文件主要是为了保证印刷活动的合法性,防止违法违规活动的发生。如果印刷业经营者在承印各种印刷品时能坚持承印验证制度,在很大程度上可以预防制假、贩假等违法犯罪活动的发生。

出版物印刷业经营者主要承接印刷报纸、期刊、书籍、地图、年画、图片、挂历、画册及音像制品、电子出版物的装帧封面等。

承接出版物印制的印刷企业,承接的内容不同,需要验证和收存的证明文件也有差异。具体来说,根据《印刷业管理条例》和《印刷品承印管理规定》的要求,规定如下:

印刷企业接受出版单位委托印刷图书、期刊的,必须验证并收存出版单位盖章的印刷委托书,并在印刷前报出版单位所在地省、自治区、直辖市人民政府出版行政部门备案;印刷企业接受所在地省、自治区、直辖市以外的出版单位的委托印刷图书、期刊的,印刷委托书还必须事先报印刷企业所在地省、自治区、直辖市人民政府出版行政部门备案。印刷委托书由国务院出版行政部门规定统一格式,由省、自治区、直辖市人民政府出版行政部门统一印制。

印刷企业接受出版单位委托印刷报纸的,必须验证报纸出版许可证;接受出版单位委托印刷报纸、期刊的增版、增刊的,还必须验证主管的出版行政部门批准出版增版、增刊的文件。

印刷企业接受委托印刷内部资料性出版物的,必须验证县级以上地方人民政府出版行政部门核发的准印证。

印刷企业接受委托印刷含宗教内容的内部资料性出版物的,必须验证省、自治区、直辖市人民政府宗教事务管理部门的批准文件和省、自治区、直辖市人民政府出版行政部门核发的准印证。

印刷企业接受委托印刷境外的出版物的，必须持有关著作权的合法证明文件，经省、自治区、直辖市人民政府出版行政部门批准；印刷的境外出版物必须全部运输出境，不得在境内发行、散发。

如果出版单位委托印刷出版物的排版、制版、印刷（包括重印、加印）、装订各工序不在同一印刷企业完成，《印刷品承印管理规定》还要求必须分别向各接受委托印刷企业开具图书、期刊印刷委托书。

值得说明的是，委托书不同于印刷合同。印刷合同由双方签订，明确规定了双方的权利和义务；而印刷委托书是出版单位单方面出具的，是载明出版物的名称、字数、印数等基本内容的书面凭证，是出版单位的单方法律行为。一般来说，印刷合同签订在前，出版单位签发印刷委托书在后。印刷委托书是依照印刷合同签发的，印刷委托书所载的内容必须和印刷合同相一致。印刷企业仅有印刷合同，还不能开始印刷出版物，而必须在接到印刷委托书，并履行事先备案手续后，方可开机印刷。按照规定，印刷委托书上必须加盖出版单位印章，并由印刷企业验证、收存。如果印刷委托书上无出版单位印章，或者印刷委托书是假冒、伪造的，印刷企业不得接受印刷委托，不得开机印刷。如果经印刷企业验证，印刷委托书所载内容与印刷合同不一致，或者印刷委托书的应载内容缺项，印刷企业应及时与出版单位联系核实，要求出版单位重新出具印刷委托书。

印刷企业需要在印刷前将收存的印刷委托书报出版单位所在地省、自治区、直辖市人民政府出版行政主管部门备案。无论是在本省、自治区、直辖市区域内，还是在外省、自治区、直辖市，印刷企业均须在印刷之前，将收存的印刷委托书报省、自治区、直辖市人民政府出版行政主管部门备案。备案是一种告知行为，与审批或者批准不同，并不需要得到备案机关的批准。备案，对印刷企业而言，是履行一种手续，以便接受出版行政主管部门的管理和监督检查；对出版行政主管部门而言，可以掌握本地区出版物的印刷情况，及时发现、处理问题。如果是同地印刷，即印刷企业印刷本省、自治区、直辖市出版单位的出版物，一方面必须验证并收存印刷委托书，另一方面还要在印刷前报本省、自治区、直辖市人民政府出版行政主管部门备案；如果是异地印刷，即印刷企业印刷其他省、自治区、直辖市出版单位的出版物，除必须验证并收存印刷委托书外，还需要在印刷前报出版单位所在地省、自治区、直辖市人民政府出版行政主管部门，以及印刷企业所在地省、自治区、直辖市人民政府出版行政主管部门备案。

三、承印登记制度

出版物的生产在我国有明确的规定。《出版管理条例》第 28 条规定："出版物必须按照国家有关规定载明作者、出版者、印刷者或者复制者、发行者的名称、地址，书号、刊号或者版号，在版编目数据，出版日期、刊期以及其他有关事项。"这里所称"国家有关规定"，是指有关行政法规、国务院出版行政主管部门的规章和规范性文件，如《关于图书版本记录的规定》《期刊管理暂行规定》《报纸管理暂行规定》等。在印刷环节，《印刷业管理条例》第 22 条明确规定了出版物印刷单位的承印登记责任，在印刷环节的管理上不仅与《出版管理条例》的要求基本一致，而且为了便于检查、监督和追究责任，《印刷业管理条例》还要求出版物上载明"接受委托印刷出版物的企业的真实名称和地址"。这些规定实际上进一步规范了出版物的法定记载事项，更加明确了委托印刷单位在出版物上刊载法定事项的义务。

各类印刷业经营者在承接各种印刷品时，要依法登记委托印刷人和所委托印刷的印刷品的基本情况，按承印印刷品的种类在出版物印刷登记簿，包装装潢印刷品印刷登记簿，其他印刷品印刷登记簿，专项排版、制版、装订业务登记簿，复印、打印业务登记簿上登记委印人和所委托印刷的印刷品的基本信息，以方便在必要的时候掌握印刷品的传播方向和传播范围，在发生非法印刷事件时，为印刷监管部门查处非法印刷案件提供信息来源和依据，依法追查违法犯罪分子，收缴非法出版物。基本信息主要包括委托印刷单位及委印人的名称、住址，经手人的姓名、身份证号码和联系电话，委托印刷的印刷品的名称、数量，印件原稿（或电子文档），底片及交货日期，收货人，等等。印刷登记簿一式三联，由省、自治区、直辖市人民政府出版行政主管部门或者其授权的地（市）级出版行政主管部门组织统一印制。印刷业经营者应当在每月月底将印刷登记簿登记的内容报所在地县级以上出版行政主管部门备案。

同时，还应注意，一方面，印刷企业要向委印单位提供其真实的名称和地址，以便委印单位编辑、刊载；另一方面，印刷企业还应该要求委印单位提供出版物的法定记载事项的完整材料，以便印刷。

委托印刷单位必须在委托印刷的出版物上刊载的法定事项包括出版单位的

名称、出版单位的地址、书号、刊号或者版号、出版日期或者出刊日期、接受委托印刷企业的名称、接受委托印刷企业的地址、其他有关事项。在出版物上载明印刷法定事项是出版物出版不可缺少的部分，不可轻视。法定记载事项是认定出版物合法性和确定有关法律责任的依据，便于行政管理及明确法律责任。所以，委印单位和印刷企业必须按照规定真实地、完整地在出版物上载明印刷法定事项。

另外，印刷经营企业对各种证明文件应当妥善留存两年，以备查验。各种证明文件包括印刷委托书或者委托印刷证明原件、准印证原件、出版许可证复印件、商标注册证复印件、注册商标图样原件、注册商标使用许可合同复印件、广告经营资格证明复印件、营业执照复印件、居民身份证复印件等。

四、出版物印刷品保管制度

出版物印刷业经营者对承印印件的原稿（或电子文档）、校样、印版、底片、半成品、成品及印刷品的样本应当妥善保管，不得损毁。建立这一制度，一方面是为了维护委托印刷人的合法权益，另一方面也是为了防止各种出版物在社会上的非法散发。国家为了维护出版社和著作权人的利益，将不法分子盗版盗印造成的损失降到最小，对有些出版物的发行渠道进行了严格限制。因此，出版物印刷业经营者必须建立严格的出版物保管制度，确保印刷的报纸、期刊、书籍、地图、年画、图片、挂历、画册及音像制品、电子出版物的装帧封面等不流入委托人以外的人手中，这不仅是印刷业经营者对委托印刷人所负的合同义务，也是其应尽的法律义务。

印刷企业及其印刷经营活动是印刷业行政管理的对象，非法印刷经营活动往往需要从其印刷的出版物上得到证明。为了保存证据，有效查处印刷企业的违法印刷经营活动，《印刷业管理条例》要求，印刷企业应当自完成出版物的印刷之日起两年内，留存一份接受委托印刷的出版物样本，以备出版行政主管部门和公安部门查证。经营者在执行印刷品保管制度时，应当明确保管责任，健全保管制度，严格办理交接手续，做到数字准确、有据可查。

五、印刷品交付制度

印刷行为属于加工承揽行为，印刷企业对接受委托印刷的纸型等不享有所有权。因此，要求印刷业经营者在印刷活动完成后，应当依法履行印刷品交付手续。除将委托印刷的印刷品样品及成品等全部交付委托单位和个人外，还应根据合同的规定将原稿（或电子文档）、底片、印版、校样等全部交付委托印刷单位或者个人，不得擅自留存。建立这一制度，是为了保护委印人的合法权益，并防止印刷品在社会上非法传播。

《印刷品承印管理规定》中对印刷业经营者的印刷品交付制度进行了严格规定，要求印刷业经营者必须严格按照印刷委托书或者委托印刷证明规定的印数印刷，不得擅自加印；每完成一种印刷品的印刷业务后，应当认真清点印刷品数量，登记台账，并根据合同的规定将印刷成品、原稿（或电子文档）、底片、印版、校样等全部交付委托印刷单位或者个人，不得擅自留存；还应当建立印刷品承印档案，每完成一种印刷品的印刷业务后，应当将印刷合同、承印验证的各种证明文件及相应的复印件、发排单、付印单、样书、样本、样张等相关的资料一并归档留存。

六、印刷活动残次品销毁制度

出版物印刷业经营者不但对印刷的出版物成品要依法保管，对印刷活动中产生的残次品，也不能任意散发，而应该建立相应的销毁制度，予以销毁，并登记销毁印件的名称、数量、时间、责任人等。这样规定，是为了避免这些印刷活动中产生的残次品被不法分子所利用，成为制假、贩假的工具，损害委托印刷人的利益，扰乱社会公共秩序。

《印刷业管理条例》还规定了印刷业经营者在经营活动中发现违法犯罪行为的报告义务。出版物印刷业担负着协助政府部门进行著作权保护的责任，其经营者理应对本行业内的违法犯罪活动保持警惕，并负有及时报告的义务。

同时，印刷企业必须自觉建立、健全各项管理制度，规范内部管理，明确建档备查制度，以便有关管理部门对印刷企业印刷的各种印刷品进行事后监督。同时，《印刷业管理条例》还明确了专人负责制度，要求印刷业经营者重视各项制度，指定专人负责，明确责任。企业经营者和从业人员都要遵守承印验证制度、承印登记制度、印刷品质量检验制度、保管制度和交付制度、印刷活动残次品销毁制度，等等，定期进行自查自纠，保持企业的健康发展。

这些基本保障制度，对维护印刷合同纪律和防止不合法的出版物印刷品的非法传播有着十分重要的意义。而这些制度的建立、健全及实际操作还应当有具体规范作指导，以满足有关部门对印刷业进行监督管理和查处非法犯罪行为的需要。

七、出版物印刷企业的其他经营规范

正如前文所述，出版物印刷企业关乎出版物的生产和传播，因此，在经营活动上需要遵守更加严格的规范，以保证合法出版物的生产正常进行，打击非法出版物的生产和流通。《印刷业管理条例》据此做出了相关规定。

（一）印刷企业不得盗印出版物

盗印出版物，主要是指未经权利人（专有出版权人）同意而擅自印刷其出版物。盗印出版物属于侵权行为，被侵权人可以依据《著作权法》及有关配套法规的规定要求侵权的印刷企业承担相应的民事责任。同时，印刷企业盗印出版物的行为也是行政违法行为，不仅违反了《印刷业管理条例》的规定，也违反了有关《著作权法》及配套法规的规定。因此，侵权的印刷企业在依法承担民事责任后，还应接受著作权行政管理部门的行政处罚；构成犯罪的，还要依法追究刑事责任。同时，根据规定，出版行政主管部门也有权对侵权的印刷企业给予行政处罚。但按照《中华人民共和国行政处罚法》第 29 条确立的"一事不再罚"的原则，就印刷企业的同一违法行为，著作权行政管理部门和出版行政主管部门不得给予两次以上（含两次）的罚款处罚。这就意味着，哪个部门先查处，哪个部门就先处罚。

（二）印刷企业不得销售受委托印刷的出版物

印刷行为，说到底是接受委托就出版物印制进行加工承揽的行为，印刷企业对所印刷的出版物不享有所有权，因而它对印刷完毕的出版物也就没有处分权。基于此，《印刷业管理条例》要求，印刷企业对接受委托印刷的出版物在印刷完成后，应当按照委托单位的要求或者双方的约定方式交付给委托单位，不得私自留存、销售。

（三）印刷企业不得擅自加印或者接受第三人委托加印受委托印刷的出版物

如前所述，印刷行为属于加工承揽的行为，印刷企业应当根据委托印刷合同和印刷委托书的规定进行印刷，如必须按照委托合同和委印单位出具的印刷委托书所载明的数量印刷出版物，既不得擅自加印该出版物，也不得接受第三人委托加印该出版物。委印单位如要求加印出版物，应当再次出具印刷委托书，印刷企业办理法定手续后方可据此加印。例如，乙委托甲印刷汉语字典，甲只能根据乙的委托印刷该字典。甲既不能擅自做主加印该字典，也不得接受第三人委托加印该字典。如果印刷完毕后，丙委托甲加印乙出版的这本字典，甲接受了丙的委托并实施了加印的行为，即构成违法。

（四）印刷企业不得将接受委托印刷的出版物纸型及印刷底片等出售、出租、出借或者以其他形式转让给其他单位或者个人

印刷行为属于加工承揽行为，印刷企业对接受委托印刷的出版物纸型及印刷底片不享有所有权，因而《印刷业管理条例》就印刷企业对接受委托印刷的出版物纸型及印刷底片的处分权进行了限制。出版物纸型及印刷底片等可以说是出版物印刷的母本，在这些母本的基础上，出版物得以大量复制出来。一般来说，出版物纸型及印刷底片等由委印单位提供，由委印单位所有，印刷企业无权处分，因而印刷企业不得出售、出租、出借或者以其他形式将其转让给其他单位或者个人。即使在某种情况下出版物纸型及印刷底片等归印刷企业所有，由于所印刷的出版物是委印单位的，印刷企业出售、出租、出借或者以其他形式转让出版物纸型及印刷底片的行为也会直接损害委印单位的利益，因此，印刷企业不得从事这种行为。

（五）印刷企业不得征订、销售出版物

因为印刷行为的性质属于加工承揽行为，印刷企业对接受委托印刷的出版物不享有所有权，因而也就无权销售。鉴于征订与销售是紧密相关的，因而也无权征订。印刷企业不仅不得销售其受委托印刷的出版物，也不得以其名义征订、销售其他出版物。

（六）印刷企业不得假冒或者盗用他人名义印刷、销售出版物

假冒、盗用他人名义，是指未经他人授权、许可而使用他人名义的行为。其中，假冒他人名义有行为人谎称已经他人授权、许可的成分；而盗用他人名义，则包含行为人以秘密手段使用他人名义的成分。印刷企业既不得以他人名义印刷、销售出版物，也不得假冒或者盗用出版单位、其他印刷企业等单位或者个人的名义印刷或者销售出版物。

第三节　　出版物印刷内容与质量管理

出版物属于精神产品，是社会意识、思想观念、道德信仰和审美情趣的直接载体和物化形态，它作用于人们的思想和心灵，对人们特别是青少年的思想意识和人生观的形成有着潜移默化的作用和深刻、久远的影响。出版物印刷企业所印制的出版物的内容和最终印刷品的质量都必须符合相关行业法规的要求。国家鼓励从事出版物印刷经营活动的企业及时印刷体现国内外新的优秀文化成果的出版物，重视印刷传统文化精品和有价值的学术著作。

出版物印刷是出版物生产的一个不可或缺的环节。坚持先进文化的前进方向，就必须在法律上鼓励多出文化精品，即鼓励多出版有利于提高人民思想道德水平、科学文化素质，弘扬民族优秀文化，反映时代主旋律的优秀精神产品。反映在印刷领域，就是要鼓励印刷企业及时印刷体现优秀文化成果的出版物。只有及时印刷优秀出版物，印刷行业才能为多出文化精品服务，才能有利于促进出版事业乃至文化事业的全面繁荣。

一、出版物印刷内容的管理

印刷业经营者必须遵守有关法律法规和规章，讲求社会效益。由于印刷业是一种复制精神产品的过程，因而也是传播各种思想、文化、价值观念的重要阵地之一。从某种意义上来说，印刷业是一种加工工业，同时，印刷业又是对文化传播和意识形态发展有重要影响的一个领域，是事关我国国家安全和政治稳定，事关我国社会主义精神文明建设和物质文明建设的重要阵地。就国家管理而言，从经济角度来看，对于印刷业经营者的经营行为，国家并不宜管得过多，应该主要依靠市场规律调节，国家对印刷业经营者的合法权益，应当依法予以保护。印刷活动在很大程度上决定了社会公众接受什么样的信息：是健康向上的，还是低级庸俗的；是正确的，还是错误的。因此，国家对印刷业经营者的管理，主要是从印刷业经营的社会影响出发的，目的还是维护印刷业的经营秩序，维护社会公共利益。

(一)印刷业经营者不得印刷含有反动、淫秽、迷信内容的出版物、包装装潢印刷品和其他印刷品

印刷业经营者应当讲求社会效益,其核心内容就是要求印刷业经营者不得印刷妨害社会秩序、污染社会风气及其他不利于社会健康发展的印刷品。因此,规定印刷业经营者禁止印刷的内容有着十分重要的意义。《印刷业管理条例》对印刷业经营者禁止印刷的内容进行了明确规定。

我国是社会主义国家,社会主义精神文明是我国社会主义事业的重要组成部分,一切精神产品都不能危害我国精神文明建设事业的健康发展。而反动、淫秽、迷信的内容是侵害社会风气的"精神鸦片",对我国的社会主义精神文明建设危害极大,是诱发犯罪的毒源之一,所以,我国法律对反动、淫秽、迷信内容的传播一向是持否定态度的。比如,我国现行的《出版管理条例》第25条规定,任何出版物不得含有下列内容:反对宪法确定的基本原则的;危害国家统一、主权和领土完整的;泄露国家秘密、危害国家安全或者损害国家荣誉和利益的;煽动民族仇恨、民族歧视、破坏民族团结,或者侵害民族风俗、习惯的;宣扬邪教、迷信的;扰乱社会秩序、破坏社会稳定的;宣扬淫秽、赌博、暴力或者教唆犯罪的;侮辱或者诽谤他人,侵害他人合法权益的;危害社会公德或者民族优秀文化传统的;有法律、行政法规和国家规定禁止的其他内容的。第26条规定:"以未成年人为对象的出版物不得含有诱发未成年人模仿违反社会公德的行为和违法犯罪的行为的内容,不得含有恐怖、残酷等妨害未成年人身心健康的内容。"另外,我国《刑法》在这方面也有规定。《刑法》第363条至第367条分专节对制作、贩卖、传播淫秽物品罪做出了规定。所以,禁止传播反动、淫秽、迷信内容,是我国法律的一贯规定。《印刷业管理条例》的规定也包括了上述法律、行政法规所禁止传播的内容。

还有一点必须说明的是,反动、淫秽及迷信的内容,并不是抽象的,也不是没有依据和标准的,国家对反动、淫秽及迷信内容的认定有相应的规定,比如,我国《刑法》第367条就规定:"本法所称淫秽物品,是指具体描绘性行为或者露骨宣扬色情的淫秽性的书刊、影片、录像带、录音带、图片及其他淫秽物品。有关人体生理、医学知识的科学著作不是淫秽物品。包含有色情内容的有艺术价值的文学、艺术作品不视为淫秽物品。"这是我国法律关于淫秽物品的最权威定义和认定标准。因此,判断是否是含有反动、淫秽、迷信内容的出版物、包装装潢印刷品和其他印刷品,在实践中,应当由有关国家机关依法认定。

(二) 印刷业经营者不得印刷国家明令禁止印刷的其他内容的出版物、包装装潢印刷品和其他印刷品

虽然有些内容并不包括在反动、淫秽或者迷信的范畴之内，但是这些内容的传播对社会危害极大，比如，宣扬血腥、暴力内容的，对青少年的身心健康就有极大的危害，也对社会治安有很大的负面影响。为了保护人们的身心健康，对含有这些内容的出版物、包装装潢印刷品或者其他印刷品，国家有关主管机关可以依职权明令禁止印刷业经营者印刷。又比如，一些印刷品宣传的是一些不正确的人生观、世界观，但又不属单纯的反动、淫秽或者迷信内容，如美化侵略战争、非正义战争，对于这些，也可以通过国家明令禁止其印刷，防止其在社会上传播。中共中央办公厅、国务院办公厅于 1989 年 9 月 16 日发布的《关于整顿、清理书报刊和音像市场，严厉打击犯罪活动的通知》明确规定："凡属于下列范围的书报刊和音像制品一律取缔：宣扬资产阶级自由化或者其他内容反动的；有严重政治错误的；淫秽色情的；夹杂淫秽色情内容、低级庸俗、有害于青少年身心健康的；宣扬封建迷信、凶杀暴力的；封面、插图、广告及其他宣传品存在上述问题的；非法出版的书刊和音像制品。"新闻出版署 1989 年 11 月 3 日发布的《关于部分应取缔出版物认定标准的暂行规定》对这些出版物进一步做出了明确解释，"夹杂淫秽色情内容、低级庸俗、有害于青少年身心健康的"出版物，是指尚不能定性为淫秽、色情出版物，但低级庸俗、妨害社会公德，缺乏艺术价值或者科学价值，公开展示或阅读会对普通人特别是青少年身心健康产生危害，甚至诱发青少年犯罪的出版物。宣扬"封建迷信"的出版物，是指除符合国家规定出版的宗教出版物外，其他违反科学、违反理性，宣扬愚昧迷信的出版物。宣扬"凶杀暴力"的出版物，是指以有害方式描述凶杀等犯罪活动或暴力行为，足以诱发犯罪，破坏社会治安的出版物。印刷业经营者在经营活动中违反规定，印刷明知或者应知含有《印刷业管理条例》第 3 条规定禁止印刷内容的出版物的，必须承担法律责任。

这些有关的法律法规、行政规章及其他有关规定，都要求出版物印刷企业及时认真学习，明确掌握国家明令禁止出版的出版物有哪些，这样才不会因违反规定而遭受处罚。

二、出版物印刷的质量管理

出版物的印刷是一个系统工程，印刷质量与出版物排版、制版、印刷、装订等一系列环节的质量紧密相关。《印刷业管理条例》中规定的出版物印刷品包括书籍、报纸、期刊的印刷，地图、年画的印刷及音像制品、电子出版物的装帧封面的印刷，等等，这些产品的印刷过程和工艺要求各有不同。目前，我国印刷行业的技术标准很多，涉及行业术语标准、测量标准、印刷环节标准，以及种类繁多的印刷工艺的执行标准等，同时也专门针对出版物印刷品制定了一系列的行业标准。

在各类出版物印刷品中，书刊的社会影响范围广，影响力也非常大，而且在印制过程中几乎涵盖排版、制版、印刷、装订等所有环节，其印刷工艺也涉及其他两种出版物印刷品，即图片（地图、年画等）和封面的印刷工艺。本节主要对书刊印刷品的质量管理进行分析。

（一）书刊印刷产品分类

根据《中华人民共和国标准化法》和国家质量技术监督局的要求，由全国印刷标准化技术委员会提出，新闻出版署1999年发布实施的新的书刊印刷产品分类标准（CY/T 1—1999，代替原 CY 1—91 标准），规定了印刷产品分类的原则与方法。分类依据科学性、系统性、可扩延性和兼容性的基本原则，对书刊印刷产品分别按印版特征、转换模式、印后加工形式、最终产品及出版和印刷要求等进行了分类。

1. 按印版特征分类

一般来说，印版主要分为凸版、平版、凹版和孔版等，根据使用印版的不同，相应地形成了凸版印刷产品、平版印刷产品、凹版印刷产品、孔版印刷产品。

同时，随着印刷技术的发展和客户对某些印刷品的特殊要求的提出，出现了使用两种以上印刷方式的情况，如使用平版印刷与凹版印刷进行产品生产，而且这种情况越来越普遍。这种采用两种或两种以上印版方式印刷的产品称作综合印刷产品。当然，还有采用其他印版方式进行印刷的印刷产品。

2. 按转换模式分类

随着计算机技术在印刷领域的广泛应用，出现了有别于传统模拟式印刷的数字式印刷，也相应地出现了模拟印刷产品和数字印刷产品。

3. 按印后加工形式分类

按印刷后的加工方式，印刷品可以分为精装产品、平装产品、骑马订装产品、古线装产品和其他印后加工产品共 5 类。

4. 按最终产品分类

书刊类产品按照最终产品分类主要有图书、期刊和报纸三类。

5. 按出版和印刷要求分类

按照出版和印刷的要求，书刊产品分为精细产品和一般产品。

(二) 书刊印刷的主要质量标准

出版行业的印刷标准既要向国际标准靠拢，又要与国内实际相结合，这样才能对实际工作有指导作用。根据这个原则及《中华人民共和国标准化法》的精神，按照国家质量技术监督局的要求，在新闻出版署的指导下，全国印刷标准化技术委员会对 1991 年的《书刊印刷标准》进行了修订。结合印刷设备、工艺技术、原辅材料、检验手段、人员素质、管理水平等不断变化和发展的因素，于 1999 年对行业标准进行了统一和完善。

设立书刊印刷标准时，明确了设立的原则：有国际标准的，能等同采用的就等同采用（ISO9000 系列标准）；不能等同采用的可等效采用，要向国际标准或国外先进标准靠拢，吸收其精华，为我所用。这一标准在深入调查研究、精心测试和广泛征求意见的基础上，结合大中型企业的实践，考虑到科学技术的发展、设备的更新和材料性能的提高等方面，最终确定。凡能够定量的指标，尽量用数据表示；那些难以用数据表示的内容，要尽量准确地表示。

正如前文所述，出版物印刷品的分类标准很多，其质量可以根据各种分类方法进行多维度的评价和衡量，但是，现实要求行业建立一个具有科学性、合理性、统一性、实用性和指导性的质量评价标准。为此，新标准根据印后加工形式进行统一分类，建立精装、平装、骑马订装三个相对独立的印后加工标准。修订后的标准在一定程度上仍然保持多个相关的标准优化组合，删去重复、不适合现代工艺或过时的内容，更改一些模糊概念和矛盾的表述，使标准更加清晰，内容简单、明确、统一，容易掌握，便于应用，也利于企业标准化工作的实施。

该印刷质量标准主体部分由以下三个部分组成。

1.《装订质量要求及检验方法——精装》（CY/T27—1999）

该标准合并了 CY/T7.3—91《精装书芯质量要求及检验方法》、CY/T7.4—91《胶粘装订质量要求及检验方法》、CY/T7.5—91《锁线订质量要求及检验方法》、CY/T7.6—91《精装书壳质量要求及检验方法》、CY/T7.7—91《覆膜质量要求及检验方法》、CY/T7.8—91《烫箔质量要求及检验方法》、CY/T7.9—91《裁切质量要求及检验方法》的有关内容，吸收了 CY/T13—95《胶印印书质量要求及检验方法》、CY/T16—95《精装书刊质量分级与检验方法》、CY/T20—1995《精装画册质量分级与检验方法》、CY/T21—1995《经典著作质量分级与检验方法》的有关内容。

2.《装订质量要求及检验方法——平装》（CY/T28—1999）

该标准合并了原 CY/T7.2—91《平装书芯质量要求及检验方法》、CY/T7.4—91《胶粘装订质量要求及检验方法》、CY/T7.5—91《锁线订质量要求及检验方法》、CY/T7.7—91《覆膜质量要求及检验方法》、CY/T7.8—91《烫箔质量要求及检验方法》、CY/T7.9—91《裁切质量要求及检验方法》的有关内容，吸收了 CY/T13—95《胶印印书质量要求及检验方法》、CY/T14—95《教科书印制质量要求及检验方法》、CY/T15—95《平装书刊质量分级与检验方法》、CY/T19—1995《平装画册质量分级与检验方法》的有关内容。

3.《装订质量要求及检验方法——骑马订装》（CY/T29—1999）

该标准合并了 CY/T7.7—91《覆膜质量要求及检验方法》、CY/T7.8—91《烫箔质量要求及检验方法》、CY/T7.9—91《裁切质量要求及检验方法》的有关内容，吸收了 CY/T22—1995《骑马订书刊质量分级与检验方法》的有关内容。

除了书刊印刷质量的主体评价体系之外，新闻出版总署和各行业协会还制定了一些针对部分特殊出版物的印刷质量标准，如为中小学教材制定的印刷标准和设定的专门印刷点、中国报业协会制定的《彩色报纸印刷质量行业标准（试行）》等，也都为各类出版物的印刷提出了更为详细的要求。

（三）印刷产品质量评价

为规范印刷产品质量等级的划分和评定原则，由中国印刷总公司起草制定、新闻出版署发布了《印刷产品质量评价和分等导则》（CY/T2—1999）（代替原 CY2—91）。该导则明确了印刷行业产品质量的分类办法。

1. 印刷产品质量评价内容

印刷产品质量评价主要包括以下几点。

（1）产品设计评价。主要包括装帧设计、原稿质量、产品总体要求。

（2）原辅材料的评价。原辅材料的评价内容主要包括印刷用原辅材料质量、印后加工用原辅材料质量。

（3）加工工艺评价。加工工艺评价的内容主要是各工序加工工艺、各工序的质量标准、成品的质量。

（4）产品外观的综合评价。

（5）牢固程度和是否便于使用的评价。

2. 印刷产品质量评价等级

印刷产品质量水平划分为优等品、一等品和合格品三个等级。

（1）优等品的质量标准必须达到国际先进水平。国际先进水平标准，是指标准综合水平达到国际先进的现行标准水平。这里的综合水平是指对标准中规定的与产品质量相关的各项要求的综合评价。标准水平的对比对象为现行的国外先进标准。如无对比对象，则采取与国际类似标准对比的方法，如其最低一级产品技术要求不低于国际先进标准的水平，即认为具有国际先进水平的标准。也可与收集到的国外实物进行对比，其实物质量水平与国外同类产品相比应达到近 5 年内的先进水平。

与印刷产品质量相关的指标中任意一项关键指标达不到国际先进标准水平的，则不能认为是具有国际先进水平的标准。

（2）一等品的质量标准必须达到国际一般水平。国际一般水平标准，是指标准综合水平达到国际一般的现行标准水平。无对比对象的标准水平的确定，采取与国际类似标准对比的方法，如其最低一级产品技术不低于国际一般水平，即认为具有国际一般水平的标准。也可与收集到的国外实物进行对比，其实物质量水平应达到国际同类产品的一般水平或国内先进水平。

与印刷产品质量相关的指标中任意一项关键指标达不到国际一般标准水平的，则不能认为是具有国际一般水平的标准。

（3）合格品按我国一般水平标准（国家标准、行业标准、地方标准或企业标准）组织生产。国内一般水平标准，是指标准水平虽然达不到国际先进和国际一般两个等级的标准水平，但是符合《中华人民共和国标准化法》的规定，达到仍在使用的现行标准水平。实物质量水平必须达到相应标准的要求。

印刷产品质量等级评定工作中标准水平的确认，须有部级或部级以上标准化机构出具的证明。印刷产品质量等级的评定，主要依据印刷产品的标准水平和实物质量指标的检测结果。评定由行业归口部门统一负责，并按国家统计部门的要求，按期上报统计结果。优等品和一等品等级的确认，须有国家级检测中心、行业专职检验机构或受国家、行业委托的检验机构出具的实物质量水平的检验证明；合格品由企业检验判定。经国家、行业检验机构证明印刷产品的实物质量水平确已达到相应的等级水平，才可列入等级品率的统计范围。为使印刷产品实物质量水平达到相应的等级要求，企业应具有生产相应等级产品的质量保证能力。

（四）图书印刷质量管理机制

为建立、健全图书质量管理机制，促进图书出版事业的繁荣和发展，新闻出版署1992年颁布了《图书质量管理规定（试行）》，第一次对图书质量进行了系统规定。1997年3月，新闻出版署在原有规定的基础上加以修改补充，制定颁布了《图书质量管理规定》。2004年12月24日，新闻出版总署根据《中华人民共和国产品质量法》和国务院《出版管理条例》，制定颁布了新的《图书质量管理规定》，于2005年3月1日开始实施。图书印刷作为一类非常重要的印刷门类，分析其质量管理机制，对其他出版物印刷品的管理也具有借鉴意义。

1. 图书质量管理的检查制度

图书质量管理，包括印制质量管理，是一个庞大的系统工程，需要在行政上建立起一套完整有效的检查制度。从国家新闻出版署到各级地方新闻出版局，再到每一个出版社都应自觉遵守制度的约束，建立起一个有效的质量管理控制机制。

根据新的《图书质量管理规定》的界定，图书质量包括内容、编校、设计、印制四项，分为合格、不合格两个等级。内容、编校、设计、印制四项均合格的图书，其质量属合格。内容、编校、设计、印制四项中有一项不合格的图书，其质量属不合格。其中，符合中华人民共和国出版行业标准《印刷产品质量评价和分等导则》规定的图书，其印制质量属合格。不符合《印刷产品质量评价和分等导则》规定的图书，其印制质量属不合格。

新的《图书质量管理规定》要求，新闻出版总署负责全国图书质量管理工作，依照《图书质量管理规定》实施图书质量检查，并向社会及时公布检查结果。各省、自治区、直辖市新闻出版行政主管部门负责本行政区域内的图书质量管理工作，依照《图书质量管理规定》实施图书质量检查，并向社会及时公布检查结果。图书出版单位的主办单位和主管机关应当履行其主办、主管职能，尽其责任，协助新闻出版行政主管部门实施图书质量管理，对不合格图书提出处理意见。图书出版单位应当设立图书质量管理机构，制定图书质量管理制度，保证图书质量合格。

新闻出版行政主管部门对图书质量实施检查的内容包括图书的正文、封面（包括封一、封二、封三、封底、勒口、护封、封套、书脊）、扉页、版权页、前言（或序）、后记（或跋）、目录、插图及其文字说明等。正文部分的抽查必须内容（或页码）连续且不少于 10 万字，全书字数不足 10 万字的必须检查全书。

新闻出版行政主管部门实施图书质量检查，须将审读记录和检查结果书面通知出版单位。出版单位如有异议，可以在接到通知后 15 日内提出申辩意见，请求复检。对复检结论仍有异议的，可以向上一级新闻出版行政主管部门请求裁定。

2. 图书质量的奖励与处罚

对在图书质量检查中被认定为成绩突出的出版单位和个人，新闻出版行政主管部门给予表扬或者奖励。

对出版编校质量不合格图书的出版单位，由省级以上新闻出版行政主管部门予以警告，可以根据情节并处 3 万元以下罚款。经检查属编校质量不合格的图书，差错率在万分之一以上、万分之五以下的，出版单位必须自检查结果公布之日起 30 天内全部收回，改正重印后可以继续发行；差错率在万分之五以上的，出版单位必须自检查结果公布之日起 30 天内全部收回。

出版单位违反《图书质量管理规定》继续发行编校质量不合格图书的，由省级以上新闻出版行政主管部门按照《中华人民共和国产品质量法》第 50 条的规定处理。

对于印制质量不合格的图书，出版单位必须及时予以收回、调换。出版单位违反《图书质量管理规定》继续发行印制质量不合格图书的，由省级以上新闻出版行政主管部门按照《中华人民共和国产品质量法》第 50 条的规定处理。

《中华人民共和国产品质量法》第 50 条规定："在产品中掺杂、掺假，以假充真，以次充好，或者以不合格产品冒充合格产品的，责令停止生产、销售，没收违法生产、销售的产品，并处违法生产、销售产品货值金额50%以上3倍以下的罚款；有违法所得的，并处没收违法所得；情节严重的，吊销营业执照；构成犯罪的，依法追究刑事责任。"

一年内造成三种以上图书不合格或者连续两年造成图书不合格的直接责任者，由省、自治区、直辖市新闻出版行政主管部门注销其出版专业技术人员职业资格，三年之内不得从事出版编辑工作。

第七章

出版物发行的法律规定及其应用

按照《出版物市场管理规定》(2016)的界定,出版物的发行包括批发、零售,以及出租、展销等活动。批发,是指供货商向其他出版物经营者销售出版物。零售,是指经营者直接向消费者销售出版物。出租,是指经营者以收取租金的形式向读者提供出版物。展销,是指主办者在一定场所、时间内组织出版物经营者集中展览、销售、订购出版物。

现代出版物的发行活动,不仅需要读者有购买出版物的积极愿望和经济能力,也需要发行部门有必要的人力、物力、财力,适时购进适合读者需要的优质多样的出版物,对一时未能售出的出版物有能力进行妥善的储存保管,并开展各种形式的宣传推销活动,以激励潜在读者的购买热情。因此,为了建立全国统一、开放、竞争、有序的出版物市场体系,更好地满足人民对出版物产品的需求,发展社会主义出版产业,我国出台了《中华人民共和国广告法》《出版管理条例》《出版物市场管理规定》等法律法规来加强对出版物发行活动的规范及监督管理。为了满足国内单位和个人,在华外国机构,外商投资企业外籍人士和我国港、澳、台人士对进口出版物的阅读需求,2004年12月25日,新闻出版总署又发布了《订户订购进口出版物管理办法》来加强对进口出版物的管理,并于2011年3月25日对其进行了修订。

这些法律法规对出版物发行单位的设立、出版物发行活动的管理、书业广告的发布与管理及出版物的进口管理等都做了明确规定。

第一节　　出版物发行单位的设立

出版物的经营不是任何单位和个人都可以从事的,出版行政主管部门对经营者的资质会予以审查,只有合乎法律法规规定的标准和规范,获得管理部门的批准,才具备从事特定的出版物经营业务的资格。我国《出版物市场管理规定》第3条规定,国家对出版物批发、零售依法实行许可制度。从事出版物批发、零售活动的单位和个人凭出版物经营许可证开展出版物批发、零售活动;未经许可,任何单位和个人不得从事出版物批发、零售活动。

作为文化市场的一部分,出版物市场的发展状况关系到社会主义文化建设的成败,对社会舆论和文化环境有着重要的影响。因此,作为经营出版物发行业务的市场主体，出版物发行单位的设立是有条件的，通俗地说，就是设置行业"门槛"。国家根据产业发展的实际情况，通过多种手段控制着"门槛"的高与低。

一、出版物发行单位的设立条件

出版物的发行，是把图书、报刊、音像制品等出版物发送给读者的一系列流通和储运活动的总称。我国 2004 年 7 月 1 日实施、2019 年修正的《中华人民共和国行政许可法》（以下简称《行政许可法》），通过法律的形式对政府机关的行政许可权进行了规范。按照《行政许可法》的规定，出版行政主管部门有权设置关于出版物发行单位设立条件的行政许可。

现阶段，我国出版物市场经营主体按照经营业务的不同，分成以下几个类别：批发、零售和出租、连锁经营、图书俱乐部等。[①] 针对不同的业务形态，相关法律法规对这些市场主体的设立条件，即进入门槛分别做了规定。

（一）出版物发行单位设立的一般条件

2016 年 4 月 26 日，国家新闻出版广电总局、商务部通过的《出版物市场管理规定》就设立从事出版物批发的单位、设立从事出版物零售业务的单位或个人、设立从事中小学教科书发行的单位、设立从事出版物出租业务的单位或个人应具备的条件，分别做了规定。概括起来，在我国设立出版物发行单位，应具备如下条件。

1. 组织机构

出版物的发行是专业性很强的行业，根据出版物发行活动的特征，从事出版物经营活动，应当具备适应业务范围需要的组织机构和专业人员。因此，组织机构和专业人员是出版物发行单位的基本要素，也是决定出版物发行活动的最主要的因素。

出版物发行单位的组织机构是对出版物发行活动实行计划、组织、指挥、协调和控制的内部管理组织，是依法设立的出版物发行单位的决策、管理和执行、监督体系。

---

① 此处，连锁经营和图书俱乐部都是出版物零售（出租）业的不同形态，为了分类介绍的需要而单独列出。

2. 财产

财产是指出版物发行单位享有所有权或者经营管理权的财产，出版物发行单位对这些财产应该享有独立的法人财产权，即法人可以依法占有、使用、收益和处分这些财产。

出版物发行单位要开展正常的经营活动，以自己的名义享有权利、承担义务，就必须有其可以独立支配的财产，包括资金、设备、固定的工作场所等。

3. 章程

章程是规定出版物发行单位组织和行为准则的书面文件，经登记主管机关批准后具有法律效力。章程在出版物发行活动中具有十分重要的作用。

出版物发行单位的章程，主要包括经济性质、业务范围、经营管理方式、组织原则等，它集中反映和规定了出版物发行单位的基本情况和主要事项，是从事出版物发行活动的准则和纲领，对出版物发行活动起着指导作用。

出版物发行单位的章程应当包括以下内容：出版物发行单位的名称和住所、经营范围、注册资本，出版物发行单位的机构及其产生办法、职权、议事规则，出版物发行单位的法定代表人，等等。

（二）各类出版物发行单位设立的具体条件

我国的《出版物市场管理规定》按照经营业务的不同，规定了各类出版物发行单位设立的具体条件。

1. 出版物批发单位的设立条件

出版物批发是指供货商通过中介环节将出版物向其他经营者成批销售以供其转售的一种商业活动。出版物批发处在出版物商品流通过程中的开始阶段和中间阶段。批发这一环节对于出版企业有着非常重要的意义：出版物要靠强大的批发市场支撑才能去完成生产计划；出版物零售市场的繁荣也必须依赖于批发市场的发展。在社会化大生产条件下，批发由于具有节省劳动耗费、增强产品辐射力、缩短流通时间等优势，成为出版物发行中最为重要的环节之一。①

根据《出版物市场管理规定》的要求，单位从事出版物批发业务，应当具备下列条件：（1）已完成工商注册登记，具有法人资格；（2）工商登记经营范围含出版物批发业务；（3）有与出版物批发业务相适应的设备和固定的经营场所，经营场所面积合计不少于 50 平方米；（4）具备健全的管理制度并具有

---

① 全国出版专业职业资格考试办公室. 出版专业理论与实务（初级）[M]. 武汉：崇文书局，2004：280.

符合行业标准的信息管理系统。

这些规定取消了所有制的限制，降低了从事出版物批发的准入门槛，也取消了资金方面的要求，使民营企业获得了与国营书业平等的市场准入条件。

2. 出版物零售单位的设立条件

出版物零售是指出版物经营者直接向消费者销售出版物。出版物零售处在出版物流通过程中的最后一个阶段，也可以说是出版发行活动的最前线，是实现出版物价值的最后一个环节。零售网点在所有发行网点中是数量最多的一类，对出版物批销市场和整个出版事业的发展都有非常重要的意义。[①] 2019年，全国共有出版物发行零售网点 181 106 处。[②]

由于图书发行关系到国家精神文明建设的重要问题，我国对开办图书零售业务的发行企业有较严格的资格限定和明确的业务范围管理规定。随着出版物分销市场的发展及我国加入世界贸易组织的需要，《出版物市场管理规定》对设立出版物零售、出租单位或者其他单位、个人从事出版物零售、出租业务的资质要求，取消了经营者必须拥有当地常住户口和具备一定的注册资金两项限制。

根据《出版物市场管理规定》的要求，单位、个人从事出版物零售业务，应当具备下列条件：（1）已完成工商注册登记；（2）工商登记经营范围含出版物零售业务；（3）有固定的经营场所。

相比而言，出版物零售的准入条件是比较低的。国家一直鼓励发展多业态竞争，根据"坐商入室"的原则，鼓励设立方便群众购买、布局合理的连锁经营书店、各类便民店和专业书店。"零售归市"是一条实行了多年的经营规范，其具体内容是指出版行政主管部门在审核批准开设书报刊零售摊点时，应充分考虑市容、交通等各种情况，划定若干书刊集中经营区域和经营地点，做到合理布局、相对集中、方便群众。[③]

3. 中小学教科书发行单位的设立

中小学教科书，是指经国务院教育行政部门审定和经授权审定的义务教育教学用书（含配套教学图册、音像材料等）。

[①] 全国出版专业职业资格考试办公室.出版专业理论与实务（中级）[M].上海：上海辞书出版社，2004：281-282.
[②] 据《2019年全国新闻出版业基本情况》的统计资料。
[③] 新闻出版署.关于加强书刊市场管理的通知[EB/OL].(1995-05-23)[2017-07-10].http://www.Chinalawedu.com/favui/fg22598/34660.shtml.

中小学教科书发行不同于一般的出版物发行，中小学教科书的发行直接关系到学生能否及时获取学习所需的课本。因此，加强中小学教材发行单位的管理，确保中小学生及时拿到质量有保障的教科书，是相关行政部门的重要责任。

根据《出版物市场管理规定》的要求，单位从事中小学教科书发行业务，应取得国家新闻出版署批准的中小学教科书发行资质，并在批准的区域范围内开展中小学教科书发行活动。单位从事中小学教科书发行业务，应当具备下列条件：（1）以出版物发行为主营业务的公司制法人；（2）有与中小学教科书发行业务相适应的组织机构和发行人员；（3）有能够保证中小学教科书储存质量要求的、与其经营品种和规模相适应的储运能力，在拟申请从事中小学教科书发行业务的省、自治区、直辖市、计划单列市的仓储场所面积在 5 000 平方米以上，并有与中小学教科书发行相适应的自有物流配送体系；（4）有与中小学教科书发行业务相适应的发行网络。在拟申请从事中小学教科书发行业务的省、自治区、直辖市、计划单列市的企业所属出版物发行网点覆盖不少于当地 70% 的县（市、区），且以出版物零售为主营业务，具备相应的中小学教科书储备、调剂、添货、零售及售后服务能力；（5）具备符合行业标准的信息管理系统；（6）具有健全的管理制度及风险防控机制和突发事件处置能力；（7）从事出版物批发业务五年以上。最近三年内未受到出版行政主管部门行政处罚，无其他严重违法违规记录。

审批中小学教科书发行资质，除这些所列条件外，还应当符合国家关于中小学教科书发行单位的结构、布局宏观调控和规划。

4. 出版物出租单位的设立

出租，是指经营者以收取租金的形式向读者提供出版物。

按照《行政许可法》的规定，新闻出版总署发布了《关于公布取消和下放的新闻出版总署行政审批项目后续监管措施的通知》（新出法规〔2004〕731 号），从 2004 年 6 月 15 日起，取消出版物出租单位设立审批，改为登记备案制。据此，在《出版物市场管理规定》（2016）第 13 条中规定，单位、个人从事出版物出租业务，应当于取得营业执照后 15 日内到当地县级人民政府出版行政主管部门备案。

5. 书友会、读书俱乐部或者其他类似组织的设立条件

书友会、读书俱乐部在发达国家是非常成熟的书业流通渠道。虽然由来已久，但这样的组织在我国还处于发展初期，国家对其采取了鼓励和扶持的政策。《出版物市场管理规定》（2016）规定，书友会、读者俱乐部或者其他类似组织申请从事出版物零售业务的，按照《出版物市场管理规定》第 9 条、第 10 条的有关规定到所在地出版行政主管部门履行审批手续。

目前，我国还没有针对书友会、读书俱乐部等类似组织的专门法规，《出版物市场管理规定》对此类商业机构的性质和业务范围、业务规则没有明确界定，相关法律尚属空白，亟待完善。

二、出版物发行单位的设立程序

按照《出版管理条例》和《出版物市场管理规定》的要求，设立出版物发行单位主要是按"申请→批准→登记"的步骤予以办理。申请设立出版物发行单位，其经营者必须按照法律法规规定的条件向出版行政主管部门提出书面申请，并提交相关条件的证明材料。依照法律规定，出版行政主管部门应当自收到申请材料之日起的特定时间内，对申请书和相关证明文件进行审核并做出批准或者不予批准的决定。在得到出版行政主管部门批准后，申请人持出版物经营许可证到工商行政管理部门依法登记，领取营业执照。各类出版物发行单位的设立程序具体如下。

（一）批发

《出版物市场管理规定》第 8 条规定，单位申请从事出版物批发业务，可向所在地地市级人民政府出版行政主管部门提交申请材料，地市级人民政府出版行政主管部门在接受申请材料之日起 10 个工作日内完成审核，审核后报省、自治区、直辖市人民政府出版行政主管部门审批；申请单位也可直接报所在地省、自治区、直辖市人民政府出版行政主管部门审批。申请材料包括下列书面材料：（1）营业执照正、副本复印件；（2）申请书，载明单位基本情况及申请事项；（3）企业章程；（4）注册资本数额、来源及性质证明；（5）经营场所情况及使用权证明；（6）法定代表人及主要负责人的身份证明；（7）企业信息管理系统情况的证明材料。

省、自治区、直辖市人民政府出版行政主管部门自受理申请之日起 20 个工作日内做出批准或者不予批准的决定。批准的，由省、自治区、直辖市人民政府出版行政主管部门颁发出版物经营许可证，并报国家新闻出版署备案。不予批准的，应当向申请人书面说明理由。

（二）零售

《出版物市场管理规定》第 10 条规定，单位、个人申请从事出版物零售业务，须报所在地县级人民政府出版行政主管部门审批。申请材料包括下列书面材料：（1）营业执照正、副本复印件；（2）申请书，载明单位或者个人基本情况及申请事项；（3）经营场所的使用权证明。

县级人民政府出版行政主管部门应当自受理申请之日起 20 个工作日内做出批准或者不予批准的决定。批准的，由县级人民政府出版行政主管部门颁发出版物经营许可证，并报上一级出版行政主管部门备案；其中，门店营业面积在 5 000 平方米以上的应同时报省级人民政府出版行政主管部门备案。不予批准的，应当向申请单位、个人书面说明理由。

（三）中小学教科书发行

《出版物市场管理规定》第 12 条规定，单位申请从事中小学教科书发行业务，须报国家新闻出版广电总局审批。申请材料包括下列书面材料：（1）申请书，载明单位基本情况及申请事项；（2）企业章程；（3）出版物经营许可证和企业法人营业执照正、副本复印件；（4）法定代表人及主要负责人的身份证明，有关发行人员的资质证明；（5）最近三年的企业法人年度财务会计报告及证明企业信誉的有关材料；（6）经营场所、发行网点和储运场所的情况及使用权证明；（7）企业信息管理系统情况的证明材料；（8）企业发行中小学教科书过程中能够提供的服务和相关保障措施；（9）企业法定代表人签署的企业依法经营中小学教科书发行业务的承诺书；（10）拟申请从事中小学教科书发行业务的省、自治区、直辖市、计划单列市人民政府出版行政主管部门对企业基本信息、经营状况、储运能力、发行网点等的核实意见；（11）其他需要的证明材料。

国家新闻出版署应当自受理之日起 20 个工作日内做出批准或者不予批准的决定。批准的，由国家新闻出版署做出书面批复并颁发中小学教科书发行资质证；不予批准的，应当向申请单位书面说明理由。

（四）出租

《出版物市场管理规定》第 13 条规定，从事出版物出租业务的单位、个人到当地县级人民政府出版行政主管部门备案时，备案材料应包括下列书面材料：（1）营业执照正、副本复印件；（2）经营场所情况；（3）法定代表人或者主要负责人情况。

相关出版行政主管部门应在10个工作日内向申请备案单位、个人出具备案回执。

（五）信息网络发行业务

《出版物市场管理规定》第15条规定，单位、个人通过互联网等信息网络从事出版物发行业务的，应当依照《出版物市场管理规定》第7条至第10条的规定取得出版物经营许可证。

已经取得出版物经营许可证的单位、个人在批准的经营范围内通过互联网等信息网络从事出版物发行业务的，应自开展网络发行业务后15日内到原批准的出版行政主管部门备案。备案材料包括下列书面材料：（1）出版物经营许可证和营业执照正、副本复印件；（2）单位或者个人基本情况；（3）从事出版物网络发行所依托的信息网络的情况。

相关出版行政主管部门应在10个工作日内向备案单位、个人出具备案回执。

（六）书友会、读者俱乐部或者其他类似组织

《出版物市场管理规定》第16条规定，书友会、读者俱乐部或者其他类似组织申请从事出版物零售业务，按照《出版物市场管理规定》第9条、第10条的有关规定到所在地出版行政主管部门履行审批手续。

三、外商投资企业从事出版物发行业务

（一）外商投资企业从事出版物发行业务的概念

外商投资企业从事出版物发行业务，是指外国企业和其他经济组织或者个人（下文简称"外国投资者"）经中国政府有关部门依法批准，在中国境内与中国企业或者其他经济组织（下文简称"中国投资者"）按照平等互利的原则，共同投资设立的中外合资或中外合作出版物发行企业，以及外国投资者在中国境内独资设立的出版物发行企业。

2001年12月11日，我国正式加入世界贸易组织，成为其第143个成员国，开始承担"入世"谈判中所做的承诺和成员国的基本义务，经济环境和规则随即发生了很大变化。在签署的《中国加入世界贸易组织议定书》中明确规定，中国加入世界贸易组织1年内允许外国投资者在中国境内从事图书、报纸和杂志的零售业务；加入世界贸易组织后3年内，将允许外国投资者在中

国境内从事图书、报纸、杂志的批发业务。

2003年3月17日,新闻出版总署和原对外贸易经济合作部联合发布了《外商投资图书、报纸、期刊分销企业管理办法》,该办法已于2003年5月1日起施行。2007年4月2日,新闻出版总署、商务部对其进行了补充,公布了《关于〈外商投资图书、报纸、期刊分销企业管理办法〉的补充规定》,该补充规定自2007年5月1日起施行。2009年8月20日,新闻出版总署、商务部公布《关于〈外商投资图书、报纸、期刊分销企业管理办法〉的补充规定(二)》,该补充规定自2009年10月1日起施行。2010年12月27日,新闻出版总署、商务部公布《关于〈外商投资图书、报纸、期刊分销企业管理办法〉的补充规定(三)》,该补充规定自2011年1月1日起施行。2011年3月25日《出版物市场管理规定》公布,《外商投资图书、报纸、期刊分销企业管理办法》及有关补充规定同时废止。《出版物市场管理规定》第14条规定:"国家允许外商投资企业从事出版物发行业务。"

(二)外商投资出版物发行企业的设立

根据《出版物市场管理规定》,设立外商投资出版物发行企业或者外商投资企业从事出版物发行业务,申请人应向地方商务主管部门报送拟设立外商投资出版物发行企业的合同、章程,办理外商投资审批手续。地方商务主管部门在征得出版行政主管部门同意后,按照有关法律法规的规定,做出批准或者不予批准的决定。予以批准的,颁发外商投资企业批准证书,并在经营范围后加注"凭行业经营许可开展";不予批准的,书面通知申请人并说明理由。

申请人持外商投资企业批准证书到所在地工商行政主管部门办理营业执照或者在营业执照企业经营范围后加注相关内容,并按照《出版物市场管理规定》第7条至第10条及第13条的有关规定到所在地出版行政主管部门履行审批或备案手续。

四、中小学教材发行招投标制度

中小学教材是指列入国务院和省、自治区、直辖市教育行政主管部门审定颁发的《中小学教学用书目录》的学生课本和教师用书。教科书是中小学教师进行教学的主要依据,是中小学学生获取知识、发展智能的主要渠道。因此,中小学教科书是提高中小学教育质量的重要因素,是实现教育目标的重要工具。

教材涉及广大在校学生的利益。统计显示，2019 年我国出版课本 87 173 种（初版 19 890 种，重版、重印 67 283 种），总印数 37.52 亿册（张），定价总金额 417.37 亿元。① 从图书出版的比例来看，课本所占比例非常高。其中，品种占 21.18%，总印数占 44.65%，定价总金额占 31.06%。这仅是义务教育阶段，若再加上高中阶段，数字将更为巨大。因此，可以说，教科书的问题直接影响到我国近 2 亿的公民，是关系国计民生的特殊商品，是国家重点管理的出版物品种。

1981 年 10 月 8 日，国家出版局、教育部联合发布《关于改进高等学校、中等专业学校教材出版供应工作的若干规定》，确立了教材发行"课前到书，人手一册"的原则，以确保正常的教育秩序和教育质量。

中小学教科书的出版、印刷、发行以其需求量稳定而巨大等特点，一直深受有关单位的青睐。教科书在我国是一种严格意义上的政府经济管制的商品。教科书在我国是由政府定价的，实行中央政府指导下的省级人民政府定价制；其生产和销售过程——出版、印刷和发行过程——必须接受政府部门的特别管理。在中小学教科书发行单位的确定上，《出版管理条例》要求应当具有适应教科书发行业务需要的资金、组织机构和人员等条件，并取得国务院出版行政主管部门批准的教科书发行资质。《出版物市场管理规定》第 28 条规定，从事中小学教科书发行业务，必须遵守下列规定。（1）从事中小学教科书发行业务的单位必须具备中小学教科书发行资质。（2）纳入政府采购范围的中小学教科书，其发行单位须按照《中华人民共和国政府采购法》的有关规定确定。（3）按照教育行政主管部门和学校选定的中小学教科书，在规定时间内完成发行任务，确保"课前到书，人手一册"。因自然灾害等不可抗力导致中小学教科书发行受到影响的，应及时采取补救措施，并报告所在地出版行政和教育行政主管部门。（4）不得在中小学教科书发行过程中擅自征订、搭售教学用书目录以外的出版物。（5）不得将中小学教科书发行任务向他人转让和分包。（6）不得涂改、倒卖、出租、出借中小学教科书发行资质证书。（7）中小学教科书发行费率按照国家有关规定执行，不得违反规定收取发行费用。（8）做好中小学教科书的调剂、添货、零售和售后服务等相关工作。（9）应于发行任务完成后 30 个工作日内向国家新闻出版广电总局和所在地省级出版行政主管部门书面报告中小学教科书发行情况。中小学教科书出版单位应在规

---

① 根据《2019 年全国新闻出版业基本情况》的统计资料。

定时间内向依法确定的中小学教科书发行单位足量供货,不得向不具备中小学教科书发行资质的单位供应中小学教科书。

长期以来,我国中小学教材出版发行始终按照出版管理部门指定出版社出版、新华书店发行这样一种垄断运营机制运行,使中小学教材的价格一直居高不下,加重了学生和家长的经济负担。在改革开放之后的相当长的时期内,即使发行领域出现了多种所有制共同发展的格局,教材发行为新华书店垄断经营的局面仍然没有改变。从2002年起,政府部门逐步将招投标机制引入中小学教材出版发行的业务中来。2001年10月,新闻出版总署、教育部、国家计委联合发布了《中小学教材发行招标投标试点实施办法》,要求对试点省、自治区、直辖市区域内使用的中小学教材全部品种的总发行权实施招标,并从招标、投标、开标、评标和中标及监督管理等方面做了详细规定,明确了招投标程序和招投标双方的权利与义务。《中小学教材发行招标投标试点实施办法》指明了我国中小学教材发行的发展趋势,标志着长达50多年的教材专营制度的结束,是一份教材发行体制改革的重要文件,国家发展改革委员会(以下简称"国家发改委")、新闻出版总署、教育部于2005年6月15日对其进行了修订。

1. 教材招投标制度

招标采购是国际通行的一种采购方式,其特点是公开性和有效降低采购成本。一般有公开招标采购和邀请招标采购两种形式。公开招标采购,也称为竞争性招标采购,是指政府采购机关或其委托的政府采购业务代理机构(统称"招标人")以招标公告的方式邀请不特定的供应商(统称"投标人")投标的采购方式。邀请招标采购,是指招标人以投标邀请书的方式邀请三家或三家以上特定的供应商投标的采购方式。

根据《中小学教材发行招标投标试点实施办法(2005)》的规定,招标人是进行教材发行改革试点的省、自治区、直辖市人民政府,由省级发展改革部门、新闻出版行政部门、教育行政部门和价格主管部门具体组织实施。招标项目是试点省、自治区、直辖市范围内使用的中小学教材全部品种的总发行权(总发行权是指承担中小学教材的征订、储备、配送、调剂、添货、零售和结算)。投标取得中小学教材总发行权的有效期限原则上为两学年。

2001年10月,经国务院同意,由新闻出版总署、教育部、国家计委联合发布了《中小学教材发行招标投标试点实施办法》,在安徽、福建和重庆三省市率先开始招投标试点工作。

2. 教材发行招标人的义务

《中小学教材发行招标投标试点实施办法》规定，试点地区的省级教育行政部门，须在每年 10 月 31 日前公布本地区第二年秋季《中小学教学用书目录》及预测选用数量，须在每年 5 月 31 日前公布本地区第二年春季《中小学教学用书目录》及预测选用数量。

招标人须根据招标项目对投标人提供的有关资信证明文件和业绩情况进行审查。具体包括：国务院新闻出版行政主管部门核发的具有图书、报纸或期刊总发行权的出版物经营许可证；国务院新闻出版行政主管部门核发的年检合格文件；工商行政管理部门颁发的营业执照；税务部门核发的纳税登记证；有关部门出具的验资证明；《中小学教材发行招标投标试点实施办法》第 18 条所规定的内容。

招标人应当根据中小学教材发行的特点和需要编制招标文件。招标文件应当包括：招标项目所涉及的中小学教材品种、发行范围及预测选用数量；中小学教材发行的时间要求、质量要求和服务标准；投标文件的基本要求和投标报价清单；投标截止日期和投标地点；投标有效期；开标日期和地点；评标程序、标准和方法；中标人履约保证金的收取、管理、扣罚和返还的具体方案；拟签订合同的主要条款和违约责任等所有实质性要求和条件。

招标人在招标文件中应当注明以下要求。

（1）投标人的报价不得高于国家规定的发行费用标准，否则视为废标。

（2）中小学教材发行实行信用预订，不得向学校预收书款。书款应在开学后 30 日内结清；另有约定的，从其约定。

（3）中标人必须保证开学前送书到学校。由于不可抗力原因不能送书到校的，应补偿学校自行取书而支出的费用。

（4）中标人应当帮助学校做好教材补订和调剂的工作，并按一定比例备货，明确供应地点和方式，保证教材主要品种的常年供应。

（5）中标人应分春、秋两季向招标人提交履约保证金。履约保证金及其收益不得以任何形式挪用，在当季教材发行完毕并经验收合格后返还给中标人。

招标工作人员不得向他人透露已获取招标文件的潜在投标人的名称、数量及可能影响公平竞争的有关招标的其他情况。

招标人应当给予投标人编制投标文件的合理时间。自招标文件发出之日至投标人提交投标文件截止之日，不得少于 20 日。

招标人对已发出的招标文件需进行必要的澄清或修改的，有关内容作为招标文件的组成部分，应当在招标文件要求提交投标文件截止时间至少 15 日前，以书面形式通知所有招标文件收受人。

3. 投标人的资质和义务

投标人是全部试点省、自治区、直辖市范围内响应中小学教材发行招标、参加投标竞争的主营图书、报纸或期刊发行且具有总发行资格的独立企业法人。投标人应当具备下列资质条件：（1）是在试点省、自治区、直辖市范围内注册，主营图书、报纸或期刊发行且具有总发行资格的独立企业法人；（2）具有中小学教材征订、储备、配送、调剂、添货、零售及结算能力，在招标地区具备有效的配套发行网络；（3）有健全的组织机构、管理规章制度及与承担中小学教材发行工作相适应的业务人员；（4）有图书、报纸或期刊发行经验和良好的社会信誉；（5）遵守国家有关发行的法律法规和相关规定，年检合格，最近三年内无违反国家法律及出版管理法规的行为。

投标人应当按照招标文件要求编制投标文件，投标文件应当对招标文件提出的实质性要求和条件做出响应，并载明完成招标项目的保障措施。

投标人应当在招标文件要求提交投标文件的截止时间前，将投标文件密封后提交招标人。招标人收到投标文件并确认密封后，应当签收保存，不得开启。

如果投标人少于三个，招标人应当重新招标。

投标人不得相互串通制定投标对策，不得排挤其他投标人的公平竞争，不得损害招标人或者其他投标人的合法权益。

投标人不得与招标工作人员相互串通投标，禁止投标人向招标工作人员或者评标委员会成员行贿，谋取中标。

投标人不得以他人名义投标或者以其他方式弄虚作假，骗取中标。

此外，《中小学教材发行招标投标试点实施办法》还规定了开标、评标和中标的规则与管理监督招投标的具体办法。中小学教材发行招投标制度是通过引入竞争机制，在保证"课前到书，人手一册"的基础上，提高教材出版发行质量、降低教材价格的一项重要制度。

4. 有关价格政策

为加强中小学教材出版发行招标投标教材价格监管，2005 年 12 月 21 日，国家发改委、新闻出版总署发布了《关于中小学教材出版发行招标投标扩大试点地区有关价格政策的通知》。通知规定如下：

（1）合理制定招标投标教材价格上限标准。招标投标的教材价格上限标准由教材使用地省级价格主管部门会同有关部门，按照教材正文印张价格不超过现行国家规定的印张中准价水平的原则，并考虑教材使用地省级价格主管部门规定的封面、插页标准制定。教材实际价格在竞标中形成，但中标价格不得高于省级价格主管部门规定的价格上限标准。

（2）试点地区教材发行招标人应及时将中标发行折扣率通知有关教材出版单位，教材出版单位要根据发行折扣率变化情况合理计算教材实际折扣率和零售价格，确保教材发行招标降价金额全部让给学生。

（3）教材出版单位应将出版发行招标投标后形成的教材零售价格，报送教材使用地省级价格主管部门审核，并由使用地省级价格主管部门会同有关部门向社会公布。教材出版单位要按照明码标价的有关规定，将教材零售价格印制在版权页和封底上。

（4）教材投标人不得违反《中华人民共和国价格法》《中华人民共和国招标投标法》规定，以低于自身生产经营成本的价格投标。

（5）非试点地区教材价格，仍按现行有关规定执行。

五、发行网点规划

发行网点规划是出版行政主管部门对所辖行政区域内图书、报纸、期刊和电子出版物发行网点的设置安排，是办理发行单位审批和进行监督管理的重要依据，其目的是满足人民群众的精神文化需求，引导出版物发行网点合理布局，建立繁荣有序的出版物流通市场，推动出版物发行业持续快速发展。在我国，省级以上的新闻出版行政主管部门负责制定各自行政区域内的出版物发行网点规划，国家新闻出版署负责审查，对全国的发行网点设置实施调控。

中共中央、国务院《关于加强出版工作的决定》（中发〔1983〕24号）指出："全国城镇增加图书发行网点和仓库的问题，应纳入城镇建设规划，由各地计划、城建部门和新华书店、外文书店共同研究落实。"新华书店是我国出版物发行的主渠道，为了最大限度地发挥这个主渠道的作用，满足人民的消费需求，政府管理部门一直在网点规划方面给予政策扶持，把最好的位置用来开设新华书店，新华书店因此获得了良好的效益。

1991年，新闻出版署、国家计划委员会、建设部发出《关于图书发行网点建设若干问题的通知》，要求各省、自治区、直辖市和计划单列市的新闻出版局应对书店发行网点的建设加强领导。新闻出版部门要与计划部门、城建部门协商，根据本省（区、市）的经济、地理、科技、文化等具体情况，制订切实可行的图书发行网点建设规划。各级城建部门要将图书发行网点的建设纳入城镇建设规划。图书发行网点的建设应同城市、工矿区建设结合起来，统筹规划，合理布局。在改造城镇繁华地区或街道及在新建居民住宅区设立商业网点时，必须同时考虑图书发行网点的建设。

一般来说，省级新闻出版行政主管部门会对行政区域内的人口基本状况、经济发展水平、现有出版物市场数量和规模及发展程度、城镇建设规划等因素进行综合考察，按人口数确定一个比例，然后根据这个比例来确定总发行、批发、零售、批发市场等各类经营机构的数量和具体设置区域。其中，对零售企业还要按照经营规模的不同进行网点规划。

比如，根据某直辖市2004年至2010年的规划，该市各类出版物经营机构数量如下：出版物总发行企业或从事出版物总发行业务的单位设置总量8个；出版物批发企业或从事出版物批发业务的单位设置总量500个；营业面积在300平方米以上的出版物零售企业设置总量620个；营业面积在300平方米（含300平方米）以下的出版物零售网点不受规划限制；出版物批发市场设置总量1个；维持现有批发市场，不再审批设立新的群摊式出版物批发市场；大型卖场（经营面积在3 000平方米以上的大型出版物零售门店）设置总量20个。零售企业的网点设置如下：大型卖场，按每5千米设1个的标准，在主城区设置总量11个；在规划为50万人以上大城市设置总量9个。营业面积在300平方米以上的出版物零售网点，按每2千米设置1个的标准，在主城区设置总量240个；在规划为100万人以上大城市设置总量120个；在规划为50万人以上大城市设置总量60个；在规划为中等城市的25个区县（自治县、市）所在地设置总量200个。

合理的网点规划应符合城乡总体建设规划、精神文明建设规划和新闻出版业发展规划的要求，与城市区域规划功能相适应，从而有利于提高出版物发行业规模化经营水平，做到布局均衡、总量适度、结构合理、规模适当，覆盖全市城乡，满足人民群众文化生活的需求。

第二节　　出版物发行活动的管理

出版物发行单位成立需要按照规定提出申请报批。而发行单位的经营活动必须在法律法规的规定范围内进行，这是出版法律法规对出版物市场体系进行调控的核心环节。出版发行业的相关法规大部分是用来规范发行单位经营行为的。出版物发行活动管理包括对出版物发行活动的限制，对发行单位经营方式和手段、财务和统计制度、职业培训制度、出版物订货展销等方面的规范，涵盖了出版物经营活动的所有环节。

一、对出版物发行活动的限制

按照《出版物市场管理规定》的要求，任何单位和个人不得发行下列出版物：

（1）含有《出版管理条例》禁止内容的违禁出版物。其中，《出版管理条例》第25条规定："任何出版物不得含有下列内容：（一）反对宪法确定的基本原则的；（二）危害国家统一、主权和领土完整的；（三）泄露国家秘密、危害国家安全或者损害国家荣誉和利益的；（四）煽动民族仇恨、民族歧视，破坏民族团结，或者侵害民族风俗、习惯的；（五）宣扬邪教、迷信的；（六）扰乱社会秩序，破坏社会稳定的；（七）宣扬淫秽、赌博、暴力或者教唆犯罪的；（八）侮辱或者诽谤他人，侵害他人合法权益的；（九）危害社会公德或者民族优秀文化传统的；（十）有法律、行政法规和国家规定禁止的其他内容。"第26条规定："以未成年人为对象的出版物不得含有诱发未成年人模仿违反社会公德的行为和违法犯罪的行为的内容，不得含有恐怖、残酷等妨害未成年人身心健康的内容。"

（2）各种非法出版物，包括未经批准擅自出版、印刷或者复制的出版物，伪造、假冒出版单位或者报刊名称出版的出版物，非法进口的出版物。

（3）侵犯他人著作权或者专有出版权的出版物。

（4）新闻出版行政主管部门明令禁止出版、印刷或者复制、发行的出版物。

二、发行单位经营方式和手段的管理

在出版行业常说的"进、销、调、存、运"等环节上，经营者要采取多样化的经营方式和手段来应对同业竞争并扩大业务规模。为了维护出版物这种特殊商品的市场经营秩序，相关法律法规对此做出了比较细致的规定。

1. 基本经营规范

《出版物市场管理规定》第22条规定："从事出版物发行业务的单位和个人在发行活动中应当遵循公平、守法、诚实、守信的原则，依法订立供销合同，不得损害消费者的合法权益。"

从事出版物发行业务的单位、个人，必须遵守下列规定：

（1）从依法取得出版物批发、零售资质的出版发行单位进货；发行进口出版物的，须从依法设立的出版物进口经营单位进货。

（2）不得超出出版行政主管部门核准的经营范围经营。

（3）不得张贴、散发、登载有法律法规禁止内容的或者有欺诈性文字、与事实不符的征订单、广告和宣传画。

（4）不得擅自更改出版物版权页。

（5）出版物经营许可证应在经营场所明显处张挂；利用信息网络从事出版物发行业务的，应在其网站主页面或者从事经营活动的网页醒目位置公开出版物经营许可证和营业执照登载的有关信息或链接标识。

（6）不得涂改、变造、出租、出借、出售或者以其他任何形式转让出版物经营许可证和批准文件。

2. 批发进场、零售归市、售前送审

"批发进场、售前送审"是对除新华书店、外文书店和出版单位直接进行批发业务以外的其他批发单位的统一要求。凡不具备独立设置经营场所（营业面积不少于500平方米）的批发企业必须进入各省、市、自治区新闻出版行政主管部门批准设立的批发市场从事批发业务，批发市场一般为进入批发市场的单店提供营业面积不少于50平方米的批发场所。

如果具备了独立设置经营场所（营业面积不少于500平方米）的条件，则可申请出场进行批发业务，出场批发企业不再实行售前送审制度。这是因为进场批发企业和不进场批发企业实行了不同的经营面积准入条件，本着区别准入、区别管理的原则，对不进场企业不再实行售前送审，而对进场批发企业仍实行售前送审制度。

售前送审制度是我国对在批发市场或零售市场从事出版物经营的经营者实行的一项制度。售前送审，即销售前检查，是指出版物在销售前必须经过政府指定的检查机构对内容进行审查核准才能公开销售的制度。对送审的书刊，一般在 72 小时之内予以答复。经审验，未发现有任何问题的，在样书（样刊）上加盖"准销"专用章，允许入场销售；认定为非法出版物的，在样书（样刊）上加盖"禁销"专用章，严禁入场销售。

书刊市场发展过快，管理跟不上，致使书刊市场出现了一些格调不高、粗制滥造及宣扬色情、暴力和封建迷信的出版物；制黄贩黄屡禁不止；无照经营或超范围经营问题比较严重；无书刊批发权的单位和个人违规批发书刊，有的甚至买卖书号从事总发行等。针对书刊市场管理极为混乱的状况，为加强书刊二级批发市场的管理，我国实施售前送审制度。1995 年 5 月 25 日，新闻出版署发布《关于加强书刊市场管理的通知》，要求"不论是批发市场还是零售市场，凡进场销售的书刊必须经当地书刊市场管理部门审查批准。未经报审而擅自进货销售者，所售书刊予以没收，对情节严重者可给予停业整顿或吊销许可证、营业执照的处罚。各地书刊市场管理部门应配备充足的人员，建立规范的工作制度，提高办事效率，对送审的书刊，一般应在 72 小时之内予以答复；如遇特殊情况，要及时向上级主管部门报告，对于涉嫌非法出版、盗版和内容有问题的书刊，书刊市场管理部门有权暂时封存"。

"批发进场、零售归市、售前送审"制度是出版行政主管部门借鉴我国其他商品流通行业的发展经验，结合出版物市场的特点所设立的管理制度，它的创立极大地促进了出版物市场的持续健康发展。

3. 发行委托制

为加强书刊流通管理，规范市场行为，采取有效措施防范和遏制非法出版活动，新闻出版署曾在 1996 年发文要求在全国出版、发行单位施行统一的书刊征订发行委托书，建立全国范围的委托书制度。无委托书而进行征订发行活动的，视为非法经营活动。在此之前，各出版单位自行签发各类型的发行委托书，在形式和内容上没有统一的规范。发行委托制的推行，不仅有利于出版行政主管部门对出版物市场实施有效管理，而且用法律文件的形式明确了出版单位和发行单位的权利与义务关系，规范了发行行为。

《出版物市场管理规定》第 25 条明确规定："出版单位可以发行本出版单位出版的出版物。发行非本出版单位出版的出版物的，须按照从事出版物发行业务的有关规定办理审批手续。"

三、票据和统计规范

出版物发行活动作为一项经济活动，必然伴随发生一系列业务，产生大量的财务票据和非财务票据。在财务票据处理上，发行业应遵守与一般行业相同的规范。对于非财务票据（其中，最主要的是进销货清单），《出版物市场管理规定》第 23 条规定，从事出版物发行业务的单位、个人，应查验供货单位的出版物经营许可证并留存复印件或电子文件，并将出版物发行进销货清单等有关非财务票据至少保存两年，以备查验。

出版业作为国民经济的一个部门，被纳入了国民经济统计调查的范围。行业统计是否全面和准确，对行业政策的有效性有直接影响。为加强新闻出版统计管理，保障新闻出版统计资料的准确性和及时性，根据《中华人民共和国统计法》（下文简称《统计法》）及其实施细则的有关规定，2005 年 2 月 7 日，新闻出版总署结合新闻出版行业的实际情况，制定了《新闻出版统计管理办法》；2016 年 5 月 5 日，国家新闻出版广电总局修订了《新闻出版统计管理办法》。该办法规定，新闻出版统计的基本任务是对新闻出版（版权）活动的相关情况进行统计调查和统计分析，提供统计资料和统计咨询意见，实行统计监督。新闻出版统计调查对象包括各级新闻出版行政主管部门、从事新闻出版（版权）活动的企业事业单位、其他组织及个体工商户等。

《出版物市场管理规定》要求，从事出版物发行业务的单位和个人必须按照新闻出版行政主管部门的规定接受年度核验，并按照《统计法》《新闻出版统计管理办法》及有关规定如实报送统计资料，不得以任何借口拒报、迟报、虚报、瞒报及伪造和篡改统计资料。

四、出版物订货、展销活动

订货、展销活动是针对特定商品和服务，在特定时间和特定地点举行的集中性的市场交易行为，这样的商贸形式为大多数行业所普遍采用。一般而言，出版物订货、展销活动按地域可以分为全国性、地方性两种；按品种可以分为综合性和专业性两种；按参加单位的性质可以分为综合、国有、民营等类别；也可以按服务对象分为图书馆、高校等不同的类别。出版业内知名的订货、展销活动有每年一届的全国书市、北京订货会、全国少儿订货会、全国大学出版社订货会等。各种形式的订货、展销活动发挥着组织出版物商品流通、发布行业信息、促进交流等多方面的积极作用。

省、自治区、直辖市出版行政主管部门和全国性出版、发行行业协会，可以主办全国性的出版物展销活动和跨省专业性出版物展销活动。主办单位应提前2个月报国家新闻出版署备案。市、县级出版行政主管部门和省级出版、发行协会可以主办地方性的出版物展销活动。主办单位应提前2个月报上一级出版行政主管部门备案。

第三节　　书业广告的发布与管理

一、广告、书业广告与广告法

广告，是指商品经营者或者服务提供者通过一定的媒介和形式向公众传播商品信息和其他信息，以达到某种特定目的（如推销商品、介绍所提供的服务等）的宣传方式。广告是商品经济发展的产物，在商品交换活动中发挥着宣传商品和服务、影响消费者购买决策、传递文化信息、促进市场发育等积极作用。随着经济的发展，广告的地位日益提高，作用日益增强，成为促进市场经济发展的一项重要手段。

依据不同的标准，广告可以进行不同的分类。比如，按照广告的性质，可以将广告分为商业广告和社会广告两大类。商业广告以众多消费者为宣传对象，为实现商业目的，经营者通过广告来诱导、说服广大消费者进行商品消费和服务消费；社会广告则不具有营利性质，由政府公告、企事业单位启事和个人广告构成。按照发布广告所采用的媒体不同，可以将广告分为报纸广告、广播广告、电视广告、书刊广告、路牌广告、印刷品广告、橱窗广告、网络广告等。

出版发行企业发布的广告大多是商业广告。按照发布目的的不同可以分为整体形象广告和商品或服务广告两个类别。整体形象广告设计的目的是提升企业的整体形象和塑造品牌，广告中不涉及特定的商品或者服务。商品或服务广告设计的目的是促销特定的商品或服务，是最常见的广告形式。当前，品牌越来越成为出版物市场竞争的重要因素，书业企业普遍注重整体形象的宣传，以展示企业文化、推广企业品牌为内容的广告越来越多。此外，为了推动阅读氛围、挖掘消费者潜在需求，以提倡阅读、崇尚文化为内容的公益广告也为一些书业企业所采用。

广告法是国家对广告市场和广告活动实施管理的主要手段。广告法有广义和狭义之分。广义的广告法是指所有有关广告管理和广告活动的法律规范的总称，包括法律、行政法规、地方性法规、制度、原则、办法等规范性文件。狭义的广告法仅指全国人民代表大会常务委员会于 1994 年 10 月 27 日通过的《中华人民共和国广告法》（以下简称《广告法》），它是我国广告管理和广告活动的基本法律依据，2015 年 4 月 24 日《中华人民共和国广告法》进行了修订，2018 年 10 月 26 日进行第一次修正，2021 年 4 月 29 日进行第二次修正。此外，《中华人民共和国商标法》《中华人民共和国食品卫生法》《中华人民共和国药品管理法》《中华人民共和国文物保护法》《中华人民共和国专利法》《中华人民共和国反不正当竞争法》等法律法规也含有不少有关广告发布与管理的规定。

二、广告的发布及其行为准则

现实生活中，迫切需要规范的是为数最多的商业广告，因此，我国的《广告法》将其适用范围确定为商业广告。《广告法》第 2 条规定："在中华人民共和国境内，商品经营者或者服务提供者通过一定媒介和形式直接或者间接地介绍自己所推销的商品或者服务的商业广告活动，适用本法。"根据这一界定，《广告法》调整的商业广告具有如下几个特征：（1）有明确的广告主（商品经营者或者服务提供者）；（2）广告主承担费用，是一种付费的广告，不是公益广告；（3）有一定的媒介和形式，并非任何一种形式的宣传都是广告；（4）既有直接介绍商品或服务的，也有间接介绍商品或服务的；（5）是为推销商品或者所提供的服务而发布。

《广告法》明确规定了广告发布的基本原则。首先，广告必须真实。这是广告发布的首要原则。广告的真实性是提高商品经营者或者服务提供者的商业信誉、树立企业良好形象的客观要求。《广告法》第 4 条规定："广告不得含有虚假或者引人误解的内容，不得欺骗、误导消费者。广告主应当对广告内容的真实性负责。"其次，广告必须合法。广告的合法性，是指广告的内容和形式都必须在法律允许的范围内，必须符合法律规定的要求，不得违背社会秩序和社会公共利益。《广告法》第5条规定："广告主、广告经营者、广告发布者从事广告活动，应当遵守法律、法规，诚实信用，公平竞争。"最后，广告应当以健康的表现形式表达广告内容，符合社会主义精神文明建设和弘扬中华民族优秀传统文化的要求。广告通过文字、语言、画面等形式，利用艺术与内容结合的手段，作用于人们的感官和思想，从内容到形式都反映了一定的社会意识形态，对社会风气与习俗、对人们的消费观念与价值观念都有着不可忽视的感染和导向作用。因此，广告应当真实、合法，以健康的表现形式表达广告内容，符合社会主义精神文明建设和弘扬中华民族优秀传统文化的要求。

广告发布的具体行为规则。《广告法》对在各种广告中必须禁止的行为做了规定。具体而言，《广告法》第9条规定，广告不得有下列情形：（1）使用或者变相使用中华人民共和国的国旗、国歌、国徽、军旗、军歌、军徽；（2）使用或者变相使用国家机关、国家机关工作人员的名义或者形象；（3）使用"国家级""最高级""最佳"等用语；（4）损害国家的尊严或者利益，泄露国家秘密；（5）妨碍社会安定，损害社会公共利益；（6）危害人身、财产安全，泄露个人隐私；（7）妨碍社会公共秩序或者违背社会良好风尚；（8）含有淫秽、色情、赌博、迷信、恐怖、暴力的内容；（9）含有民族、种族、宗教、性别歧视的内容；（10）妨碍环境、自然资源或者文化遗产保护；（11）法律、行政法规规定禁止的其他情形。

根据《广告法》的规定，在广告活动中必须遵守的规则主要有以下几项。（1）广告中对商品的性能、功能、产地、用途、质量、成分、价格、生产者、有效期限、允诺等或者对服务的内容、提供者、形式、质量、价格、允诺等有表示的，应当准确、清楚、明白。广告中表明推销的商品或者服务附带赠送的，应当明示所附带赠送商品或者服务的品种、规格、数量、期限和方式。法律、行政法规规定广告中应当明示的内容，应当显著、清晰表示。（2）广告内容涉及的事项需要取得行政许可的，应当与许可的内容相符合。广告使用数据、统计资料、调查结果、文摘、引用语等引证内容的，应当真实、准确，并表明出处。引证内容有适用范围和有效期限的，应当明确表示。（3）广告中涉及专利产品或者专利方法的，应当标明专利号和专利种类。未取得专利权的，不得在广告中谎称取得专利权。禁止使用未授予专利权的专利申请和已经终止、撤销、无效的专利作广告。（4）广告不得贬低其他生产经营者的商品或者服务。（5）广告应当具有可识别性，能够使消费者辨明其为广告。大众传播媒介不得以新闻报道形式变相发布广告。通过大众传播媒介发布的广告应当显著标明"广告",与其他非广告信息相区别,不得使消费者产生误解。广播电台、电视台发布广告,应当遵守国务院有关部门关于时长、方式的规定,并应当对广告时长做出明显提示。

三、广告活动的管理

为了使广告活动规范化、有序化,《广告法》还对广告活动的管理做了详尽的规定。

(一)广告活动的主体

《广告法》将广告活动的主体分为四类:广告主、广告经营者、广告发布者、广告代言人,并对四者的法律地位和四者之间的关系做了界定。

《广告法》规定,广告主,是指为推销商品或者服务,自行或者委托他人设计、制作、发布广告的自然人、法人或者其他组织。广告经营者,是指接受委托提供广告设计、制作、代理服务的自然人、法人或者其他组织。广告发布者,是指为广告主或者广告主委托的广告经营者发布广告的自然人、法人或者其他组织。广告代言人,是指广告主以外的,在广告中以自己的名义或者形象对商品、服务做推荐、证明的自然人、法人或者其他组织。

广播电台、电视台、报刊出版单位从事广告发布业务的,应当设有专门从事广告业务的机构,配备必要的人员,具有与发布广告相适应的场所、设备,并向县级以上地方市场监督管理部门办理广告发布登记。

(二)广告主的市场经营活动规范

广告主的市场经营活动规范是指广告主在从事广告宣传时,根据《广告法》和有关法规的规定应该遵守的行为规范和职业道德。一般来说,广告主的市场经营活动规范有两个方面:一是提供广告证明材料,以证明自己有做特定广告的资格和能力;二是保证广告活动遵守法律规定的义务。具体包括以下几个方面:(1)广告所推销的商品或服务应当符合自身的合法经营范围,广告主的广告经营活动是否在国家核准的经营范围内进行,是区分其广告市场经营活动合法与非法的基本法律界限;(2)广告主必须委托经工商行政管理机关核准登记、具有广告经营业务权的广告经营者和广告发布者提供广告服务;(3)广告主委托广告经营者和广告发布者承办或者代理广告业务,应当与广告经营者签订书面合同,明确各方的责任;(4)广告主应当对其发布的广告内容提供证明文件资料加以证实,务必保证广告内容真实、客观、合法。

(三)书业广告活动管理

印刷品广告是出版发行机构进行广告宣传的重要手段,它具有直接面对消费者、发布成本低、容易控制传递范围和效果、易于保存等诸多特点,越来越成为企业推销商品、提供服务不可或缺的方法。

直邮杂志是印刷品广告的一种形式。店堂广告也是出版发行机构常用的一种广告形式,它与发行机构的经营场所(书店)是密不可分的。店堂广告是指利用店堂空间、设施发布的及在店堂建筑物控制地带发布的店堂牌匾广告。原国家工商行政管理局曾经发布过《印刷品广告管理暂行办法》和《店堂广告管理暂行办法》,但《广告法》并没有将这类印刷品广告和店堂广告纳入调整范围。因此,对印刷品广告和店堂广告,只能依据《广告法》的基本原则来实施管理。

征订目录是一种为促销出版物而编制的书目,是出版发行业内应用非常广泛的一种特殊广告形式。这一特殊广告形式的广告主就是征订目录的编制者——出版机构或者出版物销售商,他们承担征订目录的设计、制作、发布的工作和相关费用。发布征订目录的目的是宣传产品和品牌,促进特定出版物的销售。根据编制者的不同,征订目录可以分为出版机构征订目录和发行商征订目录。前者的编制者是出版机构,发布对象是发行机构或者其他单位和个人;后者的编制者是发行商,发布对象是下级批发商、零售商或者其他单位和个人。征订目录的发布方式主要有邮寄、现场派送、网络传递、传真、报刊刊载、出版物夹页等多种形式。一般情况下,征订目录会明确标示出版机构或发行机构的名称、地址、联系方式、开户行、账号、税号、出版物的名称、定价、出版时间、标准书号或订购代码、开本、内容简介等重要信息,并在订数和码洋处留出空白让订购者填写。

出版机构或者出版物批发商发布征订目录的行为,构成《中华人民共和国合同法》(以下简称《合同法》)中规定的要约行为,即征订目录的发布者向征订目录的接收者提出订立合同的建议或要求,是希望与他方订立关于出版物买卖合同的表示。如果接收者收到征订目录后根据需要填写了征订目录并签字盖章回复给发布人,则构成《合同法》规定的承诺行为,即对征订目录编制者提出的出版物订购提议表示完全同意。由此,征订目录又具有了法律意义上的合同性质。

（四）广告违法行为及应承担的法律责任

广告违法行为的表现形式多种多样。根据我国《广告法》的规定，出版发行行业中的广告违法行为主要包括以下几种类型。

1. 虚假广告

虚假广告是以欺骗手段进行的内容不实、造成欺骗和误导后果的违法的广告。《广告法》规定，广告应当真实、合法，广告不得含有虚假内容，不得欺骗和误导消费者。

《广告法》第28条规定，广告以虚假或者引人误解的内容欺骗、误导消费者，构成虚假广告。广告有下列情形之一的，为虚假广告：（1）商品或者服务不存在的；（2）商品的性能、功能、产地、用途、质量、规格、成分、价格、生产者、有效期限、销售状况、曾获荣誉等信息，或者服务的内容、提供者、形式、质量、价格、销售状况、曾获荣誉等信息，以及与商品或者服务有关的允诺等信息与实际情况不符，对购买行为有实质性影响的；（3）使用虚构、伪造或者无法验证的科研成果、统计资料、调查结果、文摘、引用语等信息作证明材料的；（4）虚构使用商品或者接受服务的效果的；（5）以虚假或者引人误解的内容欺骗、误导消费者的其他情形。

《广告法》第55条规定，违反《广告法》规定，发布虚假广告的，由市场监督管理部门责令停止发布广告，责令广告主在相应范围内消除影响，处广告费用三倍以上五倍以下的罚款，广告费用无法计算或者明显偏低的，处二十万元以上一百万元以下的罚款；两年内有三次以上违法行为或者有其他严重情节的，处广告费用五倍以上十倍以下的罚款，广告费用无法计算或者明显偏低的，处一百万元以上二百万元以下的罚款，可以吊销营业执照，并由广告审查机关撤销广告审查批准文件，一年内不受理其广告审查申请。医疗机构有《广告法》规定违法行为，情节严重的，除由市场监督管理部门依照本法处罚外，卫生行政部门可以吊销诊疗科目或者吊销医疗机构执业许可证。广告经营者、广告发布者明知或者应知广告虚假仍设计、制作、代理、发布的，由市场监督管理部门没收广告费用，并处广告费用三倍以上五倍以下的罚款，广告费用无法计算或者明显偏低的，处二十万元以上一百万元以下的罚款；两年内有三次以上违法行为或者有其他严重情节的，处广告费用五倍以上十倍以下的罚款，广告费用无法计算或者明显偏低的，处一百万元以上二百万元以下的罚款，并可以由有关部门暂停广告发布业务、吊销营业执照。广告主、广告经营者、广告发布者有《广告法》第55条第1款、第3款规定行为，构成犯罪的，依法追究刑事责任。

《广告法》第56条规定，违反《广告法》规定，发布虚假广告，欺骗、误导消费者，使购买商品或者接受服务的消费者的合法权益受到损害的，由广告主依法承担民事责任。广告经营者、广告发布者不能提供广告主的真实名称、地址和有效联系方式的，消费者可以要求广告经营者、广告发布者先行赔偿。关系消费者生命健康的商品或者服务的虚假广告，造成消费者损害的，其广告经营者、广告发布者、广告代言人应当与广告主承担连带责任。除此以外的商品或者服务的虚假广告，造成消费者损害的，其广告经营者、广告发布者、广告代言人，明知或者应知广告虚假仍设计、制作、代理、发布或者作推荐、证明的，应当与广告主承担连带责任。

2. 损害未成年人和残疾人的身心健康

未成年人是无行为能力人或限制行为能力人，是法律给予特殊保护的一个群体。残疾人由于生理上存在缺陷，在社会中处于弱势地位，也是法律特殊保护的对象。《广告法》第10条规定，广告不得损害未成年人和残疾人的身心健康。这就要求广告不得损害未成年人、残疾人的形象，广告的画面、文字和语言等不得含有歧视、侮辱未成年人、残疾人的内容，因广告使未成年人、残疾人身心受到伤害的，应当予以赔偿或者采取其他补救措施。

广告主、广告经营者、广告发布者在广告中损害未成年人或残疾人的身心健康的，应依法承担民事责任。

第四节　出版物进口管理制度

进口出版物，是指由出版物进口经营单位进口的，在外国及在中国香港特别行政区、澳门特别行政区和台湾地区出版的图书、报纸（含过期报纸）、期刊（含过期期刊）、电子出版物、音像制品等。

出版物的进口是出版物对外贸易的重要组成部分，进口出版物的目的是引进国外图书、报纸、期刊等出版物，满足我国读者的阅读需求。近年来，我国进口出版物数量连年增加，2017年，全国出版物进出口经营单位累计进口图书、报纸、期刊 3 255.60 万册（份）、31 978.76 万美元。2018 年，全国出版物进出口经营单位累计进口图书、报纸、期刊 4 088.02 万册（份）、36 202.19 万美元。2019 年，全国出版物进出口经营单位累计进口图书、报纸、期刊 4 206.50 万册（份）、38 560.51 万美元。引进国外出版物极大地缩短了我国在获取文化、科技信息等方面与发达国家的时间差，许多有关信息方面的书刊，如计算机技术书刊、经营管理书刊几乎与国外同步出版，国外科学技术的发展为我国国民经济建设提供了有力的智力支持。

加强对出版物进口的管理，对于出版行政主管部门依法行政，对于出版物进口经营单位引进反映国外科技先进水平的、对我国有参考使用价值的出版物，促进社会主义现代化建设，防范和制止境外敌对势力利用出版物对我国进行思想渗透，均具有重要的意义。

我国的《出版管理条例》《电子出版物出版管理规定》对进口图书、报纸、期刊、电子出版物等做了规定；《音像制品管理条例》则对音像制品的进口做了明确规定。

一、出版物进口经营单位审批制度

《出版管理条例》规定了设立出版物进口单位应当具备的条件和审批程序，明确规定出版物进口单位必须符合国家关于出版物进口单位总量、结构、布局的规划。

1. 出版物进口经营单位的设立条件

《出版管理条例》第 42 条规定，设立出版物进口经营单位，应当具备下列条件：

（1）有出版物进口经营单位的名称、章程；
（2）有符合国务院出版行政主管部门认定的主办单位及其主管机关；
（3）有确定的业务范围；
（4）具有进口出版物内容审查能力；
（5）有与出版物进口业务相适应的资金；
（6）有固定的经营场所；
（7）法律、行政法规和国家规定的其他条件。

2. 出版物进口经营单位的设立程序

设立出版物进口经营单位，同样按照"申请→审批→登记"的程序办理。

首先，申请单位应当向国务院出版行政主管部门提出申请，经审查批准，取得国务院出版行政主管部门核发的出版物进口经营许可证后，持证到工商行政管理部门依法领取营业执照。设立出版物进口经营单位，还应当依照对外贸易法律、行政法规的规定办理相应手续。

1997 年新闻出版署发布的《电子出版物管理规定》详细规定了设立电子出版物进口单位的程序，2008 年颁布、2015 年修正的《电子出版物出版管理规定》中再一次明确了电子出版物进口经营的审批制原则。

设立电子出版物进口单位，应当由主办单位向所在地省、自治区、直辖市新闻出版局提出申请，经省、自治区、直辖市新闻出版局审核同意后，报国家新闻出版署审核。经国家新闻出版署审核同意后，主办单位应当依照《中华人民共和国对外贸易法》的规定，到对外贸易经济合作行政管理部门办理进出口业务许可手续，并自收到批准证件之日起 60 日内，持批准证件向所在地工商行政管理部门依法领取营业执照。

二、出版物进口经营管理制度

国务院在 1998 年进行机构改革时，曾经根据"一件事由一个部门管理"的原则确定了音像管理部门的职能分工，使得我国形成了音像制品的管理体制——两部门分工分级负责制。即新闻出版总署负责音像制品的出版、复制的管理工作；文化部负责音像制品批发、零售、出租、放映、进口的管理工作，但用于广播电视播放的音像制品进口由国家广播电影电视总局负责管理并负责内容审核。2008 年，国务院再次进行机构体制改革时，重新确定了音像管理部门的职能分工，将全国音像制品的出版、制作、复制、进口、批发、零售和出租的监督管理工作统一到国务院出版行政主管部门，国务院其他有关行政部门按照国务院规定的职责分工，负责有关的音像制品经营活动的监督管理工作，并在 2011 年 3 月 19 日第一次修订《音像制品管理条例》时，用法规条文将这一职能分工确定下来。

（一）出版物进口专营制度

1. 书报刊的进口专营制度

《出版管理条例》第 41 条规定，出版物进口业务，由依照《出版管理条例》设立的出版物进口经营单位经营；其他单位和个人不得从事出版物进口业务。《出版管理条例》第 47 条规定，发行进口出版物的，必须从依法设立的出版物进口经营单位进货。

出版物进口经营单位是指依照《出版管理条例》设立的从事出版物进口业务的单位。1989年12月2日,中共中央宣传部、新闻出版署发布了《关于加强对外国和港、澳、台报刊进销管理的意见》。根据规定,进口外国和我国港澳台地区的报刊是一项政策性很强的工作,外国、我国港澳台报刊的进口和国内的征订工作,主要由中国图书进出口总公司经办,教育系统的征订工作可由中国教育图书进出口公司经办。未经中共中央宣传部和新闻出版署批准,任何部门和单位均不得承办外国和我国港澳台报刊的进口和在大陆的征订工作。来华宾客、各大宾馆(包括中外合资、外商独资企业)和友谊商店的进口报刊代销业务,统一由中国图书进出口总公司经办,各中外合资(独资)企业,各大宾馆、饭店,均不得自行进口、销售外国和我国港澳台报刊,更不得以任何方式传播刊有攻击中国共产党和社会主义制度内容的外国和我国港澳台报刊。外国和我国港澳台报刊的出版单位,原则上不得在大陆设置办事机构,如确有需要,须经新闻出版署会商有关部门批准。已经批准的外国和我国港澳台驻大陆的办事机构,必须严格遵守批准的业务活动范围,一律不得进口、经销外国和我国港澳台报刊。所有开放城市和经济特区,亦应按此办理,不得自行进销。如有违反上述规定,有关管理部门应严格追究当事者的责任。①

目前,我国经批准的出版物进出口公司共有38家,其中,经国务院出版行政主管部门指定,经营进口报刊的进出口公司有中国图书进出口(集团)公司、中国国际图书贸易总公司、中国出版对外贸易总公司、中国教育图书进出口公司、上海外文图书贸易公司、北京中科进出口公司。

2. 音像制品成品进口专营制度

音像制品成品进口,是指由国家指定的音像制品成品进口经营单位以经营为目的,从我国境外直接购买音像制品到境内销售(即音像制品成品进口)。音像制品成品,是指完成了制作、出版、生产和包装等各个环节的工作,可以直接进入市场销售的音像制品。用"成品"这一概念,可以使之与音像制品进口中的版权贸易方式相区别。②《音像制品管理条例(2020年修订)》第27条规定,音像制品成品进口业务由国务院出版行政主管部门批准的音像制品成

---

① 黄瑚. 新闻法规与新闻职业道德[M]. 成都:四川人民出版社,1998:85-86.
② 张建华,张新建,王岩镔.《音像制品管理条例》释义[M]. 北京:人民交通出版社,2002:94-95.

品进口经营单位经营；未经批准，任何单位或者个人不得经营音像制品成品进口业务。

我国音像制品成品进口主要集中在音乐领域，以古典音乐和轻音乐为主，配以少量的流行音乐。载体主要是 CD、VCD 和 DVD。音像制品成品进口业务的政策性很强。音像制品成品进口业务既要服从于音像制品进口的整体业务，不平行进口经版权贸易等方式引进的音像节目的成品以避免冲击版权贸易，不进口有条例规定禁止内容的音像制品成品，如危害我国社会公德或者民族优秀文化传统的音像制品成品，又要服务于社会主义先进文化建设，服务于满足人民群众的文化需求的大局，进口承载人类优秀文化遗产的音像制品。所以，国家为了维护音像制品成品进口经营秩序，特把音像制品成品进口业务限定为专营业务，对音像制品成品进口经营单位进行审批。

长期以来，我国音像制品成品进口业务由中国图书进出口（集团）公司独家承担。从几十年的实践来看，中国图书进出口（集团）公司根据市场的需求，不断引进高品质的、优秀的古典音乐、歌剧等音像制品，建立和完善自己的销售网络，较好地树立和维护了"中图"品牌，使"中图"品牌在高档音像制品消费领域具有相当的市场号召力和影响力。现阶段，国家为了维持中国图书进出口（集团）公司的规模经营，降低成本，满足人民群众对海外音像制品成品的需求，仍确定中国图书进出口（集团）公司为音像制品成品进口业务经营单位。

（二）进口出版物的内容审查制度

对进口出版物实施内容审查，是对出版物进口业务设置的一项前置管理措施。在实际工作中，没有一批既有广博的知识面和深厚的国际文化底蕴，又有敏锐的政治洞察力和高度负责的职业道德的专业人士，很难准确把握进口出版物中存在的倾向性问题。为了统一进口出版物的引进标准，避免因内容问题而对社会造成冲击和震荡，对我国文化主权造成危害，国家建立了以进口出版物内容审查制度为核心的进口出版物专营制度。

1. 书报刊、电子出版物制成品的内容审查制度

《出版管理条例》第 45 条规定："出版物进口经营单位进口的出版物，不得含有本条例第二十五条、第二十六条禁止的内容。"

出版物进口经营单位对其进口的出版物负有内容审查之责，国务院出版行政主管部门可以禁止特定出版物的进口。具体来说，根据《出版管理条例》

第45条规定，出版物进口经营单位负责对其进口的出版物进行内容审查。省级以上人民政府出版行政主管部门可以对出版物进口经营单位进口的出版物直接进行内容审查。出版物进口经营单位无法判断其进口的出版物是否含有《出版管理条例》第25条、第26条禁止内容的，可以请求省级以上人民政府出版行政主管部门进行内容审查。省级以上人民政府出版行政主管部门应出版物进口经营单位的请求，对其进口的出版物进行内容审查的，可以按照国务院价格主管部门批准的标准收取费用。

《电子出版物出版管理规定》中指出，进口电子出版物成品，须由新闻出版总署批准的电子出版物进口经营单位提出申请；所在地省、自治区、直辖市新闻出版行政主管部门审核同意后，报新闻出版总署审批。新闻出版总署自受理进口电子出版物申请之日起20日内，做出批准或者不批准的决定；不批准的，应当说明理由。审批进口电子出版物，应当组织专家评审，并且应当符合国家对电子出版物的总量、结构、布局规划。同时规定，进口电子出版物的外包装上应贴有标志，载明批准进口文号及用中文注明的出版者名称、地址，著作权人名称，出版日期等有关事项。

2. 音像制品的内容审查制度

音像制品属于流行文化范畴，具有流通速度快、传播速度快、影响范围广等特点。一些不法单位和个人引进一些内容存在严重问题的音像制品，在国内往往造成破坏力相当大的负面影响。因此，我国音像制品进口管理在多年实践的基础上，借鉴国际通行惯例和做法，逐渐形成了对进口音像制品进行内容审查的制度。

《音像制品管理条例（2020年修订）》第28条规定："进口用于出版的音像制品，以及进口用于批发、零售、出租等的音像制品成品，应当报国务院出版行政主管部门进行内容审查。国务院出版行政主管部门应当自收到音像制品内容审查申请书之日起30日内作出批准或者不批准的决定，并通知申请人。批准的，发给批准文件；不批准的，应当说明理由。进口用于出版的音像制品的单位、音像制品成品进口经营单位应当持国务院出版行政主管部门的批准文件到海关办理进口手续。"也就是说，凡以市场销售为目的，以成品进口或以版权贸易等方式进口音像制品，均须报主管部门进行内容审查。

（三）出版物进口备案制度

《出版管理条例》第46条规定，出版物进口经营单位应当在进口出版物前将拟进口的出版物目录报省级以上人民政府出版行政主管部门备案；省级以上人民政府出版行政主管部门发现有禁止进口的或者暂缓进口的出版物的，应当及时通知出版物进口经营单位并通报海关。对通报禁止进口或者暂缓进口的出版物，出版物进口经营单位不得进口，海关不得放行。出版物进口备案的具体办法由国务院出版行政主管部门制定。

（四）举办境外出版物展览批准制度

《出版管理条例》第48条规定，出版物进口经营单位在境内举办境外出版物展览，必须报经国务院出版行政主管部门批准。未经批准，任何单位和个人不得举办境外出版物展览。依照规定展览的境外出版物需要销售的，应当按照国家有关规定办理相关手续。

《音像制品管理条例》第30条规定，进口用于展览、展示的音像制品，经国务院出版行政主管部门批准后，到海关办理临时进口手续。依照本条规定进口的音像制品，不得进行经营性复制、批发、零售、出租和放映。

三、对订户订购进口出版物的管理

为了满足国内单位和个人，在华外国机构，外商投资企业外籍人士和我国港澳台地区人士对进口出版物的阅读需求，加强对进口出版物的管理，2011年3月25日，新闻出版总署根据《出版管理条例》和有关法律法规，制定颁布了《订户订购进口出版物管理办法》，该办法自公布之日起施行。该办法所称"订户"，是指通过出版物进口经营单位订购进口出版物的国内单位和个人，在华外国机构，外商投资企业和在华长期工作、学习、生活的外籍人士及我国港澳台地区人士。"订购"，是指订户为满足本单位或者本人的阅读需求，向出版物进口经营单位预订购买进口出版物。

国家对进口出版物的发行实行分类管理。对限定发行范围的进口报纸、期刊、图书、电子出版物等实行订户订购、分类供应的发行方式；非限定发行范围的进口报纸、期刊实行自愿订户订购和市场销售相结合的发行方式；非限定发行范围的进口图书、电子出版物等实行市场销售的发行方式。

进口报纸、期刊分为限定发行范围的和非限定发行范围的两类。限定发行范围的进口报纸、期刊、图书、电子出版物的种类由国家新闻出版署确定。

订户订购进口出版物由出版物进口经营单位经营。其中，订户订购限定发行范围的进口报纸、期刊、图书、电子出版物的业务，须由国家新闻出版署指定的出版物进口经营单位经营。未经国家新闻出版署批准,任何单位和个人不得从事订户订购进口出版物的经营活动。出版物进口经营单位委托非出版物进口经营单位代理征订或者代理配送进口出版物,须事先报国家新闻出版署同意。

可以订购限定发行范围的进口报纸、期刊、图书和电子出版物的国内单位订户由国家新闻出版署确定。国内单位订户订购限定发行范围的进口报纸、期刊、图书、电子出版物,中央单位订户由所属中央各部委审批;地方单位订户经所在地省、自治区、直辖市新闻出版局审核后报送同级党委宣传部审批。获得批准的订户持单位订购申请书和有关批准文件,到国家新闻出版署指定的出版物进口经营单位办理订购手续。

在华外国机构,外商投资企业和在华长期工作、学习、生活的外籍人士和我国港澳台地区人士订购进口报纸、期刊,应持单位订购申请书或者本人身份证明,到国家新闻出版署批准或者指定的报纸、期刊进口经营单位办理订购手续。

出版物进口经营单位负责对订购限定发行范围的进口报纸、期刊、图书、电子出版物的订户进行审核,并将审核后的订户名单,拟订购进口报纸、期刊、图书、电子出版物的品种和数量报送国家新闻出版署批准。出版物进口经营单位依照批准后的订户名单及进口报纸、期刊、图书、电子出版物的品种和数量供应订户。

国家对非限定发行范围的进口图书、电子出版物实行市场销售的发行方式。国内单位订户订购非限定发行范围的进口报纸、期刊,持单位订购申请书,直接到国家新闻出版署批准的报纸、期刊进口经营单位办理订购手续。国内个人订户应通过所在单位办理订购手续。

未经批准,擅自从事进口出版物的订户订购业务,按照《出版管理条例》第 61 条处罚,即"未经批准,擅自设立出版物的出版、印刷或者复制、进口单位,或者擅自从事出版物的出版、印刷或者复制、进口、发行业务,假冒出版单位名称或者伪造、假冒报纸、期刊名称出版出版物的,由出版行政主管部门、工商行政管理部门依照法定职权予以取缔;依照刑法关于非法经营罪的规定,依法追究刑事责任;尚不够刑事处罚的,没收出版物、违法所得和从事违法活动的专用工具、设备,违法经营额 1 万元以上的,并处违法经营额 5 倍以上 10 倍以下的罚款,违法经营额不足 1 万元的,可以处 5 万元以下的罚款;侵犯他人合法权益的,依法承担民事责任"。违反《订户订购进口出版物管理办法》其他规定的,由新闻出版行政部门责令改正,给予警告;情节严重的,并处 3 万元以下的罚款。

第八章

出版活动中的违法行为及其法律责任

从前面几章的内容中可以看到，法律法规始终贯穿于出版活动的全过程。在法律法规的实施过程中必然会出现守法和违法现象，本章将对出版、印刷、发行等环节的违法行为及应承担的法律责任进行分析。

第一节　违法行为与法律责任概述

违法行为与法律责任是法学中的基础问题，其认定在法的实施过程中是极其重要的一环。法律法规的实现取决于人们的行为。从法学的定义看，人们的行为分为守法和违法两种。这里主要讨论的是违法行为及违法行为产生后应承担的法律责任。

一、违法行为概述

（一）违法行为的定义

违法行为也称违法，是指具有主体资格的公民或组织由于主观过错所实施的违反国家现行法律法规的，具有一定社会危害性的，依照法律法规应予以追究的行为。[①]

一般来说，违法由以下四个要素构成。（1）违法是实施了违反法律规定的行为，违法行为包括积极的作为和消极的不作为，即做出了法律不允许（禁止）的行为或者不做出法律所要求的行为。（2）违法是不同程度地侵犯了法律所保护的社会关系的行为，即违法是被国家认定为具有社会危害性的行为。违法行为的社会危害性既可以表现为已经给他人或社会造成了某种现实的危害结果，也可以是尚未造成实际上的损害，但已经构成了潜在的威胁或危险。（3）违法是行为人有主观过错的行为。通常，故意或过失构成违法行为，即使没有过错，法律规定应承担法律责任的也仍应承担。（4）违法是具有法定行为能力或法定责任能力的自然人、法人或非法人组织所实施的行为。

[①] 王会玲. 法律基础教程 [M]. 北京：人民交通出版社，2001：32.

（二）违法行为的种类

按照违法行为的具体性质、危害程度和所承担的法律责任的不同，违法行为可分为违宪行为、民事违法行为、行政违法行为和刑事违法行为四种。

1. 违宪行为

违宪行为主要是违反国家《宪法》及其他宪法性文件的行为，主要表现为国家机关制定的法律和其他规范性文件违反《宪法》规范和《宪法》原则。《出版管理条例》规定公民在行使出版自由时必须遵守《宪法》的规定，出版与《宪法》相违背的出版物即违宪行为。

2. 民事违法行为

民事违法行为主要是违反了民事法律的行为，表现为不履行合同的行为和侵权行为。

3. 行政违法行为

行政违法行为即违反行政法律的行为，包括行政主体的违法行为和行政相对人的违法行为。

4. 刑事违法行为

刑事违法行为也称为犯罪，是指违反国家刑事法律并应受到刑罚处罚的行为。

二、法律责任概述

（一）法律责任的定义

法律责任有广义和狭义之分。广义的法律责任与法律义务同义，它既包括法律所规定的不必强制履行的各种应尽的义务，也包括由于实际违反了法律规定而应当强制履行的义务。狭义的法律责任是指由于违法行为、违约行为而侵害义务或者法律规定，行为人或其关系人所应当承担的法定的不利后果。[①] 一般所指的法律责任都是狭义上的。

法律责任是法律规则的有机构成部分，是法律运行的保障机制。法律责任是维护个体权利与社会存在的手段，它对于处罚责任者、补偿损害、促进守法、维护正义、保障社会秩序等都具有重要的意义。

法律责任与违法密不可分。违法是承担法律责任的前提和根据，它意味着

---

① 王会玲. 法律基础教程 [M]. 北京：人民交通出版社，2001：33.

一定的国家机关代表国家查清违法行为的性质、特点、情节,也意味着国家对违法行为的否定性的反映和谴责。它是一定国家机关代表国家对违法行为实行法律制裁的根据。

(二) 法律责任的种类、追究法律责任的原则

1. 法律责任的种类

按照违法行为的性质、情节和后果,法律责任可以分为违宪法律责任、民事法律责任、行政法律责任和刑事法律责任四种。

2. 追究法律责任的原则

我国判断、确认、追究法律责任一般遵循以下法律原则:(1) 责任法定原则,即承担法律责任必须有法律根据;(2) 因果联系原则,即应先确认主体行为与危害结果之间的因果关系;(3) 责任相称原则,即主体只应承担与其违法行为相称的法律责任;(4) 责任自负原则,责任自负是现代法的一般原则,在特殊情况下,有些特定无直接关系的主体也要承担法律责任,例如,监护人要对被监护人承担替代性的法律责任;(5) 及时性原则,即在法律规定的时效期限内,及时追究违法者的责任。

一般而言,在法定条件下,有些法律责任可以或应该免责。例如,我国民法中规定的"不可抗力"原因造成的相应责任,法律规定超过追诉的时效期的法律责任,等等,应当免责或可以免责。①

(三) 追究法律责任的方式

对于那些应当追究的法律责任,其实现方式主要有惩罚、补偿、强制三种。

1. 惩罚

惩罚,即法律制裁,是国家强制力对责任主体的人身、财产和精神实施制裁的责任方式,这是最严厉的法律责任方式,也是最常用的一种方式。

作为追究法律责任最常用的一种手段,惩罚,即法律制裁,是国家保护和恢复法律秩序的强制性措施,它包括恢复权利性措施和对构成违法、犯罪者实施的惩罚性措施。其特点是由国家专责机关实施,是一种惩罚性的强制措施,是一种要式法律行为(实施惩罚的国家机关必须制作相应的法律文书)。

与违法行为、法律责任相对应,法律制裁主要包括四种形式,即违宪制

---

① 胡锦光,刘炳信. 法律基础 [M]. 北京:中国人民大学出版社,2002:58.

裁、刑事制裁、民事制裁和行政制裁。这里主要分析后三种制裁方式。

（1）刑事制裁。刑事制裁是国家司法机关依照《刑法》规定对犯罪者实施的刑事惩罚措施。在我国具体分为管制、拘役、有期徒刑、无期徒刑、死缓、死刑及若干附加刑。刑事制裁是一种最严厉的法律制裁。

（2）民事制裁。民事制裁是指国家司法机关依照民事法律规定对责任人实施的惩罚措施。依照《民法典》规定，民事制裁的方式主要包括以下方面：停止侵害，排除妨碍，消除危险，返还财产，恢复原状，修理、重作、更换，继续履行，赔偿损失，支付违约金，消除影响、恢复名誉，赔礼道歉，等等。

（3）行政制裁。行政制裁是指国家行政机关依照行政法律规定对责任人所实施的制裁。我国对出版业的管理主要依据行政法规，因此，对违法行为的处理也多为行政制裁。行政制裁包括两种：行政处罚和行政处分。

行政处罚是指具有行政处罚权的行政主体为维护公共利益和社会秩序，保护公民、法人或其他组织的合法权益，依法对行政相对人违反行政法律规范但尚未构成犯罪的行为所实施的法律制裁。

根据《行政处罚法》和现行法律法规的规定，目前我国的行政处罚主要有以下六种。

第一，警告、通报批评。警告是指行政机关或法律法规授权的组织，对违反行政法律规范的公民、法人或者其他组织所实施的一种书面形式的谴责和告诫。警告必须以书面形式做出，指明行为人的违法错误，并具有令其改正、纠正违法的性质，具有国家强制性。通报批评则是指上级机关将违法行为人的违法事实以书面形式告知下级机关或本机关内部职工。

第二，罚款、没收违法所得、没收非法财物。罚款是指行政机关依法强制实施对行政违法行为的相对人在一定期限内缴纳一定数量货币的处罚行为。罚款是一种财产处罚，通过处罚使当事人在经济上受到损失，警示其今后不再发生违法行为。罚款是一种适用范围比较广泛的行政处罚，因而也是行政机关最经常、最普遍的行政处罚形式之一。罚款通常由法律法规和规章规定一定的数额或者幅度。没收是行政机关将生产、保管、加工、运输、销售违禁物品或者实施其他营利性违法行为的相对人与违法行为相关的财物收归国有的制裁。没收范围包括违法所得和非法财物。违法所得是指公民、法人及其他组织在形式上有法律依据的前提下，因行为不符合法律所规定的要求而得到的收入。非法财物是指公民、法人或其他组织在没有经行政管理机关允许的前提下，即实施了应当经行政管理机关批准的行为，因实施这些非法行为而得到的收入，属于没收的范围，如对非法出版物的没收。

第三，暂扣许可证件、降低资质等级、吊销许可证件。暂扣许可证件，是中止行为人从事某项活动的资格，待行为人改正以后或经过一定期限以后，再发还许可证件、有关证书；资质等级是指部分行业开展相应的生产经营或者执业活动需要取得一定的资质条件，并且不同的资质等级所允许从事的活动范围不同，降低资质等级就是对违法的企业的资质进行降级处理；而吊销许可证件，则是对违法者从事某种活动的权利或享有的某种资格的取消。

第四，限制开展生产经营活动、责令停产停业、责令关闭、限制从业。限制开展生产经营活动、责令停产停业、责令关闭都是对工商企业和个体工商户适用的处罚方式，指行政机关对违法从事生产者、经营者做出的限制生产经营活动范围、停止生产或经营、关闭的处罚。限制从业则是针对违法的自然人所做出的从业限制。

第五，行政拘留。行政拘留又称治安拘留，是公安机关对违反治安管理的人在短期内剥夺其人身自由的一种强制性惩罚措施。行政拘留是行政处罚中最严厉的一种。

第六，法律、行政法规规定的其他行政处罚。

行政处分又称纪律处分，是指国家机关、企事业单位和其他组织根据法律法规规定，对违法失职及违纪的公务员或其他所属人员实施的惩罚措施。行政处分的方式主要包括警告、记过、记大过、降级、撤职、留用察看和开除等惩罚性措施。

2. 补偿

补偿是指以法律上的功利性为基础，通过国家强制力或当事人要求，责任主体以作为或不作为的形式弥补或赔偿所造成损失的责任方式。补偿主要有以下几种形式。（1）民事补偿，指依民事法律规定要求责任人承担的弥补、赔偿等责任方式。（2）行政补偿，指依照行政法律规定要求责任人承担的弥补、赔偿等责任方式。它主要是指行政主体对行政相对人造成的损害所做的行政赔偿和行政补偿。（3）司法补偿，指司法机关因具体司法行为错判、错捕等造成当事人损害所承担的赔偿责任方式。行政赔偿与司法赔偿合称为国家赔偿。①

---

① 胡锦光，刘炳信. 法律基础 [M]. 北京：中国人民大学出版社，2002：58.

3. 强制

强制是指在责任主体不履行义务时，以国家强制力保证为基础，迫使不履行义务的责任主体履行义务的责任方式。

这是实现法律责任的第三种形式，主要包括对人身的强制和对财产的强制。对财产的强制有强制拆除、强制拍卖、强制划拨、强制扣缴等方式。①

第二节 出版、印刷、发行环节的违法行为及其法律责任

在这一节中，我们对出版活动中的出版、印刷、发行环节的违法行为、法律责任及法律责任的实现方式等分别做较为详细的介绍。

一、在出版、印刷、发行环节共同存在的违法行为及法律责任

在出版、印刷、发行环节共同存在的违法行为包括出版行政人员的渎职行为及违反新闻出版统计规定的行为两个方面。

1. 出版行政人员的渎职行为及法律责任

渎职行为的构成特征是：犯罪主体是国家机关工作人员，侵犯的客体是国家机关的正常活动。根据《宪法》的规定，国家机关包括国家权力机关、行政机关、审判机关、检察机关、军事机关。国家机关工作人员应是在上述机关中从事公务的人员，其构成的渎职行为，客观方面表现为行为人实施滥用职权、玩忽职守等行为致使公共财产、国家和人民利益遭受重大损失。

根据《出版管理条例》的规定，出版行政人员的渎职行为包括出版行政主管部门或者其他有关部门的工作人员，利用职务上的便利收受他人财物或者其他好处，批准不符合法定条件的申请人取得许可证、批准文件，或者不履行监督职责，或者发现违法行为不予查处，等等。

这些行为造成严重后果的，依法给予降级直至开除的处分；构成犯罪的，

---

① 胡锦光，刘炳信. 法律基础 [M]. 北京：中国人民大学出版社，2002：59.

依照《刑法》关于受贿罪、滥用职权罪、玩忽职守罪或者其他罪的规定，依法追究刑事责任。《刑法》第 9 章第 397 条规定："国家机关工作人员滥用职权或者玩忽职守，致使公共财产、国家和人民利益遭受重大损失的，处 3 年以下有期徒刑或者拘役；情节特别严重的，处 3 年以上 7 年以下有期徒刑。"第 403 条规定："国家有关主管部门的国家机关工作人员，徇私舞弊，滥用职权，对不符合法律规定条件的公司设立、登记申请或者股票、债券发行、上市申请，予以批准或者登记，致使公共财产、国家和人民利益遭受重大损失的，处 5 年以下有期徒刑或者拘役。上级部门强令登记机关及其工作人员实施前款行为的，对其直接负责的主管人员，依照前款的规定处罚。"

2. 违反新闻出版统计规定的行为及法律责任

2016 年 5 月 5 日颁布的《新闻出版统计管理办法》第 33 条至第 40 条明确了违反新闻出版统计规定的行为及法律责任。根据违法行为程度的不同，对违反统计规定的行为可以处以行政处分，构成犯罪的，依法追究刑事责任。

各级新闻出版行政主管部门或者有关部门、单位的负责人有下列行为之一的，由上级新闻出版行政主管部门予以通报，建议任免机关或监察机关等有关部门依法给予处分；并由统计机构依照《统计法》第 37 条予以处理：（1）自行修改统计资料、编造虚假统计数据的；（2）要求统计机构、统计人员或者其他机构、人员伪造、篡改统计资料的；（3）对依法履行职责或者拒绝、抵制统计违法行为的统计人员打击报复的；（4）对本部门、本单位发生的严重统计违法行为失察的。

各级新闻出版行政主管部门在组织实施统计调查活动中有下列行为之一的，由上级新闻出版行政主管部门责令改正，予以通报，对直接负责的主管人员和其他直接责任人员，建议任免机关或监察机关等有关部门依法给予处分；并由统计机构依照《统计法》第 38 条予以处理：（1）未经批准擅自组织实施统计调查的；（2）未经批准擅自变更统计调查制度的内容的；（3）伪造、篡改统计资料的；（4）要求统计调查对象或者其他机构、人员提供不真实的统计资料的；（5）未按照统计调查制度的规定报送有关资料的。

各级新闻出版行政主管部门有下列行为之一的，由上级新闻出版行政主管部门予以通报，对直接负责的主管人员和其他直接责任人员，建议任免机关或监察机关等有关部门依法给予处分；并由统计机构依照《统计法》第 39 条予以处理：（1）违法公布统计资料的；（2）泄露统计调查对象的商业秘密、个人信息或者提供、泄露在统计调查中获得的能够识别或者推断单个统计调查对象身份的资料的；（3）违反国家有关规定，造成统计资料毁损、灭失的。

各级新闻出版行政主管部门、统计人员泄露国家秘密的，依法追究法律责任。

新闻出版统计调查对象有下列行为之一的，由新闻出版行政主管部门责令改正，给予警告，可以予以通报，对其直接负责的主管人员和其他直接责任人员属于国家工作人员的，建议任免机关或监察机关等有关部门依法给予处分；并由统计机构依照《统计法》第41条予以处理：（1）拒绝提供统计资料或者经催报后仍未按时提供统计资料的；（2）提供不真实或者不完整的统计资料的；（3）拒绝、阻碍统计调查、统计检查的；（4）转移、隐匿、篡改、毁弃或者拒绝提供原始记录和凭证、统计台账、统计调查表及其他相关证明和资料的。

作为新闻出版统计调查对象的国家机关、企业事业单位或者其他组织迟报统计资料，或者未按照国家有关规定设置原始记录、统计台账的，由上级或本级新闻出版行政主管部门责令改正，给予警告，可以予以通报；并由统计机构依照《统计法》第42条予以处理。违反《新闻出版统计管理办法》，利用虚假统计资料骗取荣誉称号、物质利益或者职务晋升的，依照《统计法》第45条予以处理。违反《新闻出版统计管理办法》，构成犯罪的，依法追究刑事责任。

二、出版环节的违法行为与法律责任

（一）出版环节的违法行为

总体来说，出版环节的违法行为主要包括以下几个方面。

1. 擅自设立、变更出版单位或擅自从事出版物出版

《出版管理条例》第61条规定，未经批准，擅自设立出版物的出版、印刷或者复制、进口单位，或者擅自从事出版物的出版、印刷或者复制、进口、发行业务，假冒出版单位名称或者伪造、假冒报纸、期刊名称出版出版物的，均属违法行为。《网络出版服务管理规定》第51条规定，未经批准，擅自从事网络出版服务，或者擅自上网出版网络游戏的（含境外著作权人授权的网络游戏），属违法行为；第58条规定，网络出版服务单位未标明有关许可信息或者未核验有关网站的《网络出版服务许可证》的，属违法行为。

出版单位变更名称、主办单位或者其主管机关、业务范围，合并或者分立，出版新的报纸、期刊，或者报纸、期刊改变名称及出版单位变更其他事项，未依照《出版管理条例》的规定到出版行政主管部门办理审批、变更登记手续的，也属违法行为。

2. 出版含有法律法规规定禁止出版的内容

这一违法行为包括以下几个方面。

（1）出版含有法律法规规定禁止出版的内容。

（2）明知或者应知他人出版含有法律法规禁止内容的出版物而向其出售或者以其他形式转让本出版单位的名称、书号、刊号、版号、版面，或者出租本单位的名称、刊号。

3. 出版单位违反书号、刊号、版号、版面规定

这一违法行为包括以下几个方面。

（1）出版单位出售或者以其他形式转让本出版单位的名称、书号、刊号、版号、版面，或者出租本单位的名称、刊号。

（2）电子出版物出版单位出售、出租或者以其他形式转让本出版单位的名称、书号、刊号及条码；电子出版物出版单位未按规定使用中国标准书号、刊号及条码。

4. 出版单位违反选题备案制度和样本送缴制度

这一违法行为包括以下几个方面。

（1）出版单位未将其年度出版计划和涉及国家安全、社会安定等方面的重大选题备案。

（2）出版单位未依照《出版管理条例》的规定送缴出版物的样本。

5. 出版物质量不合格

根据《图书质量管理规定》，图书质量不合格有四种表现。

（1）不符合《出版管理条例》第 25 条、第 26 条规定的图书，其内容质量属不合格。

（2）差错率超过万分之一的图书，其编校质量属不合格。

（3）图书的整体设计和封面（包括封一、封二、封三、封底、勒口、护封、封套、书脊）、扉页、插图等设计中有一项不符合国家有关技术标准和规定的，其设计质量属不合格。

（4）不符合中华人民共和国出版行业标准《印刷产品质量评价和分等导则》规定的图书，其印制质量属不合格。

(二) 出版环节违法行为的法律责任

根据《出版管理条例》和其他相关的法律法规规定，出版环节违法行为的法律责任主要有三种，即民事法律责任、行政法律责任和刑事法律责任。

1. 民事法律责任

《出版管理条例》第 61 条规定，未经批准，擅自设立出版物的出版、印刷或者复制、进口单位，或者擅自从事出版物的出版、印刷或者复制、进口、发行业务，假冒出版单位名称或者伪造、假冒报纸、期刊名称出版出版物而侵犯他人合法权益的，依法承担民事责任。《网络出版服务管理规定》第 51 条规定，未经批准，擅自从事网络出版服务，或者擅自上网出版网络游戏（含境外著作权人授权的网络游戏）而侵犯他人合法权益的，依法承担民事责任。

依据《民法典》的相关规定，侵权的民事责任是指侵权行为人非法侵犯他人财产权利或人身权利，给他人造成财产或人身损害，依法应承担损害赔偿的民事责任。民事责任与其他三类责任比较，主要是财产责任，目的是弥补当事人的损失。

2. 行政法律责任

在出版环节，追究行政法律责任的方式主要是行政处罚，具体的实现形式有以下几种。

（1）警告。出版单位变更名称、主办单位或者其主管机关、业务范围等行为未办理审批登记手续的，由出版行政主管部门责令改正，给予警告。出版单位未将其年度出版计划和涉及国家安全、社会安定等方面的重大选题备案的和出版单位未依照《出版管理条例》的规定送缴出版物的样本的，由出版行政主管部门责令改正，给予警告。网络出版服务单位变更《网络出版服务许可证》登记事项、资本结构，超出批准的服务范围从事网络出版服务，合并或者分立，设立分支机构，未依据本规定办理审批手续的，由出版行政主管部门责令改正，给予警告。

（2）罚款。罚款是惩罚性制裁措施。罚款不能从应予以没收的非法所得中支付，而是在没收非法所得之外，再给予一定数额的经济惩罚。其目的是要使侵权人不但在经济上得不到一点好处，还要在经济上受到损失。据《出版管理条例》等规定，违法经营额 1 万元以上的，并处违法经营额 5 倍以上 10 倍以下的罚款；违法经营额不足 1 万元的，可以处 5 万元以下的罚款；电子出版物出版单位处违法所得 2 倍以上 5 倍以下的罚款。

依照《出版管理条例》的规定实施罚款的行政处罚，应当依照有关法律、行政法规的规定，实行罚款决定与罚款收缴分离；收缴的罚款必须全部上缴国库。

（3）没收违法所得，没收非法财物。没收违法所得是指将侵权者因侵权行为所获得的全部利益收缴国库，不让其因侵权获得任何经济利益。《出版管理条例》中有关于没收出版物、没收违法所得和没收从事违法活动的专用工具、设备等的规定。

（4）责令停业、吊销许可证。具有前述出版环节的违法行为第1类第2款、第2类、第3类、第4类、第5类之一，且情节严重的，都可能被责令限期停业整顿或者由原发证机关吊销许可证。

根据《出版管理条例》和相关法规规定，单位违反《出版管理条例》被处以吊销许可证行政处罚的，其法定代表人或者主要负责人自许可证被吊销之日起10年内不得担任出版、印刷或者复制、进口、发行单位的法定代表人或者主要负责人。出版从业人员违反《出版管理条例》规定，情节严重的，由原发证机关吊销其资格证书。

（5）对相关责任人的处罚。根据《图书质量管理规定》第19条的规定，一年内造成三种以上图书不合格或者连续两年造成图书不合格的直接责任者，由省、自治区、直辖市新闻出版行政主管部门注销其出版专业技术人员职业资格，3年之内不得从事出版编辑工作。

（6）由于出版行政主管部门人员渎职造成严重后果，但尚不够刑事处罚的，对负责的主管人员和其他直接责任人员给予降级或者撤职的行政处分。

案例1：

1997年7月1日，广东某报在组织"庆祝香港回归"的报道中，未按规定的程序报经新闻出版行政主管部门批准，擅自分上午版、中午版、下午版出版发行了97版报纸，严重违反了《报纸管理暂行规定》等报纸出版管理法规。广东省新闻出版局责成该报做出深刻检查，并处以罚款98.5万元，新闻出版署也将该违规和处罚情况向全国做了通报。

案例2：

1996年8月，海南某出版社在安排出版《军事武器大观》过程中，印刷、发行环节严重失控，把书号、发排单、委印单等出版手续全部交给书商，导致该书的出版构成买卖书号行为，且该书多处泄露国家和军事秘密并存在严重政治问题。按照《出版管理条例》有关规定，新闻出版署以新出图〔1997〕195号文件做出撤销该出版社、吊销该社出版者前缀号的行政制裁。①

案例 3：

北京某出版社出版的初中《语文》第二册（1995 年 1 月第 1 版）教材出现严重质量问题。初步统计，这本仅 16.6 万余字的图书，错误竟达 490 多处，使教师难以教学，学生无法使用，引起广大师生强烈不满，社会影响极为恶劣。根据《图书质量管理规定》，新闻出版署以〔95〕新出图 1043 号文件做出处罚：第一，对该社通报批评，令其认真做出检查，追究有关责任者的责任并写出报告报新闻出版署；第二，没收该教材出版发行取得的全部利润，并处以罚款 10 万元；第三，未发出的该教材立即停止发行，存书全部销毁；第四，出版社必须公开向该教材的作者和使用单位的师生赔礼道歉。

案例 4：

2016 年 1 月 25 日，滨海县市场监管局接到举报，反映一书店销售的某出版社出版的《名师点拨课时作业本》系列丛书封面上违反国家法律规定发布广告，要求滨海县市场监管局调查处理。滨海市场监管局随即到书店进行检查，发现该系列丛书封面上发布有"自主学习网专注中小学生教育——家长和老师放心的网站"等广告内容。根据《中华人民共和国广告法》第三十九条的规定"不得利用中小学生和幼儿的教材、教辅材料、练习册、文具、教具、校服、校车等发布或者变相发布广告"，滨海市场监管局立案调查，最终根据案件事实，做出滨市监案字〔2016〕第 00082 号行政处罚决定，责令该出版社停止发布广告，并在相应范围内消除影响，处罚款 12 万元。②

3. 刑事法律责任

刑事法律责任在出版环节的表现主要有以下几个方面。

（1）危害国家安全罪。根据《刑法》规定，出版物内容"煽动分裂国家、破坏国家统一的"或者"以造谣、诽谤或者其他方式煽动颠覆国家政权、推翻社会主义制度的"，是危害国家安全罪。对其制裁为：处 5 年以下有期徒刑、拘役、管制或者剥夺政治权利；首要分子或者罪行重大的，处 5 年以上有期徒刑。

（2）侵犯公民人身权利、民主权利罪。《刑法》分则第 4 章第 250 条规

---

① 彭国华. 新闻出版版权法制理论与实务 [M]. 长沙：湖南人民出版社，2002：110.
② 江苏省盐城市中级人民法院行政判决书（2018）苏 09 行终 6 号.

定，在出版物中刊载歧视、侮辱少数民族的内容，情节恶劣，造成严重后果的，对直接责任人员，处3年以下有期徒刑、拘役或者管制。

(3) 制作、贩卖、传播淫秽物品罪。《刑法》分则第6章第9节第363条规定，以牟利为目的，制作、复制、出版、贩卖、传播淫秽物品的，处3年以下有期徒刑、拘役或者管制，并处罚金；情节严重的，处3年以上10年以下有期徒刑，并处罚金；情节特别严重的，处10年以上有期徒刑或者无期徒刑，并处罚金或者没收财产。为他人提供书号，出版淫秽书刊的，处3年以下有期徒刑、拘役或者管制，并处或者单处罚金；明知他人用于出版淫秽书刊而提供书号的，依照前款的规定处罚。

(4) 非法经营罪。《出版管理条例》规定，擅自设立、变更出版单位或擅自从事出版物出版的将依照《刑法》对非法经营罪的规定，追究刑事责任。

自1998年12月23日起施行的最高人民法院《关于审理非法出版物刑事案件具体应用法律若干问题的解释》，其第11条规定，违反国家规定，出版、印刷、复制、发行该解释第1条至第10条规定以外的其他严重危害社会秩序和扰乱市场秩序的非法出版物，情节严重的，以非法经营罪定罪处罚。依据该司法解释第12条的规定，个人经营数额在5万元至10万元以上的，违法所得数额在2万元至3万元以上的，经营音像制品、电子出版物500张（盒）以上的，属于非法经营行为"情节严重"；经营数额在15万元至30万元以上的，违法所得数额在5万元至10万元以上的，经营音像制品、电子出版物1 500张（盒）以上的，属非法经营行为"情节特别严重"。该司法解释第13条规定，单位经营数额在15万元至30万元以上的，违法所得数额在5万元至10万元以上的，经营音像制品、电子出版物1 500张（盒）以上的，属于非法经营行为"情节严重"；经营数额在50万元至100万元以上的，违法所得数额在15万元至30万元以上的，经营音像制品、电子出版物5 000张（盒）以上的，属非法经营行为"情节特别严重"。

2001年4月18日，最高人民检察院、公安部联合发布的《关于经济犯罪案件追诉标准的规定》中规定，违反国家规定，出版、印刷、复制、发行非法出版物，涉嫌下列情形之一的，应予追诉：(1) 个人非法经营数额在5万元以上的，单位非法经营数额在15万元以上的；(2) 个人违法所得数额在2万元以上的，单位违法所得数额在5万元以上的；(3) 个人非法经营报纸5 000份或者期刊5 000本或者图书2 000册或者音像制品、电子出版物500张（盒）以上的，单位非法经营报纸15 000份或者期刊1 500本或者图书5 000

册或者音像制品、电子出版物1 500张（盒）以上的。

（5）侵犯著作权罪。根据《刑法》分则第3章第7节第217条规定，以营利为目的，出版他人享有专有出版权的图书且违法所得数额较大或者有其他严重情节的，处3年以下有期徒刑，并处或者单处罚金；违法所得数额巨大或者有其他特别严重情节的，处3年以上10年以下有期徒刑，并处罚金。

案例：保定《奇异的性风俗》案

1995年12月，北京图书市场上出现了以河南人民出版社名义出版的《奇异的性风俗》一书。中央统战部认为，该书内容淫秽，严重违背党的民族、宗教政策，性质十分恶劣。新闻出版署接到报告后，立即与河南省新闻出版局联系。经查，该书书号、作者姓名、责任编辑姓名均为伪造，是不法分子陈某、王某等人盗用河南人民出版社名义印制的一本非法出版物。1996年1月28日，河北省保定市中级人民法院开庭审理此案。保定市人民检察院向法院提起公诉时认为，案犯陈某、王某、张某、刘某、古某非法制作、出版、贩卖、传播淫秽物品，社会危害极大，后果特别严重。根据全国人大常委会《关于惩治走私、制作、贩卖、传播淫秽物品的犯罪分子的决定》，陈某已构成制作、出版、贩卖、传播淫秽物品罪；王某已构成制作、贩卖、传播淫秽物品罪；张某、刘某已构成制作淫秽物品罪；古某已构成在社会上传播淫秽物品罪。2月19日，河北省保定市中级人民法院一审依法判处该案主犯陈某无期徒刑，剥夺政治权利终身，并处罚金50 000元；判处王某有期徒刑15年，剥夺政治权利5年，并处罚金35 000元；判处刘某有期徒刑8年，并处罚金20 000元，没收违法所得103 000元。其他案犯也分别被判处有期徒刑。[①]

三、印刷环节的违法行为的认定与法律责任

（一）印刷环节的违法行为的表现

出版物的复制、印刷环节的违法行为主要有以下方面。

1. 擅自设立出版物的印刷或复制单位，或者擅自从事出版物的印刷或复制业务

根据《出版管理条例》和《印刷业管理条例》规定，这类违法行为表现

---

① 黄晓新，李一昕. 10大扫黄打非案[J]. 出版广角，1999（10）.

为：未经批准，擅自设立从事出版物印刷经营活动的企业或者擅自从事印刷经营活动；单位内部设立的印刷厂（所）未依照《印刷业管理条例》的规定办理手续而从事印刷经营活动；电子出版物复制单位未取得合法手续复制电子出版物、计算机软件、电子媒体非卖品；单位内部设立印刷厂（所）违反《印刷业管理条例》的规定，未向所在地县级以上地方人民政府出版行政主管部门、保密工作部门办理登记手续。

2. 擅自兼营或变更印刷品印刷的经营活动

这类违法行为表现为：未取得出版行政主管部门的许可，擅自兼营或者变更从事出版物、包装装潢印刷品或者其他印刷品印刷经营活动，或者擅自兼并其他印刷业经营者；因合并、分立而设立新的印刷业经营者，未依照《印刷业管理条例》的规定办理手续；出售、出租、出借或者以其他形式转让印刷经营许可证；变更名称、法定代表人或者负责人、住所或者经营场所等主要登记事项，或者终止印刷经营活动，未报原批准设立的出版行政主管部门备案。

3. 印刷或复制含有法律法规规定禁止的内容

这一违法行为包含以下几点。

（1）明知或者应知出版物含有有关法律法规禁止内容而印刷或者复制。

（2）印刷或者复制、发行国务院出版行政主管部门禁止进口的出版物；印刷或者复制走私的境外出版物。

（3）印刷或者复制单位未取得印刷或者复制许可而印刷或者复制出版物；印刷或者复制单位接受非出版单位和个人的委托印刷或者复制出版物；印刷或者复制单位未履行法定手续印刷或者复制境外出版物，印刷或者复制的境外出版物没有全部运输出境；印刷或者复制单位、发行单位或者个人发行未署出版单位名称的出版物；印刷单位印刷未经依法审定的中小学教科书，或者未依照有关规定确定的单位从事中小学教科书的印刷业务。

（4）印刷业经营者印刷明知或者应知含有法律法规规定禁止印刷内容的出版物、包装装潢印刷品或者其他印刷品，或者印刷国家明令禁止出版的出版物或者非出版单位出版的出版物。

4. 违反印刷企业印刷管理规定

这一违法行为包含以下几个方面。

（1）印刷或者复制单位未依照《印刷业管理条例》的规定留存备查的材料。

（2）没有建立承印验证制度、承印登记制度、印刷品保管制度、印刷品交付制度、印刷活动残次品销毁制度等;在印刷经营活动中发现违法犯罪行为没有及时向公安部门或者出版行政主管部门报告;从事光盘复制的音像复制单位复制光盘,使用未蚀刻国务院出版行政主管部门核发的激光数码存储片来源识别码的注塑模具;电子出版物出版单位未按规定使用中国标准书号、刊号及条码;电子出版物复制单位未取得合法手续复制电子出版物、计算机软件、电子媒体非卖品。

(3) 接受他人委托印刷出版物,未依照《印刷业管理条例》的规定验证印刷委托书、有关证明或者准印证,或者未将印刷委托书报出版行政主管部门备案;假冒或者盗用他人名义,印刷出版物;盗印他人出版物;非法加印或者销售受委托印刷的出版物;非法征订、销售出版物;擅自将出版单位委托印刷的出版物纸型及印刷底片等出售、出租、出借或者以其他形式转让;未经批准,接受委托印刷境外出版物,或者未将印刷的境外出版物全部运输出境。

(4) 印刷布告、通告、重大活动工作证、通行证、在社会上流通使用的票证,印刷企业没有验证主管部门的证明和公安部门的准印证明,或者委托他人印刷上述印刷品;印刷业经营者伪造、变造学位证书、学历证书等国家机关公文、证件或者企业事业单位、人民团体公文、证件。

(5) 从事包装装潢印刷品印刷经营活动的企业擅自留存委托印刷的包装装潢印刷品的成品、半成品、废品和印版、纸型、印刷底片、原稿等;从事其他印刷品印刷经营活动的企业和个人擅自保留其他印刷品的样本、样张,或者在所保留的样本、样张上未加盖"样本""样张"戳记。

(6) 电子出版物制作、出版单位未经批准接受或者间接接受境外客户委托制作电子出版物。

(二) 印刷环节违法行为应承担的法律责任

根据《出版管理条例》《印刷业管理条例》及其他相关法规,印刷环节违法行为应承担的法律责任主要包括以下方面。

1. 民事法律责任

根据《出版管理条例》第61条规定,未经批准,擅自设立出版物的印刷或复制单位,或者擅自从事出版物的印刷或复制业务,侵犯他人合法权益的,依法承担民事责任。

依据民法的相关规定,侵权的民事责任是指侵权行为人非法侵犯他人财产权利或人身权利,给他人造成财产或人身损害,依法应承担损害赔偿的民事责任。民事责任与其他三类责任比较，主要是财产责任，目的是弥补当事人的损失。

2. 行政法律责任

（1）警告。印刷或者复制单位在印刷或复制过程中有前述印刷环节的违法行为第4类的，由出版行政主管部门、公安部门、文化行政部门依据法定职权责令改正，给予警告。

（2）罚款。出版物印刷单位违法经营额1万元以上的，并处违法经营额5倍以上10倍以下的罚款；违法经营额不足1万元的，并处1万元以上5万元以下的罚款；电子出版物制作、出版单位未经批准接受或者间接接受境外客户委托制作电子出版物，除其他处罚外，可以并处违法所得2倍以上5倍以下的罚款；电子出版物复制单位未取得合法手续复制电子出版物、计算机软件、电子媒体非卖品，除承担其他行政处罚外，可以并处3万元以下罚款。印刷其他物品的印刷单位由县级以上人民政府公安部门处以500元以上5 000元以下的罚款。《印刷业管理条例》第46条规定，依照《印刷业管理条例》的规定实施罚款的行政处罚，应当依照有关法律、行政法规的规定，实行罚款决定与罚款收缴分离；收缴的罚款必须全部上缴国库。

（3）没收违法所得，没收非法财物。《出版管理条例》和《印刷业管理条例》中都有关于没收出版物、违法所得和从事违法活动的专用工具、设备等的规定。

（4）责令停业、吊销许可证。有前述出版环节的违法行为第1类、第2类、第4类，且情节严重的，都可能被责令限期停业整顿或者由原发证机关吊销许可证。根据《印刷业管理条例》第45条规定，印刷企业被处以吊销许可证行政处罚的，其法定代表人或者负责人自许可证被吊销之日起10年内不得担任印刷企业的法定代表人或者负责人。从事其他印刷品印刷经营活动的个人被处以吊销许可证行政处罚的，自许可证被吊销之日起10年内不得从事印刷经营活动。

（5）由于出版行政主管部门人员渎职造成严重后果，但尚不够刑事处罚的，对负责的主管人员和其他直接责任人员给予降级或者撤职的行政处分。

3. 刑事法律责任

在印刷复制环节，违法行为需要承担的刑事法律责任主要有以下几点。

（1）危害国家安全罪。根据《刑法》规定，出版物内容"煽动分裂国家、破坏国家统一的"或者"以造谣、诽谤或者其他方式煽动颠覆国家政权、推翻社会主义制度的",是危害国家安全罪。对其制裁为：处 5 年以下有期徒刑、拘役、管制或者剥夺政治权利；首要分子或者罪行重大的，处 5 年以上有期徒刑。

（2）侵犯著作权罪。根据《刑法》分则第 3 章第 7 节第 217 条规定，以营利为目的，未经著作权人许可，复制发行其文字作品、音乐、电影、电视、录像作品、计算机软件及其他作品；未经录音录像制作者许可，复制发行其制作的录音录像；制作、出售假冒他人署名的美术作品的，违法所得数额较大或者有其他严重情节的，处 3 年以下有期徒刑，并处或者单处罚金；违法所得数额巨大或者有其他特别严重情节的，处 3 年以上 10 年以下有期徒刑，并处罚金。

（3）制作、贩卖、传播淫秽物品罪。《刑法》第 363 条规定，以牟利为目的，制作、复制、出版、贩卖、传播淫秽物品的，处 3 年以下有期徒刑、拘役或者管制，并处罚金；情节严重的，处 3 年以上 10 年以下有期徒刑，并处罚金；情节特别严重的，处 10 年以上有期徒刑或者无期徒刑，并处罚金或者没收财产。

（4）非法经营罪。未经批准，擅自设立出版物的印刷或复制单位，或者擅自从事出版物的印刷或复制业务；单位内部设立的印刷厂（所）未依照《印刷管理条例》的规定办理手续，从事印刷经营活动的，将依照《刑法》关于非法经营罪的规定，依法追究刑事责任。

案例 1：

1994 年 7 月 18 日，新闻出版署接到《公安部信息快报》第 328 号，反映南京市出现有严重政治问题的出版物《军事世界风云录》（A、B 卷）。该书版权页记录为：宁夏人民出版社出版，新华书店总经销，河北新华三厂印刷。书号：ISBN7-227-01395-2/I-387。经查，该书是湖北省武汉市天时书社经理何某在济南书刊印刷厂印刷的，共印制 75 120 套。案发之前，70 000 套已由何某从济南火车站东站和南站发至全国一些地方，其余 5 000 余套在济南销售。1995 年 1 月 19 日，武汉市中级人民法院认定，何某及妻子夫妻（另处），三次非法印刷《军事世界风云录》，非法经营额达 109 万余元。何某的行为已构成投机倒把罪，依法判处无期徒刑，剥夺政治权利终身，并处没收财产 5 000 元。①

---

① 黄晓新，李一昕. 10 大扫黄打非案 [J]. 出版广角，1999 (10).

案例 2:

2008年9月至2009年9月,被告人梁某某以营利为目的,通过非法渠道大量购入港台出版社出版的书籍,并以购进的港台版书籍为母本进行复制。梁某某通过其在淘宝网、孔夫子旧书网开设的"学府书店""书友之家"等网络书店,向北京、广州、深圳等30余座城市的读者销售多本攻击我国基本政治制度、诋毁党和国家领导人、煽动民族分裂、挑动社会对立等内容的政治性非法进口出版物和非法复制的出版物。2009年9月18日,公安人员在梁某某住所将其抓获,查获并扣押尚未销售的非法出版物及非法复制的出版物2 200余册,以上被扣押和追缴的书籍被某某省新闻出版局鉴定为非法复制出版物和非法进口出版物。

一审法院依照《中华人民共和国刑法》第二百二十五条第一项第六十四条,《最高人民法院关于审理非法出版物刑事案件具体应用法律若干问题的解释》第十一条、第十二条第二款第一项的规定,认为被告人梁某某违反国家规定,未经许可非法复制、发行非法出版物,扰乱市场秩序,情节特别严重,其行为已构成非法经营罪,应予惩处。依法判决被告人梁某某有期徒刑六年,并处罚金人民币100 000元;依法没收其尚未销售的非法出版物及非法复制的出版物,予以销毁;依法没收其作案使用的台式电脑、笔记本电脑各1台。一审宣判后,被告人梁某某不服,提出上诉。二审法院驳回其上诉,维持原判。①

案例 3:

2016年11月至2017年3月,被告人魏某某在一简易房内,组织工人印刷侵犯他人著作权的图书共计17 122册。其中,《2017全国护士职业资格考试指导同步练习题集》3 940册、《2017护理学(中级)模拟试卷》3 192册、《2017护理学(中级)精选练习题解析》8 064册、《2017护理学(中级)练习题集》1 776册、《建设工程法规及相关知识》150册。2016年12月15日,被中牟县文化广电旅游局当场查扣。2016年12月23日,中牟县文化广电旅游局将查扣的上述图书及设备等物品移交中牟县公安局。经河南省新闻广电出版总局鉴定:上述被查扣的图书均属于侵犯他人著作权的出版物。2017年3月13日,魏某某到中牟县公安局韩寺派出所投案。河南省郑州市中级人民法院

---

① 最高人民法院刑事审判庭. 刑事审判参考(2011年第1集,总第78集)[M]. 北京:法律出版社,2011.

依法做出判决，被告人魏某某犯侵犯著作权罪，判处有期徒刑两年，并处罚金人民币八万元。查扣的侵犯著作权的图书及用于印刷出版物的机器等物品依法予以没收，由查扣的公安机关依法处理。①

四、出版物发行环节的违法行为与应承担的法律责任

出版物发行环节的违法行为和应承担的法律责任，主要是指在出版物的发行环节，相关主体在各自活动中产生的违法行为及需要承担的法律责任。

（一）出版物发行环节的违法行为

根据《出版管理条例》《出版物市场管理规定》及其他相关法规的规定，出版物发行环节的违法行为主要有以下方面。

1. 擅自设立、变更发行单位或擅自从事出版物发行、进口业务

根据《出版管理条例》《出版物市场管理规定》等的规定，发行单位在设立、变更中的违法行为主要表现为以下几点。

（1）擅自设立出版物的进口、发行单位，或者擅自从事出版物的进口、发行业务的。

（2）未经批准，擅自从事出版物发行业务的。

（3）不具备中小学教科书发行资质的单位从事中小学教科书发行活动的。

（4）出版物发行单位未依照规定办理变更审批手续的。

（5）不按规定履行审核登记手续的。

2. 进口、发行含有法律法规规定禁止内容的出版物

这一违法行为主要表现为以下几个方面。

（1）进口含有《出版管理条例》等法律法规禁止内容的出版物，或明知或者应知出版物含有法律法规禁止内容而发行。

（2）进口、发行国务院出版行政主管部门禁止进口的出版物，或者发行未从依法批准的出版物进口经营单位进货的进口出版物。

（3）批发、零售、出租、放映非音像出版单位出版的音像制品或者非音像复制单位复制的音像制品；批发、零售、出租或者放映未经国务院出版行政主管部门批准进口的音像制品；批发、零售、出租、放映供研究、教学参考或者用于展览、展示的进口音像制品；音像出版单位出版未经国务院出版行政主

---

① 河南省郑州市中级人民法院刑事判决书（2017）豫 01 刑初 81 号。

管部门批准进口的音像制品。

（4）发行单位发行未经依法审定的中学、小学教科书。

（5）发行非法出版物和新闻出版行政主管部门明令禁止出版、印刷或者复制、发行的出版物。

（6）张贴、散发、登载有法律法规禁止内容的或有欺诈性文字的征订单、广告和宣传画。

（7）公开宣传、陈列、展示、征订、销售或者面向社会公众发送规定应由内部发行的出版物。

（8）违反《出版物市场管理规定》发行侵犯他人著作权或者专有出版权的出版物。

（9）发行、附赠未经国家批准出版或者无电子出版物专用中国标准书号、刊号及条码的电子出版物；发行、附赠无来源识别码的光盘类电子出版物。

（10）发行内部资料性出版物。

3. 违反备案规定

这一违法行为主要表现为以下几个方面。

（1）出版物进口经营单位未依照规定将其进口的出版物目录备案。

（2）设立出版物出租单位或者其他单位、个人从事出版物出租业务未按《出版物市场管理规定》备案。

（3）符合《出版物市场管理规定》要求的主办单位举办地方性或者跨省专业性出版物订货、展销活动未按规定备案。

4. 违反出版物展销、订货规定

这一违法行为主要表现为以下几个方面。

（1）未经批准擅自主办全国性出版物订货、展销活动或者不符合规定要求的主办单位擅自主办地方性或者跨省专业性出版物订货、展销活动；未经批准或者未按出版行政管理部门批准事项举办电子出版物展览、展销、订货会。

（2）未经批准，举办境外出版物展览。

5. 发行单位经营中的违法行为

这一违法行为主要表现为以下几个方面。

（1）电子出版物发行单位从非电子出版物出版、进口、总批发、批发单位进货或者无发货、进货凭证和目录。

（2）未从依法取得出版物批发、零售资质的出版发行单位进货的。

（3）搭配销售出版物和强行推销出版物。

（4）擅自更改出版物版权页。

（5）发行进口出版物未从法律法规规定的出版物进口经营单位进货。

（6）违反《出版物市场管理规定》从事出版物储存、运输、投递活动。

（7）出版物经营许可证未在经营场所明显处张挂或者未在网页醒目位置公开出版物经营许可证和营业执照登载的有关信息或者链接标识的。

（8）出售、出借、出租、转让或者擅自涂改、变造出版物经营许可证的。

（9）超出新闻出版行政主管部门核准的经营范围、经营地点经营。

（10）委托无出版物批发、零售资质的单位或者个人销售出版物或者代理出版物销售业务的。

（11）参与买卖书号、刊号、版号活动；出售、出借、出租、转让出版物经营许可证。

（12）出版物进场时未报送批发市场管理机构审验，从事出版物发行业务的单位没有将出版物发行进销货清单等有关非财务票据保存 2 年以上，或者从事出版物发行业务的单位或个人没有将出版物仓储地址、面积、管理人员的情况及变更情况报批准的新闻出版行政主管部门备案，从事出版物发行业务的单位和个人没有向指定的数据库管理单位提供有关数据。

（13）发行、附赠未经国家批准出版或者无电子出版物专用中国标准书号、刊号及条码的电子出版物；发行、附赠无来源识别码的光盘类电子出版物。

（14）走私出版物。

（二）出版物发行环节违法行为的法律责任

依照《出版管理条例》《出版物市场管理规定》等相关法律法规的规定，出版物发行环节的法律责任主要包括以下几点。

1. 民事法律责任

《出版管理条例》《出版物市场管理规定》都明确规定，侵犯他人合法权益的，依法承担民事责任。与出版和印刷环节承担的民事责任相同，未经批准，擅自设立出版物的进口、发行单位，或者擅自从事出版物的进口、发行业务的，违法主体主要承担财产责任，用来弥补当事人的损失。

2. 行政法律责任

（1）警告。出版物进口经营单位违反有关备案规定的，由出版行政主管部门责令改正，给予警告。批发、零售、出租、放映法律法规禁止内容音像制品的,由出版行政主管部门责令停止违法行为,给予警告。

(2) 罚款。违反第 1 类第 1、2、3 款,第 2 类第 1、2、4、5 款,第 5 类第 5 款的,由出版行政主管部门没收出版物、违法所得,违法经营额 1 万元以上的,并处违法经营额 5 倍以上 10 倍以下的罚款;违法经营额不足 1 万元的,可以处 5 万元以下的罚款;违反第 2 类第 6、7 款,第 3 类第 2 款,第 5 类第 2、4、7、8、9、10 款,除其他行政处罚外,并处 3 万元以下罚款。在电子出版物发行的违法行为中,超越出版行政主管部门核准的经营范围从事电子出版物经营活动,或电子出版物发行单位从非电子出版物出版、进口、总批发、批发单位进货或者无发货、进货凭证和目录的,违反第 5 类第 13 款,超越出版行政主管部门核准的经营范围从事电子出版物经营活动的,可以并处 30 000 元以下的罚款;未经批准或者未按出版行政主管部门批准事项举办电子出版物展览、展销、订货会的,并处 1 000 元以上 30 000 元以下的罚款。

(3) 没收违法所得,没收非法财物。《出版管理条例》《出版物市场管理规定》《音像制品管理条例》《电子出版物管理规定》中都有对没收出版物、违法所得和从事违法活动的专用工具、设备等的规定。批发、零售、出租、散发含有法律法规禁止内容的出版物或者其他非法出版物的,当事人对非法出版物的来源做出说明、指认,经查证属实的,没收出版物、违法所得,可以减轻或者免除其他行政处罚。

(4) 责令停业、吊销许可证。违反第 1 类第 3、4 款,第 2 类第 1、2、4、5 款,第 3 类第 1 款,第 4 类第 2 款,第 5 类第 5 款的,情节严重的责令限期停业整顿或者由原发证机关吊销许可证。

(5) 走私出版物的,根据《中华人民共和国海关法》第 82 条规定,尚不构成犯罪的,由海关没收走私货物、物品及违法所得,可以并处罚款;专门或者多次用于掩护走私的货物、物品,专门或者多次用于走私的运输工具,予以没收,藏匿走私货物、物品的特制设备,责令拆毁或者没收。

3. 刑事法律责任

在出版物的发行环节,有上述违法行为的单位和个人构成刑事犯罪,所需承担的刑事法律责任有以下几种。

(1) 危害国家安全罪。根据《刑法》规定,出版物内容"煽动分裂国家、破坏国家统一的"或者"以造谣、诽谤或者其他方式煽动颠覆国家政权、推翻社会主义制度的",是危害国家安全罪。对其制裁为:处 5 年以下有期徒刑、拘役、管制或者剥夺政治权利;首要分子或者罪行重大的,处 5 年以上有期徒刑。

(2) 侵犯著作权罪。《刑法》分则第 3 章第 7 节第 217 条规定：以营利为目的，未经著作权人许可，复制发行其文字作品、音乐、电影、电视、录像作品、计算机软件及其他作品；未经录音录像制作者许可，复制发行其制作的录音录像；制作、出售假冒他人署名的美术作品，对于这些行为，违法所得数额较大或者有其他严重情节的，处 3 年以下有期徒刑，并处或者单处罚金，违法所得数额巨大或者有其他特别严重情节的，处 3 年以上 10 年以下有期徒刑，并处罚金。第 218 条规定：以营利为目的，销售明知是《刑法》第 217 条规定的侵权复制品，违法所得数额巨大的，处 5 年以下有期徒刑，并处或者单处罚金。最高人民法院、最高人民检察院《关于办理侵犯知识产权刑事案件具体应用法律若干问题的解释（二）》（2007 年 4 月 5 日施行）对法律具体应用做出了规定。该解释的第 1 条规定，以营利为目的，未经著作权人许可，复制发行其文字作品、音乐、电影、电视、录像作品、计算机软件及其他作品，复制品数量合计在 500 张（份）以上的，属于《刑法》第 217 条规定的"有其他严重情节"；复制品数量在 2 500 张（份）以上的，属于《刑法》第 217 条规定的"有其他特别严重情节"。第 2 条规定，《刑法》第 217 条侵犯著作权罪中的"复制发行"，包括复制、发行或者既复制又发行的行为。侵权产品的持有人通过广告、征订等方式推销侵权产品的，属于《刑法》第 217 条规定的"发行"。非法出版、复制、发行他人作品，侵犯著作权构成犯罪的，按照侵犯著作权罪定罪处罚。

(3) 制作、贩卖、传播淫秽物品罪。《刑法》第 363 条规定，以牟利为目的，制作、复制、出版、贩卖、传播淫秽物品的，处 3 年以下有期徒刑、拘役或者管制，并处罚金；情节严重的，处 3 年以上 10 年以下有期徒刑，并处罚金；情节特别严重的，处 10 年以上有期徒刑或者无期徒刑，并处罚金或者没收财产。第 364 条规定，传播淫秽的书刊、影片、音像、图片或者其他淫秽物品，情节严重的，处 2 年以下有期徒刑、拘役或者管制。制作、复制淫秽的电影、录像等音像制品组织播放的，依照第 2 款的规定从重处罚。

(4) 非法经营罪。《出版管理条例》规定，擅自设立、变更发行、进口单位或擅自从事出版物发行、进口的，将依照《刑法》非法经营罪规定，追究刑事责任。《刑法》第 225 条规定，违反国家规定，有下列非法经营行为之一，扰乱市场秩序，情节严重的，处 5 年以下有期徒刑或者拘役，并处或者单处违法所得 1 倍以上 5 倍以下罚金；情节特别严重的，处 5 年以上有期徒刑，并处违法所得 1 倍以上 5 倍以下罚金或者没收财产：① 未经许可经营法律、行政法规规定的专营、专卖物品或者其他限制买卖的物品的；② 买卖进出口许可证、进出口原产地证明以及其他法律、行政法规规定的经营许可证或者批准文件的；③ 未经国家有关主管部门批准非法经营证券、期货、保险业务的，或者非法从事资金支付结算业务的；④ 其他严重扰乱市场秩序的非法经营行为。

(5) 走私罪。走私出版物够《刑法》处罚的按照《刑法》关于走私罪的规定处理。根据《刑法》第 152 条规定，以牟利或传播为目的，走私淫秽的影片、录像带、录音带、图片、书刊或者其他淫秽物品的，构成走私淫秽物品罪。走私淫秽物品罪处 3 年以上 10 年以下有期徒刑，并处罚金；情节严重的，处 10 年以上有期徒刑或者无期徒刑，并处罚金或者没收财产；情节较轻的，处 3 年以下有期徒刑、拘役或者管制，并处罚金。

案例 1：

2004 年 9 月 24 日上午，由杭州市萧山区人民检察院提起公诉的焦某非法经营案在萧山区人民法院开庭审理。被告人焦某，男，山东省东平县人，现羁押于萧山区看守所。2004 年 2 月，被告在无出版物经营许可证、无营业执照的情况下，以 36 000 元的价格从山东省菏泽市一个体户处购得《高中同步测控优化设计》丛书 9 467 册，总码洋（定价）为 105 726 元。后其以山东梁山新世纪书店的名义，以码洋 4.8 折的价格，将其中的 7 644 册销售给杭州市萧山区第六高级中学（其中 81 册教师用书为赠送），其余 1 823 册销售给杭州远东外国语学校（其中 30 册教师用书为赠送）。在交易过程中，该批图书被萧山区文化体育局、工商局依法查扣。经杭州市新闻出版局鉴定，该批图书全部为非法出版物。因涉案金额巨大，情节严重，该案移交萧山区公安局做进一步调查处理。2004 年 4 月，被告被正式逮捕。9 月 8 日，萧山区人民检察院向萧山区人民法院提起公诉，认为被告人焦某违反国家法律，未经许可非法经营非法图书，情节严重，其行为已触犯了《中华人民共和国刑法》第 225 条的规定，犯罪事实清楚，证据确实、充分，应当以非法经营罪追究其刑事责任。开庭审理后，法院将择日做出判决。①

---

① 杭州市第一起出版物非法经营案开庭审理[EB/OL].(2004-10-14)[2021-01-10]. http://www.shdf.gov.cn/shdf/contents/11420/50870.html. 有改动。

案例 2：

被告人涂某在淘宝网上开设书店销售书籍。2017 年，被告人涂某通过陈某在台湾地区订购成人漫画书 1 000 余册。陈某购买好被告人涂某选定的成人漫画书后，装入十个纸皮箱交由台北市的天胜国际有限公司运输至祖国大陆。该公司将该批成人漫画书空运至香港特别行政区，辗转经由多家货运代理公司以"少儿漫画书"名义向新塘海关申报进口。经检查，申报进口的 1 326 本"少儿漫画书"为淫秽物品。广东省广州市人民检察院于 2018 年 2 月 8 日提起公诉，广东省广州市中级人民法院认为，被告人涂某无视国家法律，以牟利为目的，伙同他人走私淫秽书刊入境，其行为已构成走私淫秽物品罪，被告人涂某走私淫秽书籍超过 1 000 本，属于情节严重。被告人涂某在犯罪后如实供述自己的罪行，可酌情从轻处罚。依据《中华人民共和国刑法》第一百五十二条、第六十七条第三款、第五十二条、第五十三条，《最高人民法院、最高人民检察院关于办理走私刑事案件适用法律若干问题的解释》第十三条的规定，判决被告人涂某犯走私淫秽物品罪，判处有期徒刑十年，并处罚金人民币二十万元。同时扣押的 1 326 本淫秽书籍予以没收销毁。①

---

① 广东省广州市中级人民法院刑事判决书（2018）粤 01 刑初 110 号。

参考文献

一、著作

1. 魏玉山，杨贵山. 西方六国出版管理研究［M］. 北京：中国书籍出版社，1995.
2. 全国出版专业职业资格考试办公室. 出版专业理论与实务（初级）［M］. 武汉：崇文书局，2004.
3. 张志强. 现代出版学［M］. 苏州：苏州大学出版社，2003.
4. 宋原放. 中国出版史料（现代部分）［M］. 济南：山东教育出版社，2001.
5. 魏永征. 新闻传播法教程［M］. 北京：中国人民大学出版社，2012.
6. 习近平. 论坚持全面深化改革［M］. 北京：中央文献出版社，2018.
7. 习近平. 习近平谈治国理政：第2卷［M］. 北京：外文出版社，2017.
8. 马克思，恩格斯. 马克思恩格斯全集：第17卷［M］. 北京：人民出版社，1956.
9. 孟德斯鸠. 论法的精神［M］. 张雁深，译. 北京：商务印书馆，2020.
10. 全国出版专业职业资格考试办公室. 有关出版的法律法规选编［M］. 北京：中国大百科全书出版社，2003.
11. 中国出版科学研究所. 出版改革与出版发展战略研究［M］. 北京：中国书籍出版社，1998.
12. 袁亮. 周恩来刘少奇朱德陈云与新闻出版［M］. 北京：中国书籍出版社，2003.
13. 彭建炎. 出版学概论［M］. 长春：吉林大学出版社，1992.
14. 毛泽东. 毛泽东选集：第2卷［M］. 北京：人民出版社，1991.
15.《党的十九大报告辅导读本》编写组. 党的十九大报告辅导读本［M］. 北京：人民出版社，2017.
16. 郑成思. 著名版权案例评析［M］. 北京：专利文献出版社，1990.
17. 郑成思. 版权法（修订本）［M］. 北京：中国人民大学出版社，1997.
18. 郑成思. 版权公约、版权保护与版权贸易［M］. 北京：中国人民大学出版社. 1992.

19. 斯坦利·安文. 出版概论 [M]. 王纪卿, 译. 上海: 书海出版社, 1988.

20. 田胜立. 中国著作权疑难问题精析 [M]. 武汉: 华中理工大学出版社, 1998.

21. 陶然, 尹华. 中华人民共和国著作权法实务问答 [M]. 北京: 法律出版社, 2002.

22. 最高人民法院刑事审判庭. 刑事审判参考（2011 年第 1 集, 总第 78 集）[M]. 北京: 法律出版社. 2011.

23. 余敏. 国外出版业宏观管理体系研究 [M]. 北京: 中国书籍出版社, 2004.

24. 余敏. 中国出版蓝皮书: 2003—2004 中国出版业状况及预测 [M]. 北京: 中国书籍出版社. 2004.

25. 申卫星. 民法学 [M]. 北京: 北京大学出版社, 2003.

26. 刘建一. 市场主体登记管理 [M]. 北京: 北京工业大学出版社, 1996.

27. 周源. 发达国家出版管理制度 [M]. 北京: 时事出版社, 2001.

28. 彭国华. 新闻出版版权法制理论与实务 [M]. 长沙: 湖南人民出版社, 2002.

29. 中国社会科学院语言研究所编辑室. 现代汉语词典. 修订本 [Z]. 北京: 商务印书馆, 2000.

30. 杨贵山, 林成林, 姜乐英, 等. 世界出版观潮 [M]. 沈阳: 辽宁人民出版社, 2002.

31. 郭明瑞, 王轶. 合同法新论·分则 [M]. 北京: 中国政法大学出版社. 1998.

32. 莱内特·欧文. 中国版权经理人实务指南 [M]. 袁方, 译. 北京: 法律出版社, 2004.

33. 于永湛, 徐玉麟. 印刷业管理条例释义 [M]. 北京: 中国法制出版社, 2001.

34. 全国出版专业职业资格考试办公室. 出版专业理论与实务（初级）[M]. 武汉: 崇文书局, 2004.

35. 全国出版专业职业资格考试办公室. 出版专业理论与实务（中级）[M]. 上海: 上海辞书出版社, 2004.

36. 王会玲. 法律基础教程［M］. 北京：人民交通出版社，2001.

37. 胡锦光，刘炳信. 法律基础［M］. 北京：中国人民大学出版社，2002.

38. 邓本章. 现代出版论［M］. 北京：中国大百科全书出版社，2003.

39. 全国出版专业职业资格考试办公室. 有关出版的法律法规选编［M］. 北京：中国建筑工业出版社，2004.

40. 黄瑚. 新闻法规与新闻职业道德［M］. 成都：四川人民出版社，1998.

41. 陈传夫. 高新技术与知识产权法［M］. 武汉：武汉大学出版社，2000.

42. 黄先蓉. 书业法律基础［M］. 太原：山西经济出版社，2001.

43. 黄先蓉. 出版物市场管理概论［M］. 武汉：武汉大学出版社，2005.

44. 史梦熊，牛慧兰，等. 出版产业与著作权法［M］. 北京：科学出版社，2000.

45. 许海峰. 企业著作权保护法律实务［M］. 北京：机械工业出版社，2004.

46. 张建华，张新建，王岩镔.《音像制品管理条例》释义［M］. 北京：人民交通出版社，2002.

47. 陈解. 企业与法律环境［M］. 北京：清华大学出版社，2004.

48. 罗紫初. 比较发行学［M］. 北京：高等教育出版社，2000.

49. 乔好勤，高进录，宋广浦，等. 对外图书贸易学概论［M］. 北京：高等教育出版社，1993.

50. Hugh Jones, Christopher Benson. *Publishing Law* 2nd Ed［M］. London and New York：Routledge Taylor Francis Group. 2002.

51. T.Barton Carter, Juliet L.Dee, Harvey L.Zuckman. *Mass Communication Law* 5th Ed［M］.［影印本］北京：法律出版社，2004.

52. John D, Zelezny. *Communications Law：Liberties, Restraints, & the Modern Media*［M］.［影印本］北京：清华大学出版社，2004.

二、主要论文

1. 武云龙. 读者利益与出版法［N］. 长江日报，1986-12-04.

2. 袁亮. 关于出版自由的是非问题 [N]. 人民日报, 1990-05-07.

3. 杨贵山. 行业协会任重道远 [N]. 中国图书商报, 2002-06-20.

4. 于慈珂. 解读《出版管理条例》[N]. 中国新闻出版报, 2003-04-01.

5. 张福海. 出版物发行体制改革的重大突破: 关于《出版物市场管理规定》的修订说明 [N]. 中国图书商报, 2003-08-01.

6. 郭虹. 总发企业的正在进行时 [N]. 中国图书商报, 2004-09-17.

7. "非法经营罪"司法依据是什么？[N]. 中国文化报, 2004-05-12.

8. 曹剑英, 俞峰. 出版业改革与法制的思索 [J]. 法学, 1986 (10): 46-48.

9. 黄晓斌. 文献复制的法律问题 [J]. 图书情报工作, 1992 (5): 54-57.

10. 李牧力. 当前新闻出版业人事制度改革需要关注的问题 [J]. 出版发行研究, 2004 (8): 5-9.

11. 陈建明. 2018年日本出版业发展状况分析 [J]. 出版发行研究, 2019 (8).

12. 那拓祺. 我国实施出版专业职业资格制度的意义和主要内容 [J]. 出版科学, 2003 (2): 36-38.

13. 宋木文. 出版单位主办主管制度的由来与调整的探索 [J]. 中国出版, 2003 (9): 4-6.

14. 黄凯卿. 电子出版学科建设浅议 [J]. 出版科学, 2003 (3): 46-47.

15. 刘杲. 繁荣出版事业的法律保障 [J]. 出版发行研究, 1997 (5): 6-10.

16. 赵从旻, 白古山. 当前我国出版法制的现状、问题及其他 [J]. 出版发行研究, 1996 (4): 29-32.

17. 张智中. 试论出版法治 [J]. 出版发行研究, 1999 (10): 16-19.

18. 聂震宁. 关于出版行政管理法制化的思考 [J]. 中国出版, 1998 (9): 54-56.

19. 黄晓新, 李一昕. 10大扫黄打非案 [J]. 出版广角, 1999 (10): 116-120.

20. 蔡纪万. 10大版权保护案 [J]. 出版广角, 1999 (10): 114-116.